Indicadores de Gestão de Recursos Humanos

Usando indicadores demográficos, financeiros e de processos na gestão do Capital Humano

MARCELINO TADEU DE ASSIS

2ª EDIÇÃO
REVISTA E ATUALIZADA

Copyright© 2014 by Marcelino Tadeu de Assis

Todos os direitos desta edição reservados à Qualitymark Editora Ltda.
É proibida a duplicação ou reprodução deste volume, ou parte do
mesmo, sob qualquer meio, sem autorização expressa da Editora.

Direção Editorial	Produção Editorial
SAIDUL RAHMAN MAHOMED editor@qualitymark.com.br	**EQUIPE QUALITYMARK**

Capa	Editoração Eletrônica
WILSON COTRIM	**EDEL**

1ª Edição: 2005	**2ª Edição: 2012**
1ª Reimpressão : 2007 2ª Reimpressão : 2009 3ª Reimpressão : 2010	1ª Reimpressão : 2014

CIP-Brasil. Catalogação-na-fonte
Sindicato Nacional dos Editores de Livros, RJ

A866i

    Assis, Marcelino Tadeu de
    Indicadores de gestão de recursos humanos: usando indicadores demográficos, financeiros e de processos na gestão do capital humano/Marcelino Tadeu de Assis – Rio de Janeiro: Qualitymark Editora, 2014.
    240p.

    Inclui bibliografia
    ISBN 978-85-7303-616-9
    1. Administração de pessoal. 2. Recursos Humanos – Indicadores. 3. Capital humano.
    I. Título.

05-1935   CDD: 658.3
                                                                                                     CDU: 658:3

2014
IMPRESSO NO BRASIL

Qualitymark Editora Ltda.
Rua Teixeira Júnior, 441 – São Cristóvão
20921-405 – Rio de Janeiro – RJ
Tel.: (21) 3295-9800

QualityPhone: 0800-0263311
www.qualitymark.com.br
E-mail: quality@qualitymark.com.br
Fax: (21) 3295-9824

"Os gerentes de hoje reconhecem o impacto que medições têm sobre performance, muito embora raramente pensem sobre indicadores como parte essencial de suas estratégias."

Robert S. Kaplan e David P. Norton
Putting the Balanced Scorecard to Work
Harvard Business Review – On Point

Agradecimentos

Desde o lançamento do primeiro livro sobre o tema venho recebendo *e-mails* de profissionais que avançaram fortemente no uso de indicadores vinculados à gestão de Recursos Humanos. Com entusiasmo, muitos desses trabalhos me foram enviados como forma de o leitor compartilhar suas experimentações e seus acertos. Há alguns anos percebo também o crescimento do número de eventos associados às medições. São congressos sobre gestão de RH que vêm discutindo *indicadores* ou ainda *workshops* e cursos específicos sobre o assunto, abertos ou fechados em determinada Organização. Cresce também o número de cursos que se apropriam das disciplinas envolvendo o uso de medições como elemento essencial da atividade de Administração de Gente no ambiente organizacional. Como profissional voltado ao campo da gestão – particularmente da gestão de Pessoas – preciso agradecer e parabenizar as ações que, por certo, irão agregar valor à formação de novos profissionais e aos resultados dos negócios de cada uma das Organizações envolvidas. Este livro, embora seja uma gota no oceano das necessidades organizacionais, por certo vem contribuindo para a sistematização do conhecimento e para um compartilhar de experiências e reflexões.

Agradeço também aos que me ajudaram a escrever este livro, quando de sua primeira edição, bem como aos que – com o passar dos anos – me ajudaram a refletir e lapidar alguns conceitos ou aplicações.

As linhas a seguir correm o risco do esquecimento, risco este que devo correr na tentativa de destacar, ainda que genericamente, contribuições de pessoas e de entidades para a formação de uma consciência crítica sobre *medições em RH*. Antonio Carlos Magalhães da Silva, Rugênia Pomi, Jac Fitz-enz, Carlos Monnerat, Carlos Seabra Guimarães, Cláudio Guimarães, Felippe Lara, Fernando Martins, Francisco Cuesta, Gabor Faluhelyi, Gerson Di Vernieri, João Lins, João Ricardo Cavalcanti, Jorge Garcia, José Salgado, Márcio Calux, Pilipe M. Cassapô, Ricardo Guterres, Paulo Saliby e Vicente Picarelli estão entre aqueles cuja liderança, disposição e interesse vêm ampliando o espaço dos que se utilizam das medições como parte indispensável do processo de gestão.

Aos alunos, ex-alunos e coordenadores dos cursos de extensão, graduação ou de pós-graduação da UNESA, UFRJ, UGF, UniverCidade, TREVISAN/UCAM, UNIFAL, UCB, FEFIS, FABES, IBRAE/FGV, UFJF/ASSEMED e FSJ, pela oportunidade de reflexão permanente sobre gestão de Recursos Humanos e, em diversos casos, sobre métricas ou medições associadas ao campo da gestão de Pessoas.

Agradeço ao IQPC, IIR, IBC, GRUPISA, Dialogia, ABRH e tantas outras instituições profissionais de ensino, representação, pesquisa e disseminação de conhecimento, em diversos pontos do País, pelo espaço sempre aberto às oportunidades e desafios das métricas, dos indicadores, das medições no campo da gestão do capital humano. Meus agradecimentos também à Associação das Escolas de Samba da Cidade do Rio de Janeiro (AESCRJ), à Universidade Federal do Rio de Janeiro (UFRJ/CRIE) e à Escola Superior de Propaganda e Marketing (ESPM) pela parceria na formação do corpo de jurados do Carnaval 2010 e de 2011 e, mais do que isso, pelo aprimoramento permanente do processo de *medição* dos quesitos. Embora não atuem no contexto organizacional, que é a tônica deste livro, geram aprendizado no processo de avaliação, de mensuração, de produção de indicadores, objeto central das reflexões que o leitor encontrará nas próximas páginas.

Agradeço à SixSigma Academy e à Gradus pelo compartilhar de experiências e metodologias que exploram o uso sistemático de métricas na melhoria dos processos em diversas áreas, tanto da atividade-fim, como de atividade-meio, o que redundou em novas políticas e procedimentos associados à gestão do capital humano.

Além daquelas com quem trabalhei em RH, agradeço às pessoas com as quais trabalhei em Vendas, Marketing e Contabilidade, pelo uso sistemático das medições; dos indicadores como forma de compreender a evolução dos negócios e o impacto de planos e de estratégias. Agradeço às empresas nas quais eu pude – com variados graus de proficiência – agregar valor aos produtos e serviços oferecidos, sempre de forma comprometida e engajada. Agradeço particularmente à White Martins Gases Industriais pela oportunidade que tive, em quase 22 anos, de aprender e aplicar conhecimentos nos mais variados subsistemas de RH, principalmente remuneração, gestão do clima organizacional, administração de benefícios, relações trabalhistas e designação internacional. Os números – nessa e em outras Organizações – sempre estiveram presentes em meu quotidiano na forma de métricas, indicadores, variações e proporções. Muitos desses indicadores e processos de medição me acompanham também neste livro.

Marcelino Tadeu de Assis
marcelinoassis@ig.com.br

Prefácio da 2ª Edição

O tema central deste livro – *Indicadores de Gestão* – entranha-se cada vez mais no quotidiano dos profissionais que desenvolvem atividades em qualquer área, seja Recursos Humanos, Marketing ou Educação – que também inclui gestão de pessoas. Na introdução do livro o autor deixou clara sua visão sobre o uso de medições, salientando os desafios para que elas sejam direcionadas à produção do conhecimento a ser aplicado em cada atividade humana. Embora o livro esteja direcionado ao contexto organizacional, vejo oportunidade para que nós, na condição de professores, pesquisadores ou interessados no tema, nos debrucemos sobre a obra e tentemos extrair reflexões que certamente serão úteis na gestão de uma escola, por exemplo, uma vez que tal ambiente – com suas particularidades – também se utiliza dos recursos humanos, financeiros, materiais, físicos ou tecnológicos.

Marcelino chama atenção ao registrar diferenças importantes sobre indicadores *quantitativos* e *qualitativos*, indicadores *simples* e *compostos*, indicadores de *esforço* e de *resultado*, de *eficiência* e de *eficácia*. Essa visão ampla das características dos indicadores auxilia o leitor na compreensão da necessidade de se utilizar um leque de medições para a melhor compreensão de determinados fenômenos, principalmente daqueles relacionados à capacitação e ao desenvolvimento de indivíduos, dentro ou fora do contexto organizacional.

Minha experiência, tanto em atividades acadêmicas, quanto no ambiente corporativo, me leva a acreditar que estamos diante de um livro, já na segunda edição, capaz de levar profissionais a darem mais um passo importante na busca do aperfeiçoamento e da gestão racional dos recursos envolvidos em qualquer atividade.

Vânia Claudia Fernandes
Doutoranda em Educação pela UFRJ
vania_fernanv@yahoo.com.br

Prefácio da 1ª Edição

Este é o segundo livro cujo prefácio tenho o prazer de escrever. Desta vez não mais sobre pontos envolvendo remuneração, recompensa e reconhecimento, mas sim para registrar algumas linhas sobre o uso de indicadores – de métricas – na gestão de Recursos Humanos. Escrevo também sobre a contribuição deste livro para cada um de nós. Embora seja um tema relativamente antigo no campo da gestão empresarial é, por certo, pouco explorado por aqueles que militam na área de RH. Medir é fácil. Medir o que nos interessa, o que agrega valor, o que possui relação com nossos objetivos, nem sempre.

Medir faz parte, por exemplo, do dia a dia de um maratonista. São mais de 42 quilômetros de corrida, com um número determinado de subidas e descidas, com necessidade de se manter um determinado ritmo (metros por segundo, quilômetros por minuto) com certo nível de esforço (batimentos por minuto) e desgaste. Na fase de planejamento da corrida tantas outras medidas são utilizadas, ainda que boa parte dos atletas não tenha consciência de que estão usando permanentemente indicadores, medições, tanto para entender o desempenho individual – próprio e dos demais concorrentes – como para definir meta sobre ele. São proteínas e calorias por dia, em cada alimentação; quilômetros por dia; em cada treinamento, horas de sono por noite; no descanso, calorias por dia; na alimentação, e assim por diante.

Medir também faz parte, e cada vez com mais sofisticação, do quotidiano dos que trabalham no esporte, seja ele voleibol, basquete, tênis ou qualquer outro. Nos campeonatos de futebol – e isto vale para todos os demais – há medições envolvendo o número médio de gols ou pontos por partida. Há também número de cartões, tempo médio de *bola rolando* por partida, percentual do tempo de *bola parada*, número de erros em passes, percentual do tempo em que a bola esteve com este ou aquele time, número de gols de falta, de *pênaltis*, de cabeça, e assim por diante. Há métricas para todos os fins, sempre com o objetivo de traduzir o desempenho em números e, com isso, subsidiar algum diagnóstico ou plano de ação, inclusive pela equipe adversária.

Como o autor deste livro usualmente comenta, medir depende muito mais de disciplina do que de conhecimento, embora conhecimento seja indispensável; depende muito mais de foco, interesse, do que de tecnologia, embora a tecnologia da informação mereça destaque na formatação de bancos de dados e no desenvolvimento de aplicativos; depende mais de interesse do que de tempo, aquele tempo precioso para o *fazer* e nem sempre disponível para o *medir* e *avaliar*.

Por fim, é importante registrar que é notória e reconhecida a contribuição dos profissionais de Recursos Humanos para o desenvolvimento permanente das Organizações. Tal contribuição precisa, no entanto, ser mensurada, ainda que dependa de uma combinação complexa de indicadores e de variáveis.

Carlos A. Seabra Guimarães
Consultor em Recursos Humanos. Professor de cursos de
graduação e pós-graduação em gestão de Recursos Humanos
csconsultoria@ig.com.br

Sumário

Apresentação do Livro, 1

Introdução aos Indicadores de Gestão em Recursos Humanos, 9
    Alinhando Teoria à Prática, 10
    Suportando Visões de Futuro, 11
    Medições nas Organizações com e sem Fins Lucrativos, 12
    Medições em Empresas de Pequeno Porte, 13
    Indicadores Não-Financeiros, 14
    Medições na Esfera Governamental, 14
    Indicadores de Gestão na Educação, 15
    Indicadores de Gestão no Turismo, 18
    Medições na Esfera Individual, 19
    Indicadores como Apoio à Decisão, 20
    Indicadores de Desempenho: Quantitativos e Qualitativos, 22
    Indicadores de Eficiência e de Eficácia, 25
    Indicadores Simples e Compostos, 25
    Indicadores: Use-os ou Deixe-os, 26
    Quem não Mede não Chega, 28

Capítulo 1 – Indicadores Demográficos, 29
　Introdução, 29
　　Número de empregados ou número médio de empregados, 31
　　Número de empregados, 32
　　Número ajustado de empregados pela jornada integral, 36
　　Número total da força de trabalho, 40
　　Proporção de não-empregados sobre quadro de empregados (efetivo), 44
　　Proporção de estagiários sobre o efetivo de empregados, 45
　　Proporção de trainees sobre o efetivo de empregados, 49
　　Absenteísmo total, 51
　　Absenteísmo (sem justificativa legal), 54
　　Absenteísmo (total considerando-se a jornada integral), 57
　　Índice de entrada (ou de admissão), 60
　　Índice de saída (ou de desligamento), 61
　　Turnover (global), 63
　　Turnover (por substituição), 65
　　Composição dos empregados por sexo, 66
　　Amplitude de comando, 70
　　Suporte de RH, 72
　Grupamento por Plano de Cargo, 76
　Visão do Todo e Visão das Partes, 77

Capítulo 2 – Indicadores Financeiros, 79
　Introdução, 79
　　Salário médio por empregado, 79
　　Remuneração média por empregado, 82
　　Custo médio por RH, 83
　　Retorno médio por empregado, 84
　　Retorno por RH, 86
　　Receita média por empregado, por RH ou por empregado ajustado, 88
　　Lucro líquido por empregado, por RH ou por empregado ajustado, 91
　　Custo de alimentação por empregado, 93
　　Custo com saúde por empregado, 95
　　Custo com saúde por usuário, 96

Participação das despesas de treinamento no lucro, 97
Retorno do investimento em treinamento, 98
Custo de T&D por empregado, 99
Valor orçado/previsto versus *valor realizado, 100*
Custo total das reclamações trabalhistas, 101
Custo das reclamações trabalhistas por tipo de reclamante, 103
Custo das reclamações trabalhistas (principal e acessório), 105
Custo das reclamações trabalhistas por demanda, 105
Passivo trabalhista total, 106
Passivo trabalhista por demanda, 106
Depósitos judiciais e recursais, 106
Outros Indicadores Financeiros, 107

Capítulo 3 – Indicadores Operacionais, de Processo ou Desempenho, 111
Indicadores de Desempenho para RH, 111
A Qualidade Visível, 114
Tempo médio de preenchimento de vagas, 115
Índice de preenchimento de vagas no prazo, 117
Índice de adequação do empregado à vaga, 119
Índice de retenção, 121
Índice de utilização do plano de sucessão para preenchimento de vagas, 123
Índice de empregados de alta performance, 124
Índice de empregados de alto potencial, 126
Satisfação dos clientes, 128
Percentual de remuneração variável sobre os salários, 135
Participação da remuneração variável no total da remuneração direta, 138
Percentual das horas extras sobre o total dos salários, 139
Hora de treinamento pelo número de empregados, 141
Horas de T&D pelo número de empregados ajustado à jornada integral, 144
Índice de empregados em programas de T&D, 144
Índice de efetividade do treinamento, 147
Índice de qualidade do trabalho em equipe, 148
Número médio mensal de empregados-usuários do plano de saúde, 152

Número de concessões de aumentos espontâneos, 153
   Crescimento médio dos salários, 153
   Crescimento médio dos salários por aumentos espontâneos, 154
   Quantidade de reclamações trabalhistas (total, por tipo ou por demanda), 154
   Tempo médio para homologar uma reclamação trabalhista, 155
   Tempo médio de encerramento das reclamações trabalhistas, 156
  Outros Indicadores Operacionais, 157

Capítulo 4 – Clima Organizacional & Sustentabilidade, 159
  Indicadores do Clima Organizacional, 159
  Abordagens, 163
  Sustentabilidade, Responsabilidade Social e Balanço Social, 169
  Responsabilidade Social, 170
  Balanço Social, 173
  Modelo Utilizado pelo Ibase, 174
  Características de um Balanço Social, 182

Capítulo 5 – Estudos Complementares e os Desafios para a Gestão de RH, 185
  Estudos Complementares, 185
  Balanced Scorecard, 185
  Balanced Scorecard (BSC) de Jac Fitz-enz, 188
    Incorporação, 189
    Manutenção, 190
    Retenção, 191
    Desenvolvimento, 192
  Indicadores de Desempenho em RH de Adilson Gomes, 194
  Indicadores de Gestão de RH do Instituto Sextante Brasil (ex-Instituto Saratoga), 195
  Indicadores de Gestão de Recursos Humanos: Visão Geral do Processo, 196
  Definindo Indicadores, 197
    Ciclo do processo, 198
    Exemplo simplificado, 199

Balanço dos Indicadores de RH, 200
    Amostra de indicadores, 201
    Questões para reflexão, 202
Exemplo de Ações a Explorar, a Partir de um Diagnóstico, 203
    Perspectiva processos, 203
    Perspectiva estrutura, 203
    Perspectiva tecnologia, 204
    Perspectiva coluna & pessoas, 204
Indicadores de Gestão: O Desafio para RH, 204
A Transição Irreversível: Mudança do DNA em Recursos Humanos, 207
Indicadores: Uma Mudança Lenta, Gradual e Contínua, 208
Indicadores: Usando para Melhorar, 209
Finalmente, 210

Referências Bibliográficas, 213
    Artigos e Apostilas, 214
    Bibliografia sobre Balanço Social, 215

Sobre o Autor, 217

Apresentação do Livro

Este livro, nesta nova edição, revista e ampliada, foi desenvolvido para os que estudam ou conduzem trabalhos relacionados ao uso de indicadores, de medições, no campo da gestão dos Recursos Humanos de uma Organização, tenha ela ou não fins lucrativos. Tenta cobrir uma lacuna – cada vez menor – no meio empresarial, principalmente para pequenas e médias empresas, podendo ainda ser útil no mundo acadêmico por fornecer maior visibilidade aos indicadores que auxiliam no entendimento de como a empresa organiza e movimenta sua força de trabalho, investe e obtém retorno deste investimento. Pode ser útil para a compreensão do nível de *eficiência* e de *eficácia* dos processos, programas e operações vinculados à área ou ao subsistema de gestão de Recursos Humanos.

O livro poderia ter sido organizado de diversas formas, como o leitor terá a oportunidade de perceber. Estou certo de que a ordem dos temas em nada influirá na disposição do leitor em acessar e se utilizar dos indicadores, das métricas, das medições. Trago a experiência pessoal de algumas décadas no mundo empresarial e acadêmico, bem como a experiência de dezenas de pessoas que, ao longo do tempo, vêm também se utilizando dos números para sustentar ou apoiar decisões ou recomendações. Dentro desse contexto o livro foi organizado da seguinte forma:

Aspectos Introdutórios: Aproveito a introdução do livro para compartilhar com o leitor algumas reflexões sobre o uso de indicadores em Organizações de qualquer natureza, segmento, origem do capital ou porte. Aproveito também para registrar alguns conceitos que envolvem *indicadores quantitativos* e *qualitativos*, de *eficiência* e de *eficácia*, *simples* e *compostos*, *relativos* e *absolutos*. Na introdução tento apoiar a ideia de que as métricas, os indicadores e as medições são úteis para auxiliar na compreensão do passado e do presente, sendo também essenciais para orientar ações do futuro. Em qualquer momento, no entanto, os indicadores são necessários para a execução dos ciclos permanentes de melhoria.

Indicadores Demográficos: Na primeira parte estou me apropriando do termo *demográfico* de modo a permitir o agrupamento de indicadores que auxiliam na compreensão de aspectos *quantitativos* da força de trabalho de uma Organização. A quantidade de recursos humanos, na forma de empregados – *que possuem relação de emprego* – e não-empregados – *terceiros, autônomos, estagiários, cooperados e afins* – é a tônica da Parte I do livro, com os desdobramentos. Trata-se de uma amostra de indicadores que podem ser importantes no dia a dia dos gestores de RH. Alguns desses indicadores formam a base para cálculo de outros indicadores, principalmente os financeiros e de processos.

Indicadores Financeiros: Na segunda parte agrupo indicadores expressos em dinheiro, estejam eles medindo aspectos pontuais de um processo ou programa – *como o custo per capita com saúde* – ou mensurando o impacto ou reflexo de um conjunto mais amplo de ações, *como o retorno do investimento em folha de pagamento*. A área de relações trabalhistas e os custos das reclamações, depósitos recursais, depósitos judiciais e afins também mereceram destaque nesta parte do livro. Embora a variável *custo* esteja presente na avaliação dos processos em geral, optei por destacá-los nesta parte do livro, particularmente em função da opção de dar mais ênfase aos aspectos que envolvem custos dentro de uma perspectiva mais ampla; mais multifuncional.

Indicadores Operacionais, de Desempenho ou de Processos: Na terceira parte reúno indicadores que auxiliam na compreensão do nível de eficiência e de eficácia de determinados processos ligados à gestão de Recursos Humanos. Estou focando, nesta parte do livro, aspectos como *quantidade (relativa* e *absoluta), qualidade, tempo* e *satisfação do cliente interno*, a partir de indicadores ligados pontualmente a certos processos ou ações de maior visibilidade aos leitores em geral. Diversos subsistemas são aqui explorados, principalmente recrutamento e seleção, treinamento e desenvolvimento, administração salarial, administração de pessoal e de benefícios, além de relações trabalhistas. A variável *custo*, também necessária na avaliação dos processos em geral, foi exemplificada na segunda parte do livro, razão pela qual não está sendo abordada nesta terceira parte. Optei por evidenciar, nesta terceira parte do livro, aspectos como *quantidade, qualidade, tempo* e *satisfação dos clientes,* presentes em quase tudo que se faz ou que pode ser feito em Recursos Humanos.

Indicadores de Gestão do Clima Organizacional & Sustentabilidade: Em função de demandas sobre os temas, optamos por destacar métricas de clima organizacional e de sustentabilidade em capítulo separado do livro. Em um primeiro momento discutiremos alguns dos indicadores e abordagem que ajudam na caracterização do ambiente de trabalho, sem a pretensão de dissertar ou explorar modelos de pesquisa, critérios de afirmativas positivas ou formas de tabulação. As questões exploradas nesta quarta parte do livro auxiliam na compreensão dos aspectos, fatores, indicadores ou dimensões capazes de dar visibilidade ao nível de qualidade do ambiente organizacional. O mesmo enfoque estará sendo dado às questões que envolvem *sustentabilidade, responsabilidade social* e *balanço social,* onde serão reforçados indicadores que vêm sendo utilizados para demonstração dos investimentos e dos esforços para transformação das variáveis sociais, econômicas e ambientais. Na medida em que o foco se dá sobre *indicadores* de gestão, esta parte do livro não pretende discorrer sobre clima organizacional ou sustentabilidade, como outros livros certamente farão. Estará limitada a uma visão geral, bem como a uma provocação sobre indicadores; sobre métricas.

Estudos Complementares e os Desafios para a Gestão de RH: Nesta quinta e última parte gostaria de dividir com o leitor estudos ou abordagens que, se explorados, podem dar um foco mais sistêmico e estratégico aos indicadores de gestão de Recursos Humanos abordados neste livro. Trata-se de uma contribuição deste livro ao processo de desenvolvimento permanente dos indicadores de gestão de Recursos Humanos no Brasil. Enquanto este livro possui um foco mais operacional, do cálculo, da fórmula, do gráfico, há estudos que podem ampliar a perspectiva do leitor, dando a ele a oportunidade de inserir indicadores dentro de um contexto mais amplo. Nesta parte do livro registro alguns desafios relativos à inserção mais forte dos indicadores nos diversos subsistemas de Gestão de RH. São reflexões pessoais e de diversos autores que dão uma dimensão dos desafios que devem ser enfrentados e, ao mesmo tempo, da responsabilidade de cada um de nós nesta travessia. São reflexões que podem dar aos indicadores um cunho mais estratégico, alicerçado pela visão predominantemente operacional deste livro.

Embora exista grande demanda por métricas, por números, por referências ou parâmetros numéricos sobre diversos aspectos da gestão de Recursos Humanos, o livro não se propõe a discutir – como o leitor irá perceber – *benchmarks* ou referências de mercado, *clusters*[1], o *melhor* número para cada indicador, entre outros aspectos. Existem Organizações que geram e disponibilizam dados atualizados e históricos sobre o tema, normalmente por segmento de mercado – indústria, comércio etc. – origem do capital – nacional, multinacional, estatal, pública ou de capital misto – ou porte – medido pelo *faturamento bruto* ou pelo *número de empregados* – podendo ainda disponibilizar dados entre empresas previamente selecionadas em uma amostra. Pessoalmente acredito que, na maioria dos casos, o olhar para *fora* – ou para outras Organizações – representa um dreno de tempo, de energia ou de recursos financeiros. Sou partidário do uso predominante de referências internas, com uso regular de métricas da própria Organização, de suas filiais, agências, fábricas ou unidades de negócios. Esse aprendizado pode também ser estimulado ou acelerado com referências externas, práticas e modelos. Tais referências, no entanto, devem ser sempre relativizadas internamente, uma vez que, por trás de qualquer indicador, de qualquer métrica, há processos, tecnologias, estruturas e culturas, aspectos de difícil compreensão na dinâmica de um *benchmarking*.

O Instituto Sextante Brasil, a PriceWaterhouse, a Deloitte, a Towers Watson, o Great Place To Work, Gradus e a HayGroup, entre outras,

---

[1] Grupamento que reúne um conjunto de elementos comparáveis entre si. Utilizam-se *clusters*, por exemplo, para comparação de indicadores ou medições que retratem uma determinada realidade, não podendo, tais indicadores, refletirem outro conjunto. Quando temos casas e apartamentos para comparar valores de aluguel, muito provavelmente a comparação será de casa com casa e apartamentos com apartamentos. Pesquisas de remuneração normalmente são realizadas entre empresas cujo segmento de mercado, porte, origem do capital, localização geográfica e número de empregados sejam comparáveis entre si, no todo ou em parte. Isto já seria um *cluster*. Organizações que possuem filiais, sucursais, fábricas e agências, por exemplo, podem comparar agências de mesmo porte, entre si, ou ainda agências localizadas em determinada região geográfica. Neste sentido as fábricas seriam comparadas com outras fábricas de semelhante estrutura.

são Organizações de grande respeitabilidade, no Brasil e no exterior, e que vêm buscando – gradativamente – fornecer dados que permitam o aprimoramento permanente de práticas, estruturas e processos ligados à gestão de Recursos Humanos. São Organizações que observam, de forma crítica e estruturada, o que ocorre no mercado brasileiro, estabelecendo conexões com práticas consistentes nos variados subsistemas. Estão, nesse sentido, capacitadas a produzir ou gerar *benchmarks* que possam apoiar ações desta ou daquela Organização, observadas as ressalvas sobre as quais registrei algumas linhas.

Tive a oportunidade de desenvolver ou de participar de trabalhos, de forma direta e indireta, com algumas dessas Organizações. Com a Sextante Brasil, por exemplo, pude compartilhar dados para cálculo de métricas, de indicadores, por quase seis anos. Participei ainda de *workshops* para reflexão sobre os resultados, definição de prioridades e definição de planos de ação. Com a Great Place To Work pude participar de algumas reuniões de avaliação dos dados de pesquisas de clima e de eventual participação em avaliações externas. Com a HayGroup participo, na condição de avaliador, de pesquisas de clima organizacional há pelo menos 3 anos. Com a PriceWaterhouse participei de um projeto interessante associado ao uso da metodologia ABC (*activity based cost*), fortemente centrada em métricas; em indicadores. Com a Towers Watson minha relação é mais intensa, tanto no Brasil como em relação à unidade americana da referida consultoria em questões envolvendo medições. Integrei equipes que tinham como missão compreender, através de medições, a qualidade do ambiente de trabalho em diversos países da América do Sul. Com a Gradus Consultoria foram quase dois anos trabalhando com métricas, indicadores, e com revisão de processos e de políticas voltadas à gestão de Recursos Humanos. Com todas elas aprendi muito.

"O que é medido torna-se importante."
Autor Desconhecido
Extraído de Price Pritchett. Resistance. Moving
Beyond the barriers to chance

Para cobrir a demanda citada anteriormente, sobre *benchmarks* ou estudos sobre medições, a PriceWaterhouseCoopers, através do ICAS – *Intellectual Capital Advisory Solutions* – produz o *Global Human Capital Benchmarking*: Estudo de melhores práticas e Estratégias de Gestão de

Pessoas. O *benchmarking* realizado por esta consultoria tem como propósito permitir que gestores *conheçam tendências nas gestões de Pessoas*, avalie a *gestão de pessoas em sua Organização*, identifique *novas formas de integrar estratégia de negócios* e gestão de pessoas, reveja *estratégias de gestão de RH* e desenvolva *planos de ação* baseados em dados e informações de mercado. O *benchmarking* envolve mais de 1.000 Organizações em 47 países.

> *"A área de RH, como todas as áreas de um organismo empresarial, precisa compreender e buscar o entendimento, a antecipação e a superação das necessidades de seus clientes internos, trabalhando alinhada às estratégias dos negócios."*
>
> **Rugenia Maria Pomi**
> Sextante Brasil

Temos também o Great Place To Work Institute, que *é "uma empresa de serviços de Consultoria presente em 25 países, publicando listas em parcerias com revistas e jornais (...) nestes países. As listas de Melhores Empresas para se Trabalhar tiveram início no Brasil em 1997, resultado de uma parceria* – naquele momento – *entre o Great Place to Work Institute e a revista Exame da Editora Abril".*[2]

A Deloitte Toche Tohmatsu também faz parte desse grupo de Organizações que, entre outras atividades, coleta, analisa e disponibiliza dados relativos à gestão do capital humano. Seus profissionais permanecem atentos às transformações no mercado de trabalho através das métricas, dos indicadores que podem apoiar um melhor entendimento sobre determinados fenômenos.

A Hay do Brasil é outra grande Organização que vem desenvolvendo trabalho importante com medições em RH através do guia com as *"melhores empresas na gestão de Pessoas"*. Nos Estados Unidos a Hay Group também desenvolve medições sobre *as empresas mais admiradas*, além de também focar indicadores e medidas sobre ambiente de trabalho e gestão do capital humano.

Como o leitor verá, o livro não sugere que as fórmulas apresentadas devam servir de referência para comparações entre empresas.

---

[2] Texto retirado do *folder* "Encontro Great Place to Work das Melhores Empresas para se Trabalhar" (2004).

Cada entidade, consultoria ou instituto que desenvolve *benchmarks* possui fórmulas de cálculo por vezes particulares; fórmulas que devem ser compartilhadas por empresas que queiram desenvolver métricas e, posteriormente, compará-las com as de outras Organizações, entendendo *gaps* (distâncias, variação, desvios) entre o *real* e o *ideal*. Os gráficos apresentados ao longo do livro são exemplos que podem auxiliar o leitor no desenvolvimento de análises e de projetos, embora não devam limitar a criatividade pela busca de novas opções de comparação, particularmente considerando-se a tecnologia de informação (recursos de informática) cada vez mais disponível.

> *"A área de RH precisa tornar sua contribuição transparente e mensurável, onde e quando quer que seja..."*
>
> **Günther Freig**
> Diretor de Relações Trabalhistas
> Damler Crysler / Alemanha

A estatística e as pequenas expressões matemáticas apresentadas, na mesma direção, têm como objetivo básico servir de suporte inicial para compreensão dos dados. Além da média normalmente apresentada, outros conhecimentos são importantes (mediana e medidas de posicionamento em geral, desvio-padrão, desvio médio, índice de variação, intervalos de confiança e erro-padrão de estimativa) e ampliam, em muito, a capacidade de analisar dados, elaborar estudos, entender tendências e comportamentos, relacionar e correlacionar dados de indicadores, entre tantas outras alternativas.

> *"Gerentes devem mudar o foco: de simples observadores de números para formuladores de medidas de performance para aspectos críticos dos negócios."*
>
> **James Champy**
> CSC Consulting Group

Comentários no rodapé das páginas – e citações ao longo do livro – trarão informações adicionais com exemplos práticos e reais sobre o uso de indicadores, de medições, para a gestão dos negócios, principalmente dados divulgados em jornais e revistas, o que ajudará o leitor a perceber que indicadores, medições, estão mais presentes no quotidiano do que muitos imaginam.

*"A criação de uma estratégia para o
Capital Humano... requer fatos (...) mensurações."*
Mercer/HSM Management

Por fim, em que pese o esforço em ser didático e consistente, provavelmente muitos pontos ficarão de fora ou serão registrados de forma não conclusiva ou suficientemente clara, o que aumenta a responsabilidade do leitor para o aprimoramento permanente desta obra. Como estamos na segunda edição, é certo que tenho mais chances de reduzir as imperfeições naturais da obra publicada em 2005, principalmente em função de críticas e observações de leitores atentos. Por outro lado, os novos indicadores, a ampliação dos conceitos, os novos casos citados e os comentários acrescentados ao livro abrem possibilidades de imprecisão e oportunidades de melhoria. De qualquer forma, fico ao dispor para receber críticas e sugestões pelo *marcelinoassis@ig.com.br*.

Marcelino Tadeu de Assis
marcelinoassis@ig.com.br

Introdução aos Indicadores de Gestão em Recursos Humanos

> *"Estratégia é a determinação das metas e objetivos básicos e de longo prazo... a adoção de ações e alocação de recursos necessários para atingir esses objetivos."*
>
> **A.D. Chandler**

Direcionadores vinculados à gestão dos recursos humanos de uma Organização, quando compreendidos e traduzidos corretamente, produzem políticas e processos aderentes aos referidos direcionadores, o que – por sua vez – apoiam, sustentam e fortalecem uma filosofia de gerenciamento de pessoas. Ao longo do tempo – e de forma sistemática – isso gera um círculo virtuoso capaz de produzir crenças. Essas crenças contaminam positivamente o ambiente e deixam marcas no DNA organizacional que passam de supervisor para supervisor, de gerente para gerente e de diretor para diretor. Quando os direcionadores são difusos, contraditórios ou desalinhados, as políticas e os processos são também potencialmente difusos, contraditórios e desalinhados, mas também determinam práticas, geram crenças e deixam marcas no DNA da Organização.

O fato é que, principalmente no campo da gestão de pessoas, a não aderência entre diretrizes, políticas, normas e procedimentos deixa rastros importantes em métricas associadas à quantidade, ao custo, à qualidade, ao tempo ou à satisfação (percepção) dos clientes (empregados).

Alinhamento das Práticas em RH

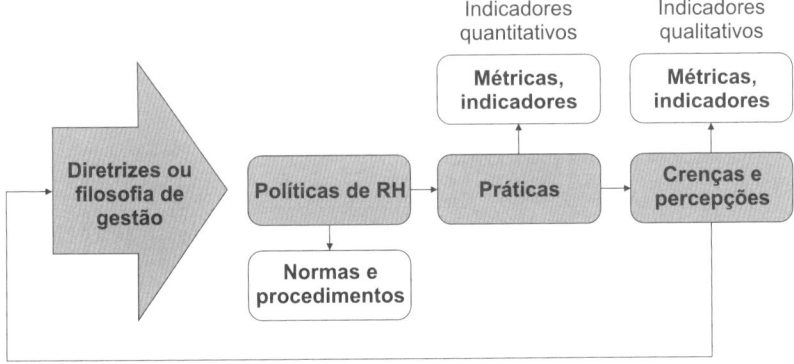

Alinhando Teoria à Prática

As métricas podem ser usadas como forma de permitir a compreensão do passado e das consequências desse passado nas ações e percepções do presente. Esse foi o caso de uma Organização que recorreu a uma consultoria internacional para que tal consultoria gerasse um diagnóstico sobre os processos voltados à gestão do capital humano. Determinada fase da abordagem envolveu coleta, tabulação e análise de dados – indicadores, métricas – provenientes dos principais processos voltados à gestão de RH. Os dados foram confrontados com os direcionadores explicitados nos documentos internos, nas mensagens enviadas às gerências e nas políticas formais disponíveis ao conjunto dos empregados, gerando oportunidade de reflexão e de aprendizado.

Uma leitura atenta da política de administração salarial, por exemplo, deixava clara a ideia de que a prioridade dos aumentos salariais espontâneos era dos que apresentassem melhor desempenho; de que os maiores salários – considerando-se a posição dos empregados em suas respectivas faixas salariais – estariam associados aos colaboradores identificados como de *alto potencial* ou de *alta performance*. Na Organização analisada, qualquer apresentação interna – em qualquer reunião gerencial – deveria narrar, com orgulho, a ênfase na contratação de profissionais em posições menores na estrutura. O desligamento ou a saída dos profissionais, por outro lado, deveria ser destacado como ocorrendo predominantemente em posições superiores, como em um *funil invertido*. Os empregados desligados, no modo de pensar da alta direção, apresentavam problemas continuados de desempenho, fato que justificaria as ações tomadas pelas respectivas chefias.

Os dados, métricas, indicadores gerados pelo sistema interno de administração salarial, de controle de admissões, de desligamento e de gestão do desempenho individual, no entanto, não suportavam as premissas vigentes. Os aumentos salariais não se concentravam nos melhores desempenhos, assim como os salários mais expressivos eram associados mais ao tempo de empresa – e/ou tempo no cargo – do que à condição de alto potencial ou de alto desempenho. Apenas uma parcela das admissões se dava no nível menor da estrutura. Parte expressiva dos desligamentos foi observada até o nível mediano da pirâmide organizacional, sem que a análise do desempenho individual tenha indicado situações-problema. Os dados numéricos, essenciais na gestão de qualquer processo, portanto, indicavam ou sugeriam pouca relação entre a visão teórica – mundo ideal – e a prática efetiva – mundo real – ao longo dos anos, ainda que – em época remota – pudesse ter havido realidade distinta.

Suportando Visões de Futuro

O uso de medições, de métricas, de indicadores também se dá em situações que apoiam ou que orientam ações para o futuro, conforme relato a seguir. Ricardo Malfitano, vice-presidente mundial da empresa Praxair, nos Estados Unidos, e ex-presidente da White Martins Gases Industriais, no Brasil, costumava afirmar que *"quem não mede não chega"*. Com certa frequência Ricardo utilizava metáforas do esporte para reforçar a necessidade de trabalho em equipe, visão interdisciplinar, responsabilidades individuais em qualquer processo, disciplina operacional e o uso de indicadores para definição ou controle de metas, aferição da *direção, velocidade, capacidade, custo, investimento* e *retorno do investimento*, seja em produção, vendas, distribuição, tecnologia ou qualquer uma das funções de *staff*. Malfitano se alinhava, neste sentido, a Kaplan e Norton[1], criadores do conceito de *balanced scorecard*, segundo os quais medições possuem forte efeito sobre o desempenho, devendo, nesse sentido, ser parte essencial de qualquer estratégia.

---
[1] KAPLAN, Robert S. e NORTON, David. Putting the Balanced Scorecard to Work. United States: *Harvard Business Review – On Point*, 2000.

Medições nas Organizações com e sem Fins Lucrativos

Medir é, portanto, uma das palavras-chave para Organizações que possuem metas a serem atingidas em um determinado período de tempo, considerando-se um conjunto disponível – e normalmente limitado – de recursos financeiros, materiais, tecnológicos, físicos e humanos. Medir, no contexto organizacional, é fundamental para se determinar um ponto de chegada, estabelecer parâmetros, entender e compartilhar expectativas, determinar e mobilizar recursos, corrigir rumos, reforçar ações, alavancar esforços, e reconhecer e recompensar resultados, empenho, dedicação e comprometimento. Vendas, faturamento, liquidez, lucro operacional, cobrança, produção e satisfação do cliente estão entre os indicadores utilizados por empresas de quase todos os tamanhos.

Agências de propaganda e empresas de prestação de serviços ligados à mídia medem – geram indicadores sobre – o espaço publicitário utilizado para determinados produtos, a quantidade de vezes que uma determinada empresa foi citada e a porcentagem de citações positivas, negativas e neutras, tudo como forma de aferir a eficácia de uma determinada ação, campanha ou serviço prestado. Um desses indicadores chama-se *índice de visibilidade na imprensa* e pode ser calculado pelo número de citações ou por *cm/col*.

> *"Focalizando o mundo empresarial, executivos de linha e de staff buscam incessantemente e obsessivamente o valor agregado por suas contribuições; por suas produções. Esta também é uma realidade para a gestão de RH, em quaisquer empresas, segmento de negócios, com fins lucrativos ou não."*
> **Rugenia Maria Pomi**

Muitas Organizações com ou sem fins lucrativos, dos mais variados segmentos e tamanhos, divulgam balanços sociais utilizando-se também de indicadores que auxiliam na demonstração ou explicitação de investimentos no campo social, dentro e fora dos limites da Organização. Balanços buscam compartilhar dados sobre ações e/ou sobre os resultados das ações estruturadas para apoiar o desenvolvimento de uma determinada comunidade, esteja ela dentro ou fora dos limites de atuação daquela Organização.

Estudos sobre indicadores realizados pelo professor Luiz Carlos Miranda, da Universidade Federal de Pernambuco, e pela professora Susana Garrido Azevedo, da Universidade da Beira Interior, Portugal[2], indicaram que, em um universo de quase 500 empresas atuando no Brasil e em Portugal, todas as Organizações se utilizam de indicadores para gestão de negócios e processos com os mais variados focos. Alguns desses indicadores (8,4%) estão direcionados às medições ligadas ao corpo funcional e envolvem, entre outros, o *número de funcionários* e sua evolução ao longo do tempo, o número de *funcionários por departamento*, o índice de *novos funcionários*, a *idade média dos funcionários*, o número de *funcionários no exterior*, o número de *postos de trabalho*, o número de *contratações e de terceirizações*, o número de *demissões* e a *estimativa de demissões* para um determinado período.

Conforme salienta Chiavenato[3], Organizações precisam utilizar medições, indicadores, de maneira sistêmica, de modo a compor um conjunto de dados que privilegie todos os aspectos importantes da gestão dos negócios. O planejamento estratégico deve definir o que medir, como e quando. A partir daí, como efeito cascata, facilita-se a localização de metas e objetivos dos diversos departamentos e níveis hierárquicos.

Medições em Empresas de Pequeno Porte

Noventa e nove porcento das empresas em todo o mundo são de pequeno porte. Dados do IBGE revelam que 97% das empresas brasileiras são também de pequeno porte – possuem até 19 empregados – e empregam formalmente 50% dos trabalhadores. Como empreendimentos que são também necessitam de indicadores como forma de validar estratégias e planos de ação, direcionar investimentos, avaliar o retorno desse investimento e o nível de eficiência e eficácia de seus processos. Medições ou indicadores – como começamos a ver – independem do tamanho ou mesmo da finalidade da Organização.

---

[2] Dados apresentados no 24º Encontro da ANPAD, em 2000, e discutidos pelo professor Adilson Gomes durante evento do IDEMP sobre Gestão de Indicadores de Desempenho para RH, em 2002.
[3] CHIAVENATO, Idalberto. *Como Transformar RH (de um Centro de Despesa) em um Centro de Lucro*. São Paulo. Makron Books. 2000. P. 128.

Indicadores Não-Financeiros

Para Josir Simeone Gomes[4], professor adjunto e coordenador do curso de mestrado em Ciências Contábeis da UERJ, os indicadores mais importantes sobre o sucesso de um negócio são os de natureza não-financeira, como satisfação dos clientes, satisfação dos colaboradores e fornecedores. O custo dos produtos e a margem de lucro – aparentemente usados por todas as empresas de pequeno porte – estão entre os indicadores onde empresários brasileiros possuem maior dificuldade para calcular, afirmou Gomes, o que aumenta a responsabilidade dos que ministram cursos ou prestam orientações no campo da avaliação de negócios.

Medições na Esfera Governamental

Governos também calculam, medem, utilizam medições, analisam permanentemente *indicadores* diversos. São siglas e conceitos para todos os gostos e necessidades, podendo envolver despesas diretas e indiretas com pessoal, inflação medida pelo IGP, ICV, INPC, IPCA, IGP-M, IGP-DI e IPC, por exemplo, PIB – produto interno bruto, receita, nas mais variadas fontes, IDH – índice de desenvolvimento humano, entre tantos outros indicadores sociais e demográficos, tais como número de habitantes, renda *per capita* e nível de alfabetização. O uso de indicadores na esfera pública é igualmente importante à gestão adequada dos recursos entregues ou disponibilizados, de forma direta ou indireta, pela população.

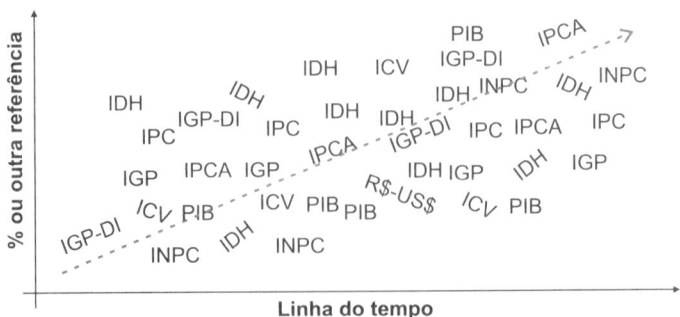

[4] Jornal O GLOBO. Seção: Caderno Boa Chance; 29/02/2004. Por Isabel Kopschitz. P. 4.

Resultados do Censo, ao longo dos anos, por exemplo, vêm permitindo a análise de indicadores importantes para a esfera pública, como, por exemplo, os que geram dados sobre a *parcela da população que está coberta pela previdência oficial*, bem como sobre os *países que abrigam migrantes brasileiros*. A trajetória dos dados, os cenários estudados e a combinação das diferentes métricas permitem a antecipação ou revisão de ações, a correção dos rumos e o melhor uso dos recursos.

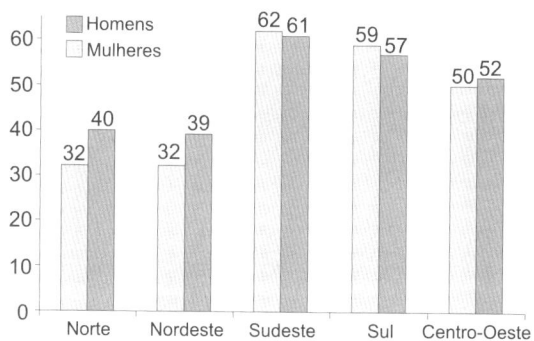

Fonte: Jornal do Brasil, 29/12/03 (baseado em dados do Censo do ano 2000).

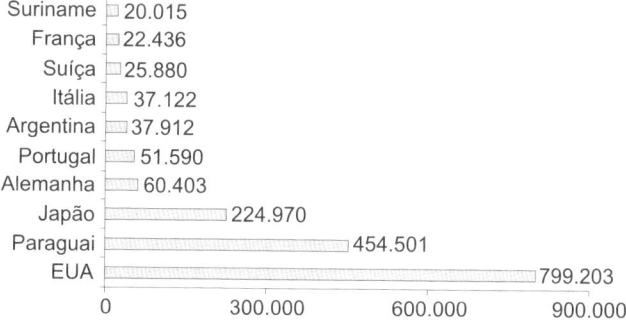

Fonte: Jornal do Brasil, 29/12/03 (baseado em dados do Censo do ano 2000).

Indicadores de Gestão na Educação

É também notória a mudança de postura dos governos em relação às questões envolvendo o uso de *métricas*, de *indicadores* para avaliação da educação no Brasil. Observam-se discussões frequentes sobre os resultados deste ou daquele indicador; sobre a posição no *ranking* desta ou daquela instituição. São os mais variados processos de avaliação liderados ou apoiados pelo INEP – Instituto Nacional de Estudos e Pesquisas em Educação, além de estatísticas que auxiliam na compreensão sobre aplicação de recursos, na atuação da união, estados e municípios na condução de ações no campo da educação, entre tantos outros aspectos. São processos de avaliação que tomam como referência abordagens desenvolvidas no Brasil ou provenientes de organismos internacionais, sempre com o intuito de capturar e colocar holofote sobre determinados aspectos. É sabido, no entanto, que a avaliação, que as medições e que os indicadores, por si sós, não alteram o *status quo* da educação no Brasil, não necessariamente afetam investimentos públicos ou influenciam na definição de prioridades.

"Quem não mede, não chega."
Ricardo Malfitano

Processos avaliativos e geração de indicadores, por si sós, não produzem diagnósticos consistentes ou planos de ação nesta ou naquela direção. Por outro lado, processos de melhoria dependem de avaliações, medições e diagnósticos, sem os quais não se estabelecem, por exemplo, parâmetros para o uso de recursos. O site do INEP é por certo um espaço essencial aos que lidam com a educação e, mais particularmente, aos que estão interessados na avaliação e formulação de propostas de melhoria, tanto na educação como em relação aos indicadores usados por governos e pesquisadores.

No mundo organizacional os indicadores também não nascem perfeitos ou completos e nem são compreendidos com facilidade. Nascem, crescem e se transformam sempre na direção da captura de aspectos essenciais até então não capturados em avaliações e indicadores usados anteriormente. No mundo da educação, avaliações e medições não são diferentes, em que pese o caráter multifacetado e complexo do termo *ensinar*, bem como da percepção da educação como um bem público, sem a qual nações não são autônomas e sem a qual indivíduos não são cidadãos. Embora sejam relativamente antigos no campo da educação, no Brasil, é certo que os últimos 20 anos foram decisivos para a implantação ou fortalecimento de processos de avaliação, de geração de métricas, medições – indicadores. O uso dos indicadores no campo da educação e a visão crítica sobre eles por certo irão subsidiar estudos e conclusões relevantes, que poderão redundar no aperfeiçoamento do processo e das métricas utilizadas. É necessário usar as avaliações e os indicadores voltados à compreensão da educação, bem como promover o exercício permanente do diagnóstico e das ações de melhoria.

Indicadores na Educação são reveladores e potencialmente capazes de inspirar políticas públicas e ações governamentais. Sérgio Ferreira, economista do BNDES, e Fernando Veloso, economista do IBMEC, estudaram, a partir do PNAD (pesquisa nacional por amostra de domicílio), o *índice de transmissão da desigualdade* por país[5], segundo o qual há 68% de chances de a baixa escolaridade dos pais ser herdada pelos filhos. Embora 68% seja um índice altíssimo, considerando-se 19% da Malásia, 20% da Alemanha e 35% dos Estados Unidos, por exemplo, é bem inferior ao índice de 75% obtido no período de 1932 a 1936, ou mesmo os 52% obtidos no período entre 1967 e 1971.

Gustavo Schleder e Marcelo Chimento[6] salientaram que a excelência nos colégios do Rio de Janeiro é exceção, ao divulgarem resultados das avaliações realizadas pela Secretaria Estadual de Educação. Segundo essas avaliações, mais da metade das 951 escolas ficou com nota mínima em uma escala que variava entre 1 e 5. O programa avaliava e, portanto, gerava medições e indicadores sobre colégios, professores e alunos. Tais medições são essenciais para a produção dos diagnósticos e para os planejamentos de curto, médio e longo prazos, em que pese a natural dificuldade para que governos promovam ações com impacto em períodos que vão além do tempo de mandato de seus governantes.

Números da rede municipal de ensino da Cidade do Rio de Janeiro, analisados por Fábio Gusmão, mostram que, dentro de um universo de 1.048 escolas e 193 creches, 37 mil professores, 748 mil alunos, 11 mil funcionários de apoio e 13 milhões de refeições por mês, 58.009 alunos ficaram sem aula e 148 escolas ficaram paradas durante 74 dias, o que representou 49% do ano letivo[7]. Embora ruins, são números, *indicadores*, medições que auxiliam na melhor compreensão do reflexo – no diagnóstico em tela – da violência urbana no processo de ensino.

---

[5] Jornal O Globo. Rio de Janeiro, 29/02/04. P. 35.
[6] Jornal Extra. Rio de Janeiro, 03/03/04. P. 3.
[7] Dados da Secretaria Municipal de Educação da Cidade do Rio de Janeiro e da Guarda Municipal do Rio de Janeiro, relativamente ao período de janeiro/04 a setembro/04, conforme reportagem realizada por Fábio Gusmão (Jornal Extra, 28/11/2004. P. 20).

Ainda dentro do contexto do ensino – desta vez do ensino médio – indicadores gerados pelo Ministério da Educação permitiram entender, por exemplo, que houve queda na nota média dos estudantes, segundo avaliação do ENEM[8]. São indicadores que permitem compreender o nível geral de aprendizado e, particularizando, os aspectos onde há potencial maior de melhoria entre as competências-chave.

Prova Objetiva	Ano 1	Ano 2
Competência 1: Dominar a norma culta da língua portuguesa e usar as linguagens matemática, artística e científica.	48,09	47,70
Competência 2: Construir e aplicar conceitos das várias áreas do conhecimento.	49,88	45,44
Competência 3: Selecionar e interpretar dados para tomar decisões.	49,75	44,90
Competência 4: Relacionar informações para construir argumentação consistente.	46,80	43,89
Competência 5: Elaborar propostas de intervenção solidária, respeitando os valores humanos.	48,90	47,69

Redação	Ano 1	Ano 2
Competência 1: Demonstrar domínio da norma culta da língua portuguesa.	62,66	58,02
Competência 2: Desenvolver o tema da redação dentro dos limites estruturais do texto dissertativo-argumentativo.	54,44	47,17
Competência 3: Selecionar e interpretar dados em defesa de um ponto de vista.	52,91	46,15
Competência 4: Demonstrar conhecimento dos mecanismos linguísticos necessários para a construção da argumentação.	54,90	50,51
Competência 5: Propor intervenção para o problema abordado, demonstrando respeito aos direitos humanos.	51,87	42,93

Indicadores de Gestão no Turismo

Medições estão também em alta – e são essenciais – quando o tema é turismo. O professor Bayard Boiteux, doutor em Direito e coordena-

---

[8] Boletim Individual de Resultados do ENEM 2004, por Demétrio Weber. Jornal Extra. 27/11/04. Na escala do ENEM, entre 0 e 40 é considerado de insuficiente a regular; entre 40 e 70, de regular a bom; de 70 a 100, de bom a excelente.

dor do curso de Hotelaria e Turismo da UniverCidade, com apoio da Secretaria Especial de Turismo da Cidade do Rio de Janeiro[9], realizou pesquisa com turistas estrangeiros que vieram ao Rio de Janeiro no período do Carnaval de 2004. Medições permitiram entender os cinco aspectos mais positivos, na perspectiva dos respondentes[10]: *hospitalidade do povo* (35%), *animação das ruas* (26%), *qualidade na prestação dos serviços turísticos* (18%), *organização dos serviços na passarela do samba* (12%) e *metrô* (9%).

A pesquisa permitiu conhecer, também, pontos críticos como *condições climáticas* (25%), *sinalização turística* (20%), *preço dos ingressos* (17%), *táxis* (13%), *falta de pessoal bilíngue fora dos hotéis* (11%), *segurança pública* (10%) e *atrações culturais fechadas durante o carnaval* (4%). Para o gestor das ações de turismo, outras informações são igualmente importantes; uma delas é de que 70% dos turistas vieram especificamente para ver o Carnaval.

Curiosos do sambódromo, no Rio de Janeiro, desenvolveram outros indicadores, permitindo, por exemplo, o cálculo – por estimativa – de que, durante os desfiles, passariam *1.295 bumbuns*, com escolas consumindo *1,4 milhão de penas*; as baianas girariam *672.000 vezes*, suportadas pelo som produzido pelos ritmistas, que bateriam *1,5 milhão de vezes* nos surdos. O desfile consumiria *21 toneladas de fogos de artifício*, *1.260 toneladas de alegorias* e *64,4 bilhões de paetês*. Curiosidade para muitos de nós, mas importante para os que vendem os sonhos do turismo, produzem fogos de artifício, paetês etc[11].

Medições na Esfera Individual

Medições sistematizadas começaram pelos governos, cuja necessidade deu origem à palavra *estatística*[12] – estado; *estadística* –, a mesma estatística que, nos âmbitos privado e individual, utilizamos para elaborar, projetar e acompanhar o orçamento doméstico em termos de

---

[9] Jornal Extra. Rio de Janeiro. 03/03/04. P. 29.

[10] É importante frisar que a hierarquização dos indicadores (ou dos aspectos pesquisados) mais positivos ou negativos não nos permite entender o nível de satisfação ou de insatisfação dos que responderam à pesquisa, mas apenas a importância relativa de cada um dos itens pesquisados.

[11] Jornal Extra. Rio de Janeiro. 22/02/04. P. 6 e 7.

[12] SPIEGEL, Murray R. *Estatística*. São Paulo: McGraw-Hill. Coleção Schaum. 1972. Tradução de Pedro Cosentino.

contas a pagar (despesas correntes e para pagamento de dívidas), *contas a receber* (de fonte primária ou de investimentos), *poupança* de curto ou de longo prazo e *investimentos* em bens móveis ou imóveis. Quem já avaliou a tomada de um empréstimo considerando-se sua capacidade de pagamento? Quem já comparou o volume desse empréstimo com o total de ativos (patrimônio) que possui? São indicadores (medições) no âmbito privado, de extrema importância para a saúde financeira de um grupo familiar.

> *"Não se pode gerir o que não se pode medir."*
> **(Autor desconhecido)**

Indicadores como Apoio à Decisão

Os sistemas de numeração (de medição) nasceram da necessidade de se manter controle sobre coisas e pessoas[13], há mais de cinco mil anos, sendo a base dos conceitos contábeis de débito e crédito, ativo e passivo, entrada e saída. Os balanços e balancetes, que reúnem diversos indicadores e que vêm evoluindo ao longo dos séculos, refletem o passado, auxiliam no entendimento do presente e suportam decisões importantes para o futuro. Segundo Maria Adelice, *"indicadores são úteis na identificação de questões prioritárias (...) servindo não só como subsídio para formulação de políticas (...,) mas como parâmetro de orientação, fortalecimento da ação de fiscalização dessas políticas e também para elaboração de alternativas"*[14].

Através de indicadores de gestão podemos conhecer e medir o próprio desempenho individual, comparar resultados de diferentes períodos, com metas definidas ou mesmo com expectativas, identificar pontos de melhoria e empreender ações de transformação, conforme salienta Rugenia Pomi[15], gerando um ciclo de busca das melhores práticas. Tal ciclo é capaz, segundo Rugenia, de gerar mudanças signifi-

---

[13] GATTASS Filho, José. Evolução Histórica para o Ensino do Sistema de Numeração Decimal. I *Anais do Seminário Nacional de História da Matemática*. PE : Atual Editora. 1998. P. 197-211.

[14] LUZ, Maria Adelice da Silva. Veredas. Revista Científica de Turismo. Ano 1. Nº 1. P. 109-112. Maria Adelice é professora de pós-graduação do IESP na Paraíba.

[15] BOOG, Gustavo e BOOG, Magdalena (org.). *"Manual de Gestão de Pessoas e Equipes: Estratégias & Tendências"*. São Paulo: Gente, 2001. Cap. 15 "Indicadores de Desempenho em Gestão do Capital Humano", escrito por Rugenia Maria Pomi.

cativas, estimular a criatividade, identificar inovações tecnológicas e desenvolver pessoas que compartilham aprendizados. Nesse sentido precisamos, no trabalho quotidiano com indicadores, dotar os processos de uma dinâmica que permita a melhoria contínua dos produtos e serviços gerados por todos nós.

Ciclo de busca das melhores práticas:

```
Medir o Desempenho
      ↓
Comparar Resultados
      ↓
Identificar Potencial
    de Melhoria
      ↓
Empreender Ações
 de Transformação
```

Para Sull e Houlder[16], devemos, periodicamente, não somente medir resultados frente aos indicadores e metas definidos, mas também checar se há *"discrepância entre aquilo que valorizamos e a maneira como de fato usamos nosso tempo, dinheiro e energia"*. É possível, dentro dessa perspectiva, perceber que, embora os resultados obtidos, no plano individual ou profissional, estejam (ou não) em processo permanente de melhoria, os alvos, ou os objetivos, não se ajustam ao que realmente damos ou gostaríamos de dar valor.

O que é importante?

O que mais importa para mim	Dinheiro	Tempo	Energia

---
[16] SULL, N. Donald e HOULDER, Dominic. Seus Compromissos Casam com Suas Convicções?. *Harvard Business Review*. V. 83. Nº 1. Jan/5. P. 72.

Usamos indicadores na esfera individual, quotidianamente, quando temos compromissos envolvendo prazos, tempo, recursos financeiros, planos de desenvolvimento e de qualificação profissional, avaliação do retorno dos investimentos ou formação de recursos para uma futura aposentadoria, entre tantas outras situações[17] do quotidiano, como, por exemplo, a gestão diária da residência com compra, armazenamento, utilização de insumos e recursos, pagamentos, recebimentos e afins.

Indicadores de Desempenho: Quantitativos e Qualitativos

A literatura não é conclusiva em relação aos termos *quantitativo* e *qualitativo* quando estamos diante dos indicadores, de métricas, de medições. De minha parte, uso a expressão *indicador quantitativo* quando estou avaliando processos ou fenômenos em que o *tempo*, o *custo*, a *qualidade* ou a *quantidade* são desses processos ou fenômenos derivados, sem que o julgamento pessoal e relativamente subjetivo se faça presente. Chamo, por outro lado, de *indicadores qualitativos* aqueles derivados da percepção humana e potencialmente influenciados, entre outras coisas, por valores, crenças e costumes. Quando a *pontualidade* de um profissional é medida pelo relógio de ponto, por exemplo, temos um indicador *quantitativo*. Quando a *pontualidade* é avaliada de uma forma genérica, a partir da expectativa do avaliador, temos um indicador *qualitativo*. Lembro-me de uma avaliação *regular* que recebi de duas alunas, uma vez que, para essas alunas, ser pontual era ser tolerante com atrasos. No entendimento dessas avaliadoras, um professor pontual deveria, no mínimo, *"aguardar de 15 a 20 minutos para início das aulas"*, dentro da visão *qualitativa* do indicador. O relógio, no entanto, teria chegado a uma conclusão diferente, dentro da perspectiva *quantitativa*.

O desfile das escolas de samba – muito visto no Brasil inteiro – é também repleto de situações que envolvem indicadores *quantitativos* e *qualitativos*, onde cada uma dessas categorias considera um amplo conjunto de direcionadores. As comissões que avaliam *obrigatoriedades*,

---

[17] O ajuste anual do imposto de renda, elaborado pela Internet, gera – por si só – uma série de indicadores, tais como: renda bruta, renda líquida, total das parcelas dedutíveis e valor (e variação) do patrimônio.

por exemplo, trabalham com aspectos quantitativos, lógicos e racionais. Nesse contexto são avaliados os tempos mínimo e máximo que a escola permaneceu na avenida, a quantidade de componentes na comissão de frente e na ala das baianas. Cada variável analisada possui um limite ou parâmetro que, uma vez não observado, gera penalidades contra as quais não há discussão. As referidas comissões cuidam de aspectos objetivos, cujos critérios e formas de aferição foram expressamente definidos e acordados. Os julgadores dos diversos quesitos, em outro extremo, avaliam aspectos *qualitativos*, embora dentro dos parâmetros definidos e conceitualmente acordados. Samba-enredo, bateria, mestre-sala e porta-bandeira, enredo, fantasias, alegorias e adereços, conjunto, comissão de frente, entre outros, integram os aspectos que precisam ser analisados e julgados sob a perspectiva individual – do avaliador. Para assegurar maior integridade ao processo, são selecionados cinco julgadores, ao mesmo tempo em que são descartadas a menor e a maior nota de cada agremiação em cada um dos quesitos. Há também a necessidade de se justificar cada ponto – ou décimo de ponto – retirado dos dez iniciais, uma vez que toda escola de samba entra na avenida com a nota 10. Se o quesito *bateria*, por exemplo, fosse avaliado por um metrônomo, por certo não teríamos julgadores. Se a *harmonia* e o *conjunto* fossem julgados por sensores eletrônicos ou metrônomos, também não. A integridade do processo de avaliação é elemento fundamental e tão dependente do ser humano como os indicadores qualitativos. Do contrário, robôs dariam conta desse trabalho.

Como visto até aqui, temos indicadores *quantitativos* e *qualitativos* em qualquer atividade ou processo. O primeiro – e apenas para reforçar – envolve o uso de métricas ou de critérios objetivos, lógicos, racionais. No esporte, por exemplo, temos a vitória de um jogador de tênis ou de um corredor de maratona, ou mesmo de quem fez mais pontos ao longo de um determinado período. Nas empresas – e apenas como exemplo – temos o vendedor que mais vendeu em determinado mês ou o que mais atraiu novos compradores. São situações em que o indicador estabelecido toma como referência um critério objetivo, com regras e parâmetros formalmente definidos, onde o número de pontos ou o volume de vendas, o cronômetro e as distâncias são os efetivos jurados, gerando o primeiro lugar, o segundo lugar, e assim por diante. Do outro lado temos medições ou *indicadores* potencialmente subjetivos, discricionários e dependentes, na maioria dos casos, do ponto de vista ou da perspectiva do avaliador, da interação do avaliador com o avaliado, entre tantos outros fatores que influenciam a visão do avaliador e seu julgamento. Enquanto o primeiro caso usa indicadores ou parâmetros objetivos de medição e considera aspectos absolutos, o segundo adota uma visão relativa. No futebol – outro exemplo –, mesmo sendo um esporte coletivo, temos as pontuações que são dadas por jornalistas para o jogador "A" ou "B", individualmente. São situações onde a avaliação considera a expectativa do avaliador em relação ao avaliado, a posição de um determinado jogador em relação aos demais jogadores, as condições em que o desempenho foi observado ou mesmo os resultados finais obtidos, sendo o foco qualitativo.

Nas empresas, de forma geral, o desempenho individual – normalmente *qualitativo* – também é medido formalmente, tanto em relação aos aspectos individuais como em relação à interação do indivíduo (avaliado) com outros indivíduos. Considera-se na avaliação, a exemplo do que ocorre com o futebol, tanto o talento individual, a técnica, a perícia, o conhecimento, a atitude diante do jogo, os resultados etc., como a contribuição do avaliado para o *jogo* coletivo, para a harmonia da equipe. Comitês de jurados ou comitês de avaliação são por vezes criados como forma de atenuar a subjetividade do processo e, ao mesmo tempo, proteger os avaliadores individualmente. No esporte e no mundo empresarial – em boa parte das vezes – esses comitês estabelecem notas que serão tratadas na média e servirão de base para o *ranqueamento* deste ou daquele desportista, deste ou daquele profissional. O *melhor jogador do mundo*, dentro desse contexto, é oriundo de um comitê de jurados com os mais variados pontos de vista em relação aos avaliados.

Voltando ao Carnaval, o mesmo comitê de jurados – e diante do julgamento de diversos aspectos potencialmente subjetivos – se reúne para avaliar *quesitos* ou *fatores*. O julgamento será normalmente comparativo, dentro do universo das escolas que se apresentaram, embora possa ser influenciado pela expectativa do julgador em relação ao tema, seus paradigmas e suas experiências, como tenderá a ocorrer em qualquer outro processo de avaliação. O *melhor mestre-sala*, a *melhor porta-bandeira*, o *melhor jogador do mundo* e o *profissional do mês* – entre tantos outros exemplos – não serão indicados pelo cronômetro ou pela reação físico-química inerente ao processo. Serão, por outro lado, provenientes de uma avaliação pessoal, particular e intransferível.

Nesse contexto, usamos indicadores *quantitativos* quando necessitamos de dados numéricos gerados por processos ou atividades sobre as quais queremos manter controle. Isto normalmente envolve receita, custo, tempo e capacidade. Usamos indicadores *qualitativos*, por outro lado, quando estamos interessados em conhecer a opinião de pessoas, seus valores e reações; portanto, aspectos pessoais. Em linhas gerais, ficamos assim: quando calculamos indicadores como *turnover, absenteísmo, custo médio por empregado, tempo médio de preenchimento de vagas, tempo médio de treinamento, retorno médio por empregado* e afins, estamos discutindo resultados de ações ou processos (indicadores quantitativos). Quando medimos a *satisfação dos empregados* ou dos *clientes internos*, por exemplo, estamos buscando indicadores qualitativos, na medida em que teremos dados que refletem percepções, valores e reações humanas.

> *"As empresas no Brasil ainda precisam melhorar os seus indicadores de metas e objetivos."*
> **João Lins**
> Diretor da PriceWaterhouse

Indicadores de Eficiência e de Eficácia

Embora aparentemente complexo neste momento, podemos também ter indicadores que auxiliam no entendimento dos níveis de eficiência e de eficácia dos processos de uma Organização. O termo *eficiência* – como iremos melhor explorar na terceira parte deste livro – está normalmente associado ao processo, ao meio, ao consumo dos recursos utilizados para a obtenção de certos resultados. Já o termo *eficácia*, está ligado ao fim, ao objetivo, ao propósito de determinada ação ou conjunto de ações. Há quem diferencie da seguinte maneira: *eficiência* seria o *fazer certo*, dentro dos procedimentos, dos recursos e do fluxo operacional definido e *eficácia* seria *o fazer certo a coisa certa*, atingindo o propósito, o objetivo, o alvo. Neste sentido, podemos ser eficientes sem sermos eficazes, ou vice-versa. As métricas, os indicadores, as medições ou mensurações são essenciais na referida avaliação, quer tomem como referência as variáveis quantitativas ou os aspectos qualitativos.

Indicadores Simples e Compostos

Além de *quantitativos* ou *qualitativos*, ou de *eficiência* ou de *eficácia*, os indicadores podem ser – em termos conceituais – *simples* ou *compos-*

tos. Indicadores *simples* traduzem, demonstram, explicitam ou dão a dimensão da quantidade, do tamanho ou da importância de uma determinada variável. Permitem relação entre variáveis ou ainda o cálculo de proporções de uma variável sobre outra. Assim são normalmente os indicadores ligados à gestão de Recursos Humanos. Indicadores *compostos* são, como o nome sugere, resultado da composição de mais de um indicador, cada qual com o seu grau de importância, peso (%) ou representatividade[18].

Os indicadores simples normalmente são autoexplicativos: descrevem imediatamente um determinado aspecto da realidade (número de empregados, por exemplo) ou apresentam uma relação entre variáveis (*como a relação entre chefes e subordinados*). Indicadores compostos, por outro lado, são aqueles que apresentam de forma sintética um conjunto ponderado de aspectos da realidade, a exemplo do que ocorre com o índice de inflação, sintetizando o aumento de preços de vários produtos, cada um deles com um determinado peso (%) ou importância relativa. A avaliação do desempenho de um empregado ocorre, na maioria das vezes, pela combinação de fatores, aspectos ou competências, tenham ou não pesos diferenciados. O grau atribuído – quando atribuído um grau ou conceito de avaliação – reflete uma composição de atributos que, no conjunto, ajudam a caracterizar o desempenho de cada colaborador. A variação no preço de um produto em um mesmo estabelecimento, em um mesmo momento, pode caracterizar uma métrica simples. A variação no preço de uma cesta de produtos em diferentes locais e períodos, por outro lado, representa uma métrica composta.

Indicadores: Use-os ou Deixe-os

Um gestor de Treinamento e Desenvolvimento com quem trabalhei há mais de vinte anos, chamado Francisco Monteiro, repetia constantemente a história de um revendedor de latas de sardinha que, por muitos anos, comprou e colocou à venda o referido produto (latas de sardinha). Em determinado momento ele – o revendedor – resolveu experimentar o alimento e qual não foi sua surpresa saber que o produto *não prestava*. Pegou o telefone e questionou o fornecedor sobre a

---

[18] VAZ, José Carlos, *Avaliando a Gestão*. Publicado originalmente como BNDES DICAS nº 24 em 1994.

qualidade das sardinhas e sua inadequação para o consumo. Sem demonstrar qualquer surpresa, o fornecedor informou que as sardinhas eram as mesmas há anos e sempre apresentaram o mesmo problema de qualidade.

Essa história ficou sempre em minha mente e, permanentemente, retorna quando vejo profissionais que passam adiante dados e informações – métricas, indicadores – que não *experimentaram*, que não *provaram* e que, em alguns casos, jamais *provariam*. Por mais surpreendente que possa ser, são muito comuns profissionais que passam um produto, um dado, um indicador para outra pessoa por mero impulso burocrático, sem avaliar a qualidade, a consistência ou mesmo os riscos provenientes do uso ou da tomada de decisão. Muitas pessoas, quotidianamente, geram e transferem indicadores, medições, métricas ou dados em geral, envolvendo determinado processo ou serviço, como forma de cumprir uma data, um prazo ou um cronograma. Não *experimentam* os dados porque não sentem que isso é necessário; porque não sabem da importância das medições de tempo, custo, quantidade, qualidade e satisfação ou, ainda, porque não acreditam nos dados – ou no produto – que estão gerando.

Embora não exista uma regra, o fato é que a credibilidade de um dado, de um indicador, de uma medição, está associada ao seu uso efetivo por aquele que gera o referido dado ou medição. Aqueles que produzem estatísticas das quais não são usuários, ou com as quais não estão fortemente comprometidos, são fornecedores potenciais de *latas de sardinha estragadas*, impróprias para o consumo. Quando os indicadores são gerados e – sabidamente – não são usados por aqueles que recebem tais números, as latas se estragam muito mais rapidamente.

Essa é uma das razões para a expressão *indicadores: use-os ou deixe-os!* Em meio a tantas prioridades e demandas internas, em meio ao tempo escasso, não gere dados que não sejam percebidos como necessários – inclusive por você mesmo. Perde-se tempo, criam-se expectativas em relação à premissa de que está havendo controle em relação a esse ou àquele tópico, mas no fundo não há qualquer monitoramento sobre o uso dos recursos, sejam eles recursos humanos, materiais ou financeiros.

Devemos reclamar quando *latas de sardinha* – que nos são enviadas – são impróprias para consumo e podem produzir efeitos colaterais em controle, em dinheiro, em tempo e em decisões tortas. Não há espaço nas Organizações para esse *fluxo comercial* que não agrega valor aos negócios e não ajuda a alimentar a cadeia cliente-fornecedor. Não há espaço para a produção ou geração de coisas – ou de indicadores, de medições – que sabidamente não serão úteis para entender o passado ou para projetar o futuro.

Quem não Mede não Chega

Medir é, portanto, um grande e permanente desafio, particularmente – mas não exclusivamente – quando medições estão ligadas a aspectos não-financeiros. A ideia de que *"quem não mede não chega"* vale, portanto, para governos, ONGs, instituições de ensino, igrejas, sindicatos ou qualquer outra Organização, independentemente da natureza ou propósito, mesmo aquelas de cunho familiar. Vale também – e obviamente – para os que participam, integram equipes, conduzem, implantam ou avaliam projetos ligados à gestão do maior ativo das Organizações: o ser humano.

1

Indicadores Demográficos

Introdução

Entender a composição e a movimentação da força de trabalho[1] de uma Organização é normalmente o começo para a maioria dos profissionais que buscam adotar indicadores, medições e métricas como parte do processo de gestão. Os indicadores alocados nesta categoria têm como objetivo ajudar na compreensão da força de trabalho ou do capital humano. Consideram métricas que envolvem o número de empregados da organização, o número de empregados ajustado ao horário integral, a proporção de empregados por sexo, a proporção de terceiros sobre a força de trabalho total, o índice de ausência ou de abstenção ao trabalho, a rotatividade ou flutuação do quadro de empregados, entre outros indicadores ou medições que, isoladamente ou em conjunto com outros, auxiliam no entendimento da *quantidade* ou do número físico de recursos humanos, da *disponibilidade* ou percentual em que os recursos humanos estão fisicamente ao dispor da Organização, da *diversidade* ou grau de pluralidade da força de trabalho, da *rotatividade* ou nível de movimentação da força de trabalho e da *formação* dos recursos humanos.

---

[1] Ao longo do livro as expressões *força de trabalho, recursos humanos* e *capital humano* serão utilizadas como sinônimos, objetivando designar o total das pessoas que alocam ou emprestam talento e energia para a consecução dos objetivos organizacionais. Os termos *empregado, funcionário, efetivo* e *quadro de pessoal*, por outro lado, buscam designar aqueles que possuem vínculo de emprego com determinada Organização.

Indicadores Demográficos

Quantidade | Disponibilidade | Diversidade | Rotatividade | Formação

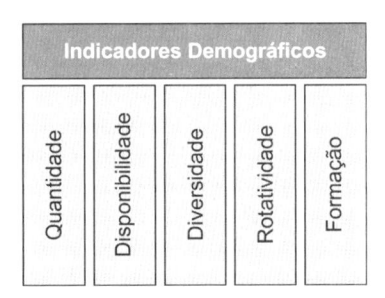

A Tabela 1, a seguir, permitirá avançar em alguns indicadores, embora seja insuficiente para muitos outros indicadores que são ou podem ser objeto de medição por parte daqueles que pretendem ampliar o investimento em dados e informações relativos à gestão de Recursos Humanos. Conforme apontado no início deste livro, a simulação do cálculo de di-

Tabela 1
Dados básicos da Empresa ALFA para o ano X

Mês	Empregados							
	Total	Sexo		Carga horária			Posição Chefia	Área RH
		Masc.	Fem.	8	6	4		
(A)	(B)	(C)	(D)	(E)	(F)	(G)	(H)	(I)
Janeiro	1.430	858	572	858	143	429	644	143
Fevereiro	1.432	859	573	859	143	430	644	129
Março	1.450	798	653	870	145	435	653	116
Abril	1.650	908	743	990	165	495	743	116
Maio	1.670	885	785	1.002	167	501	585	117
Junho	1.500	900	600	900	150	450	495	45
Julho	1.499	750	750	899	150	450	495	45
Agosto	1.499	750	750	899	150	450	495	45
Setembro	1.498	749	749	899	150	449	494	45
Outubro	1.520	760	760	912	152	456	380	46
Novembro	1.521	761	761	913	152	456	304	46
Dezembro	1.600	784	816	880	240	480	320	48

Legenda:
A) Mês ao qual o dado se refere, considerando-se um ano hipotético.
B) Número de empregados no último dia do mês, quantidade de empregados do sexo. A empresa pode, ainda, armazenar o número médio de empregados.
C) e D) Número de empregados por sexo (masculino e feminino).
E), F) e G) Número de empregados com carga horária de 8, 6 e 4 horas.
H) Número de empregados em posição de chefia.
I) Número de empregados formalmente alocados em atividades ligadas à administração de Recursos Humanos.

versos indicadores, medições e métricas será essencial para a compreensão dos conceitos, da importância de cada um deles e, principalmente, da forma como determinados indicadores podem ser calculados e avaliados. São tabelas hipotéticas, mas que encontram similaridade com tabelas desenvolvidas em diversas Organizações.

Indicador: Número de empregados ou número médio de empregados

O número de empregados é resultado da contagem aritmética simples e pode ser apurado quando do fechamento do mês, no último dia do mês ou no prazo final para as movimentações na folha de pagamento. Pode ainda ser calculado na visão anual (a), quando a média considera todos os meses do ano, ou na visão mês (b), quando calculamos uma média entre o número de empregados no início e no final do mês.

a) Visão anual (média mensal)

$$\text{Número médio de Empregados} = \frac{N^{\circ} \text{Empregados mês "1"} + N^{\circ} \text{Empregados mês "2"} + N^{\circ} \text{Empregados mês "n"}}{N^{\circ} \text{Meses}}$$

Neste caso podemos tomar como referência o número de empregados no final de cada mês do ano (janeiro, fevereiro etc.) e sua divisão por 12. O cálculo pode ainda considerar, como veremos a seguir, a média de empregados entre o primeiro e o último dia do mês.

b) Visão mês

$$\text{Número médio de Empregados} = \frac{N^{\circ} \text{Empregados início do mês} + N^{\circ} \text{Empregados final do mês}}{N^{\circ} \text{Meses}}$$

A Tabela 1 – baseada em dados da empresa ALFA (empresa fictícia), relativamente ao ano hipotético X – irá nos auxiliar no cálculo do *número médio de empregados*, bem como em outros indicadores que veremos em seguida.

Demonstração: Aplicada a fórmula do *número médio de empregados*, no tal ano X, para a empresa ALFA, obtemos o número 1.522: 1.430 + 1.432 + 1.450... + 1.600, cujo resultado deve ser dividido por 12 (meses do ano). Podemos demonstrar a evolução do número de empregados – cuja média é 1.522 – de duas maneiras básicas:

Tabela: Neste caso podemos adotar parte da Tabela 1 – contendo o mês e o número de empregados – como forma de demonstrar estatisticamente a quantidade mês a mês, ano a ano. Tal opção organiza os números por ano e, dentro de cada ano, por mês, não permitindo uma visualização do movimento ascendente, descendente ou estável ao longo dos 12 meses ou de um período mais longo. Médias ou outras referências podem ser inseridas ao final de cada coluna, dependendo da maneira com os dados são organizados.

Indicador: Número de empregados

Mês	Ano 1	Ano 2	Ano 3	Ano 4	Ano 5
Janeiro					1.430
Fevereiro					1.432
Março					1.450
Abril					1.650
Maio					1.670
Junho					1.500
Julho					1.499
Agosto					1.499
Setembro					1.498
Outubro					1.520
Novembro					1.521
Dezembro					1.600
Média					1.522

Gráfico: Podemos utilizar o gráfico de linha – *que ajuda no entendimento da variação do número de empregados ao longo de um determinado período de tempo* – ou um gráfico de barras verticais – *que amplia a ideia de volume, de tamanho*. Gráficos, de forma geral (conforme representados a seguir com anos hipotéticos), auxiliam na percepção/visualização de tamanhos, distanciamentos, flutuações, deslocamentos, tendências ascendentes ou declinantes e afins.

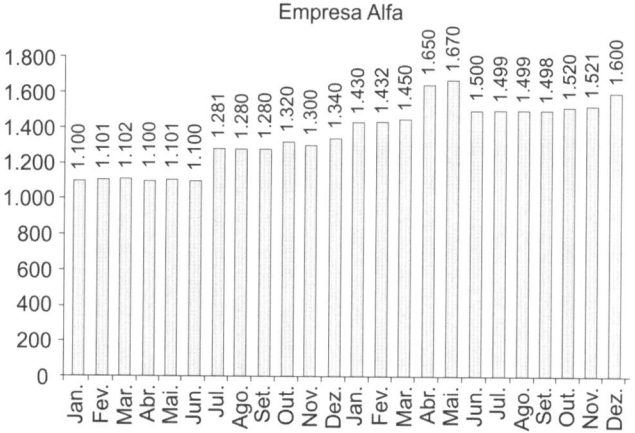

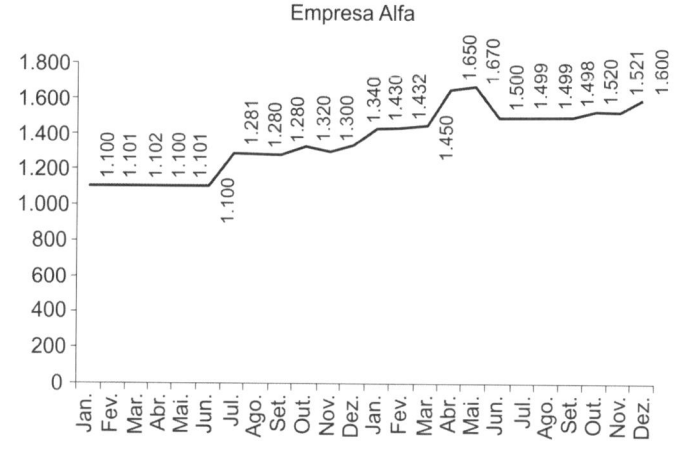

Indicadores Demográficos 33

Número de Empregados – Período 2003-2004
Empresa Alfa

Número de Empregados – Período 2003-2004
Empresa Alfa

Cuidados, no entanto, são necessários: se o elemento salientado no gráfico não refletir precisamente o que está acontecendo pode induzir pessoas a decisões inadequadas[2], dada a capacidade de explicitação e entendimento imediato dos fatos. Por outro lado podemos ter impressões diferenciadas diante de um mesmo conjunto de dados, ora

---

[2] "Caçadores de Desperdício". Rio de Janeiro: Qualitymark Editora. 1998. Conway Quality Inc. Trad. de Luiz Liske. P. 18.

em função do ângulo do gráfico, ora em função da escala utilizada. Os exemplos a seguir (A, B, C e D) consideram o mesmo conjunto de dados, embora possam levar pessoas, em uma reunião, a conclusões ou entendimentos distintos, conforme o leitor irá perceber.

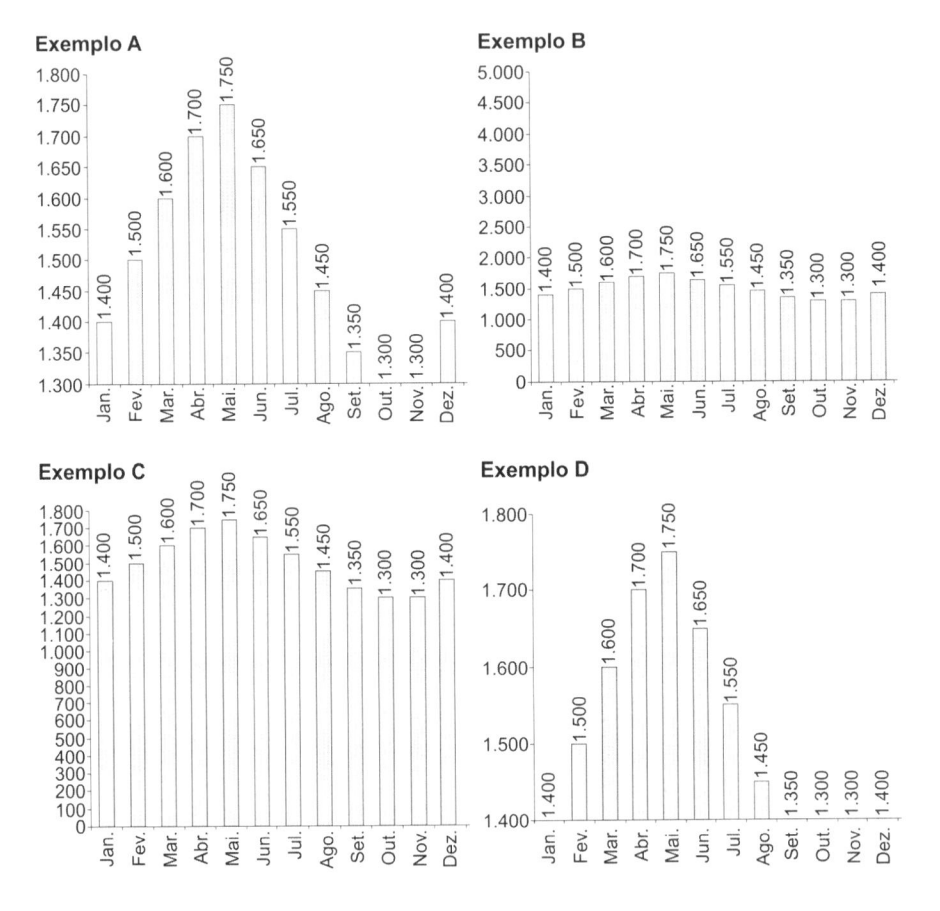

Demonstração: Retornando ao exemplo anterior – sobre a evolução do número de empregados de uma determinada Organização (Tabela 1) – o gráfico nos ajuda a entender, por exemplo, que os três primeiros meses do ano ficaram abaixo da média anual, ao contrário do comportamento dos dados nos três últimos meses do ano. Embora nenhum mês seja capaz de refletir ou sintetizar o ano completo, é possível registrar – apenas como exercício de cálculo – que o mês de dezembro apresentou um crescimento de 11,88% (ou 11,9% com arredondamento) sobre o mês de janeiro do mesmo ano.

$$\text{Variação percentual} = \left\{\left(\frac{N^{\underline{o}}\text{Empregados Dezembro}}{N^{\underline{o}}\text{Empregados Janeiro}}\right) - 1\right\} \times 100$$

$$\text{Variação percentual} = \left\{\left(\frac{1.600}{1.430}\right) - 1\right\} \times 11,9\%$$

Variação ou posicionamento: É importante registrar, uma vez que o leitor pode não estar familiarizado com o tema, que a divisão de 1.600 por 1.430 gera o número 1,1188 (ou 1,119), que pode servir como um fator de correção ou de ajuste. Isso indica que o número de empregados do mês de dezembro, no exemplo hipotético, é formado por 1.430 (que representa o 1) acrescido de uma *fração* desse próprio número (11,9/100 de 1.430), que também pode ser expressa na forma *decimal* (0,119) ou com o tradicional símbolo de percentual (11,9%). Essas três formas expressam o mesmo resultado, embora seja comum o uso do símbolo de percentual (%). Cabe ainda salientar que podemos usar o símbolo para indicar a posição do número final encontrado (o todo) em relação ao número inicial. No caso em tela podemos afirmar que o mês de dezembro representa 111,9% do número de janeiro (100%).

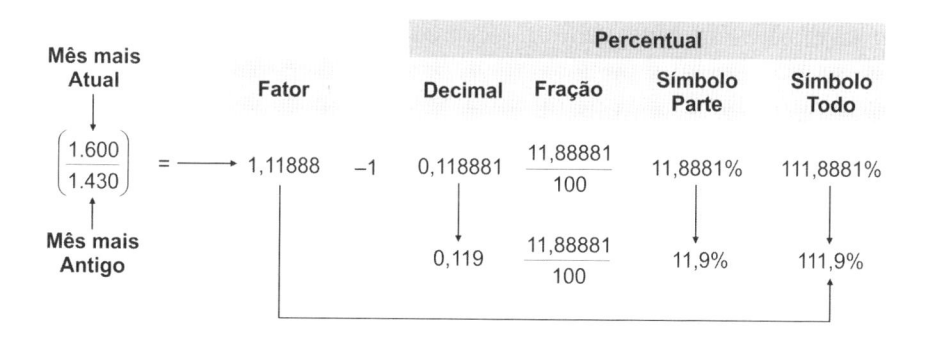

				Percentual		
Mês mais Atual ↓	Fator	Decimal	Fração		Símbolo Parte	Símbolo Todo
$\left(\frac{1.600}{1.430}\right)$ = →	1,11888 −1	0,118881	$\frac{11,88881}{100}$		11,8881%	11,8881%
↑ Mês mais Antigo		↓ 0,119	↓ $\frac{11,88881}{100}$		↓ 11,9%	↓ 111,9%

Uma análise gráfica também pode – e talvez devesse – considerar anos anteriores, podendo demandar as mesmas considerações prévias sobre média do período, variação percentual entre os extremos e afins. O profissional que lida com o tema por certo terá sensibilidade em relação à necessidade de trazer para o demonstrativo ou para o gráfico os períodos anteriores. Como visto, esse período mais longo pode dar a dimensão de eventos que se repetem ciclicamente. Pode também auxiliar na compreensão de uma curva de tendência mais ou menos acelerada ao longo do tempo, podendo ou não ter relação com aumento de negócios, faturamento ou lucratividade.

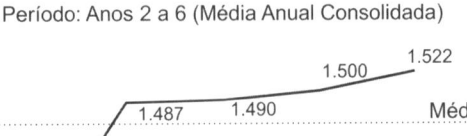

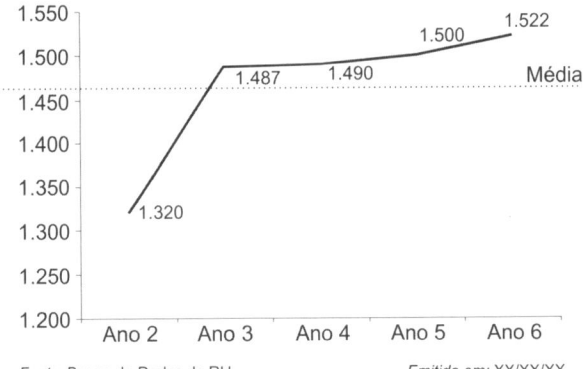

Número Médio Anual de Empregados
Período: Anos 2 a 6 (Média Anual Consolidada)

[Gráfico: Ano 2: 1.320; Ano 3: 1.487; Ano 4: 1.490; Ano 5: 1.500; Ano 6: 1.522 — Média]

Fonte: Banco de Dados de RH.   Emitido em: XX/XX/XX

O indicador *número de empregados* é particularmente importante para Organizações de médio e de grande portes, uma vez que tais Organizações alocam uma quantidade maior – e flutuante – de pessoas em diretorias, departamentos, seções e setores. O número de empregados por segmento, filial, sucursal ou por qualquer outra denominação pode ser particularmente útil na definição do que é chamado de KPI (*Key Performance Indicator* ou indicadores-chave de performance) de despesas, gastos ou de custos. A quantidade de empregados é importante por si só, bem como quando utilizada para compor outros indicadores, como veremos mais adiante.

Indicador: Número ajustado de empregados pela jornada integral

Na medida em que Organizações vêm, permanentemente, buscando comparações com números obtidos por outras Organizações, é comum o ajuste do número de empregados, de modo a que se possa comparar *maçã com maçã*. O que Jac Fitz-enz[3] chama de FTE (*Full Time Equivalent*) iremos chamar aqui de número ajustado de empregados pela jornada integral, embora permaneça inalterada a ideia central do

---

[3] FITZ-ENZ, Jac. *O Retorno do Investimento em Capital Humano: Medindo o Valor Econômico do Desempenho dos Funcionários.* São Paulo: Makron Books. 2001. P. 28-29.

indicador, que é a de equalizar o número de empregados considerando-se diferentes jornadas de trabalho.

Conforme verificado na Tabela 1 (citada quando discutimos o primeiro indicador), temos por certo empregados que trabalham quatro, seis e oito horas diárias. Qualquer indicador que tenha como denominador o número de empregados trará divergência na comparação com referências de mercado.

Para avançarmos neste indicador, deixe-me apresentar um exemplo simples entre as empresas hipotéticas "A" e "B". Suponha o exemplo a seguir:

Indicador	Empresas	
	A	B
Receita	10.000	10.000
Número de empregados	2	2
Receita/Empregado	5.000	5.000

As empresas "A" e "B" possuem a mesma *receita*, o mesmo *número de empregados* e, portanto, o mesmo nível de *receita por empregado*. Limitando nossa análise até este ponto (receita total dividida pelo número de empregados), podemos especular que as empresas "A" e "B" possuem a mesma *performance* financeira, limitando nossa análise, é claro, a apenas um indicador. Evoluindo no exemplo, no entanto, podemos perceber que as empresas "A" e "B" possuem empregados submetidos a jornadas de trabalho diferenciadas, conforme segue.

Indicador	Empresas	
	A	B
Receita	10.000	10.000
Número de empregados	2	2
Receita/Empregado	5.000	5.000
Carga horária	4 horas	8 horas
Número ajustado de empregados	1	2

Neste caso, o que diríamos? Que a performance das empresas "A" e "B", medida pela *receita por empregado*, seria igual? Provavelmente, não. Certamente consideraríamos o fato de que os dois empregados da empresa "A" trabalham quatro horas cada um, perfazendo o total de um empregado com carga horária de oito horas por dia. A esse dado – número ajustado de empregados – Jac Fitz-enz chama de *FTE empregados*, tendo em vista refletir o número equivalente de empregados ao horário integral de trabalho que, no nosso caso, é predominantemente o de oito horas por dia.

Fórmula: A fórmula básica consiste na divisão do total de horas disponíveis em cada carga horária por 240, somente para efeito de ajuste do número de empregados pela jornada de trabalho. No caso de janeiro, por exemplo, faríamos um ajuste do número total de empregados (1.430), considerando-se que temos 858 trabalhando oito horas, 143 trabalhando seis horas e 429 trabalhando quatro horas. O cálculo pode ser feito diretamente com quatro, seis e oito horas, sem a necessidade de transformação da jornada diária em jornada mensal.

$$\text{Número ajustado de empregados} = \frac{\left(\begin{array}{c}\text{N}^\circ \text{ Empregados}\\\text{de 4h} \times 120\end{array}\right) + \left(\begin{array}{c}\text{N}^\circ \text{ Empregados}\\\text{de 6h} \times 180\end{array}\right) + \left(\begin{array}{c}\text{N}^\circ \text{ Empregados}\\\text{de 8h} \times 240\end{array}\right)}{240}$$

$$\text{Número ajustado de empregados} = \frac{(429 \times 120) + (143 \times 180) + (858 \times 240)}{240}$$

$$\text{Número ajustado de empregados} = \frac{(51.480) + (25.740) + (205.920)}{240}$$

$$\text{Número ajustado de empregados} = \frac{(283.140)}{240}$$

$$\text{Número ajustado de empregados} = 1.180$$

Caso tivéssemos uma determinada Organização com 1.430 empregados trabalhando em uma jornada formal de oito horas por dia, por certo não poderíamos dizer que tal número (1.430) é comparável ao número de empregados da empresa ALFA, uma vez que, no caso da ALFA, há 572 empregados que não trabalham oito horas por dia (240 horas por mês para efeito de ajuste). Dentro deste contexto, o mais correto seria comparar – se este fosse o caso – 1.430 (da outra empresa ou média de mercado) com 1.180 da empresa ALFA.

Demonstração: O número ajustado de empregados – também chamado de FTE, como vimos – pode ser demonstrado isoladamente ou em conjunto com o número de empregados do mês. Cabe salientar, no entanto, que o número de empregados do mês pode ser, conforme critério definido, o número de empregados do final do mês ou a média entre o primeiro e o último dia do mês.

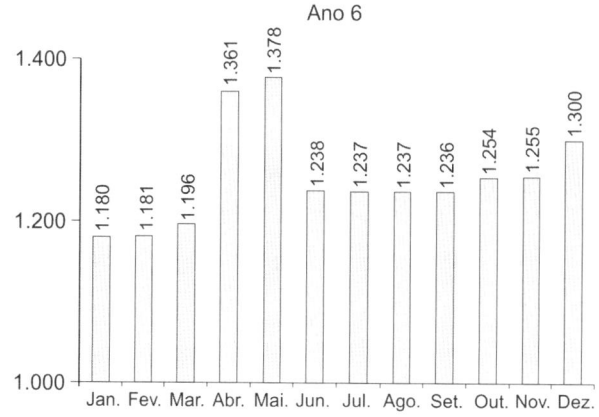

Número Ajustado de Empregados – Jornada Integral
Ano 6

Jan.	1.180
Fev.	1.181
Mar.	1.196
Abr.	1.361
Mai.	1.378
Jun.	1.238
Jul.	1.237
Ago.	1.237
Set.	1.236
Out.	1.254
Nov.	1.255
Dez.	1.300

Fonte: Banco de Dados RH.   Emitido em: XX/XX/XX

Número Ajustado de Empregados Visto Isoladamente

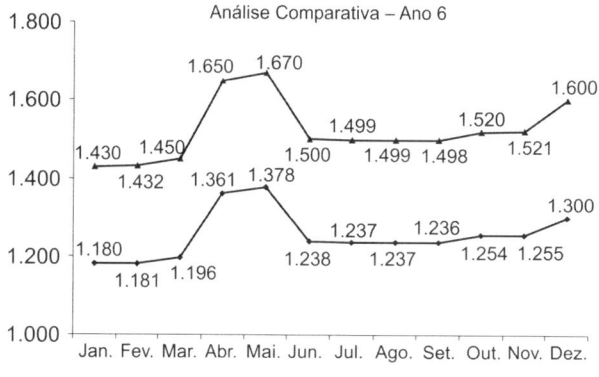

Número Ajustado de Empregados à Jornada Integral e Número de Empregados
Análise Comparativa – Ano 6

Mês	Nº Empregados	Nº Ajustado
Jan.	1.430	1.180
Fev.	1.450	1.181
Mar.	1.432	1.196
Abr.	1.650	1.361
Mai.	1.670	1.378
Jun.	1.500	1.238
Jul.	1.499	1.237
Ago.	1.520	1.237
Set.	1.498	1.236
Out.	1.521	1.254
Nov.	1.499	1.255
Dez.	1.600	1.300

Fonte: Banco de Dados RH.   Emitido em: XX/XX/XX

Número Ajustado de Empregados, em Conjunto com o Número de Empregados no Mês

Com relação ao processo de ajuste do número de empregados, cabe salientar – como bem afirmou Rugenia Pomi[4] – que o FTE, no seu sentido amplo, deve também refletir as horas extras pagas ou registradas – no caso de banco de horas – pela Organização, de modo a que o *efetivo* de empregados contemple o *esforço humano*. Neste sentido as horas extras passam a compor a fórmula de cálculo do "FTE", fazendo com que o número ajustado de empregados à jornada integral de trabalho possa ser influenciado por empregados que atuam em jornada inferior à de oito horas, bem como pelo número de horas extras.

Indicador: Número total da força de trabalho

Na medida em que cresce o número de terceirizações[5] – e até mesmo de *quarteirizações* – outros indicadores, medidas, medições começam a ganhar importância no processo de gestão do capital humano, particularmente quando uma Organização pretende conhecer a força de trabalho disponível[6] ou, em outras palavras, o capital humano colocado a serviço da Organização, tenha ou não fins lucrativos.

O número total da força de trabalho não é uma medida fácil de ser obtida, principalmente pelo fato de termos no dia a dia das Organizações inúmeros agentes – ou empregadores – atuando simultaneamente. Neste sentido a força de trabalho pode ser formada por outros elementos além do empregado (por vezes chamados de colaboradores, funcionários, associados e talentos humanos). Em algumas Organizações o tema ganha ainda mais complexidade na medida em que são – ou que podem estar – inseridos autônomos, "PJ" (pessoa jurídica individual), cooperados e até mesmo estagiários. Considerar a força de trabalho como um todo pode significar somar o total de empregados

---

[4] Workshop sobre Resultados e Tendências em Gestão do Capital Humano – Benchmarking 2004, ligado à IX Pesquisa Brasileira (Hotel Guanabara – Rio de Janeiro, 01/12/2004).

[5] Atividades de distribuição/entrega, atendimento a clientes (*call center*), vendas, limpeza e higiene, vigilância e assistência técnica estão entre as que vêm sendo terceirizadas nos últimos anos, embora o conceito de terceirização não seja claro em diversas operações. No campo da gestão de Recursos Humanos há terceirização identificada, em algumas pesquisas, em atividades como folha de pagamento, recrutamento & seleção, pesquisas de remuneração, treinamento técnico-operacional & desenvolvimento gerencial.

[6] Sobre a Petrobras – uma das maiores empresas do mundo – no balanço social divulgado no Jornal do Brasil – Rio de Janeiro, de 29/12/03, há registro de que a Estatal fechou o ano de 2002 com 46.723 empregados e 121.000 terceirizados, perfazendo uma força total de trabalho muito superior ao número de empregados.

ao total de estagiários, cooperados e terceiros que, de maneira habitual – e dentro de suas corretas aplicações – integram o capital humano de uma Organização e, deste modo, inserem, aplicam, extraem e transformam conhecimento.

$$\text{Força de Trabalho Total} = \left(\frac{N^{\underline{o}} \text{ Empregados}}{\text{mês}}\right) + \left(\frac{N^{\underline{o}} \text{ Terceiros}}{\text{mês}}\right) + \left(\frac{N^{\underline{o}} \text{ Estagiários}}{\text{mês}}\right) + \left(\frac{N^{\underline{o}} \text{ Outros}}{\text{mês}}\right)$$

Da mesma forma que calculamos o número ajustado de empregados à jornada integral, podemos calcular também a força de trabalho ajustada à jornada integral, tendo em vista termos *terceiros* que – por força de sua atividade – podem possuir jornada reduzida ou diferenciada. De qualquer forma as Organizações, em qualquer segmento e independentemente da dispersão geográfica, normalmente não têm controle sobre os terceiros – considerando-se as diversas modalidades ou classificação de terceiros – como usualmente têm sobre seus empregados diretos, incluindo os *trainees* e estagiários, o que cria dificuldades para o uso do quantitativo total da força de trabalho.

Demonstração: Os dados poderiam ser demonstrados de modo a evidenciar a proporção dos empregados no total da força do trabalho, bem como se essa proporção vem se mantendo, crescendo ou diminuindo ao longo do tempo. Poderiam também salientar a evolução em conjunto com o número médio de empregados e/ou o número médio ajustado. Cada necessidade deve trazer um diferente aspecto de um mesmo indicador. Organizações centradas em capital – onde os custos com pessoas são proporcionalmente menores quando comparados ao faturamento, por exemplo – são menos preocupadas com o quantitativo e com a forma de composição desse quadro ou da força de trabalho.

Em Organizações centradas em recursos humanos, para as quais parcela expressiva dos gastos está associada à folha de pagamento e aos benefícios oferecidos, por certo o controle do quadro é algo mais sensível. Em qualquer caso, no entanto, é certo que veremos tais indicadores na composição das estatísticas e nos relatórios mensais.

Indicador	Jan.	Fev.	Mar.	Abr.	Mai.	Jun.	Jul.	Ago.	Set.	Out.	Nov.	Dez.
Empregados	1.430	1.432	1.450	1.650	1.670	1.500	1.499	1.499	1.498	1.520	1.521	1.600
Força de trabalho	2.000	2.002	2.350	2.100	2.150	2.090	2.200	1.968	1.969	2.000	2.001	2.100
Proporção empregados	72	72	62	79	78	72	68	76	76	76	76	76

$$\frac{\text{Proporção}}{\text{Empregados}} = \left(\frac{\text{N}^{\circ} \text{ Empregados}}{\text{N}^{\circ} \text{ Força de trabalho}}\right) \times 100$$

$$\frac{\text{Proporção}}{\text{Empregados (Jan.)}} = \left(\frac{1.430}{2.000}\right) \times 100 = 71,5 \quad \text{Aproximadamente } 72\%$$

Análise: Os dados permitem o cálculo e a inserção da média do ano, em cada caso (simples ou ajustada), bem como a proporção do número de empregados no total geral da força de trabalho ao longo de um determinado período.

Embora não estejamos adotando este procedimento em todos os gráficos para reduzir o espaço, é usual identificar a variação de um determinado indicador de um mês para o outro. Em muitas situações

Proporção de empregados na força total de trabalho

Percentual de empregados – Ano 6

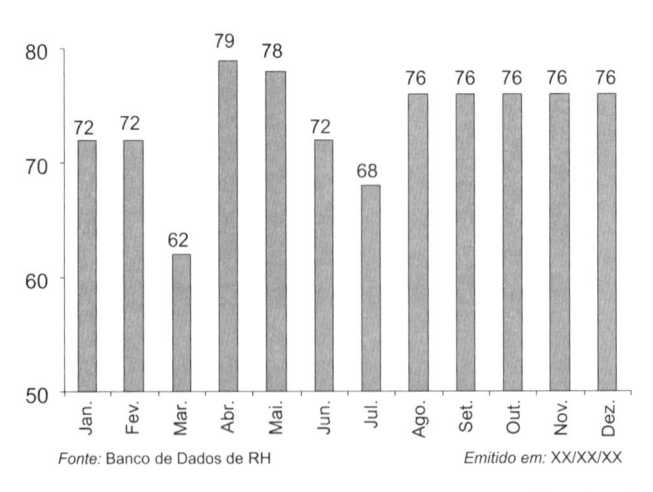

Fonte: Banco de Dados de RH   *Emitido em:* XX/XX/XX

Proporção demonstrada graficamente através de um gráfico de coluna

Proporção de empregados na força total de trabalho
Percentual de empregados – Ano 6

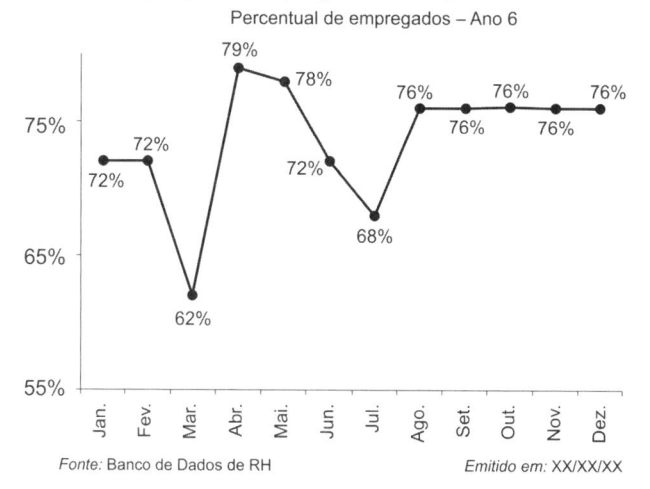

Mês	%
Jan.	72%
Fev.	72%
Mar.	62%
Abr.	79%
Mai.	78%
Jun.	72%
Jul.	68%
Ago.	76%
Set.	76%
Out.	76%
Nov.	76%
Dez.	76%

Fonte: Banco de Dados de RH *Emitido em:* XX/XX/XX

Proporção demonstrada graficamente através de um gráfico de linha

também é comum comparar o resultado de um determinado mês com o obtido no mesmo mês em ano(s) anterior(es). Tal análise elimina o eventual efeito da sazonalidade, situação em que um determinado evento tende a se repetir em ciclos dentro de um ano ou período mais longo (ver exemplo no gráfico a seguir).

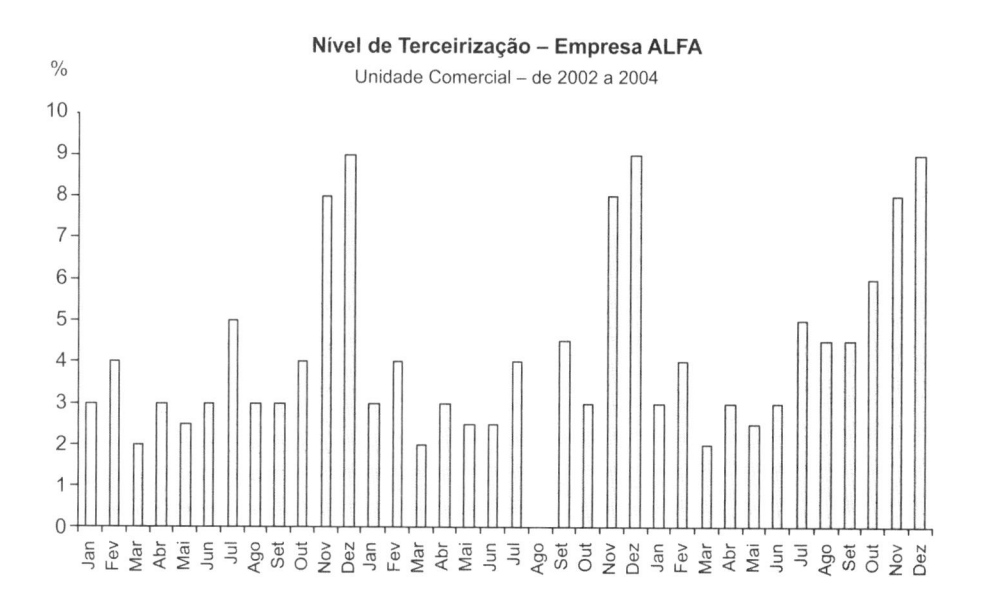

Nível de Terceirização – Empresa ALFA
Unidade Comercial – de 2002 a 2004

Mês	2002	2003	2004
Jan	3	4	3
Fev	4	3	4
Mar	2	3	2
Abr	3	3	3
Mai	2,5	2,5	2,5
Jun	3	2,5	3
Jul	5	4	5
Ago	3	3	4,5
Set	3	4,5	4,5
Out	4	3	6
Nov	8	8	8
Dez	9	9	9

Ao se estabelecer uma comparação com o mesmo período do ano anterior (por exemplo, o mês de dezembro de um ano *versus* o mesmo mês do ano anterior), ou de anos anteriores (quando um determinado fenômeno acontece de dois em dois anos, por exemplo, estamos tentando eliminar a influência de um efeito sazonal, conforme pode ser percebido no gráfico "Nível de Terceirização – Empresa ALFA".

Indicador: Proporção de não empregados sobre o quadro de empregados (efetivo)

Opcionalmente podemos calcular a proporção de *não empregados* sobre o *quadro total de empregados*, buscando-se, desta maneira, evidenciar não a proporção de empregados, mas sim a proporção de não empregados sobre o quadro total. Como salientado anteriormente, torna-se cada vez mais complexo mensurar o tamanho do quadro de empregados vinculado a outras Organizações.

O conceito de *terceirização*[7] ainda carece de um estudo mais aprofundado, na medida em que abrange ou pode abranger os mais diferentes tipos de contrato e de atividades. Caso o profissional tenha interesse, mas veja igual dificuldade para mensuração, fica a sugestão de, pelo menos, inserir as quantidades mais diretamente ligadas à atividade da Organização, quer seja em produção, manutenção industrial ou distribuição, deixando de lado o quadro normalmente relacionado às atividades de vigilância, conservação, limpeza, manutenção predial e congêneres. Admitindo-se a mesma base de dados do indicador anterior, teríamos:

Indicador	Jan.	Fev.	Mar.	Abr.	Mai.	Jun.	Jul.	Ago.	Set.	Out.	Nov.	Dez.
Empregados	1.430	1.432	1.450	1.650	1.670	1.500	1.499	1.499	1.498	1.520	1.521	1.600
Força de trabalho	2.000	2.002	2.350	2.100	2.150	2.090	2.200	1.968	1.969	2.000	2.001	2.100
Proporção empregados	71,5	71,5	61,7	78,6	77,7	71,8	68,1	76,2	76,1	76,0	76,0	76,2
Não empregados	28,5	28,5	38,3	21,4	22,3	28,2	31,9	23,8	23,9	24,0	24,0	23,8
	100.0	100.0	100.0	100.0	100.0	100.0	100.0	100.0	100.0	100.0	100.0	100.0

---

[7] Não existe uma legislação específica sobre o tema *terceirização*. Nos últimos anos, as demandas trabalhistas associadas ao tema passaram para a Justiça do Trabalho, que emitiu um enunciado (331 TST) que alertava genericamente sobre as condições em que a *terceirização* poderia ser aplicada.

$$\text{Proporção Empregados} = \left(\frac{N^{\underline{o}} \text{ Empregados}}{N^{\underline{o}} \text{ Força de trabalho}} \right) \times 100$$

Isto pode demandar um gráfico de coluna com fechamento em 100% demonstrando a proporção de *empregados* e de *não empregados*. Trata-se de um modelo de gráfico em que o aplicativo calcula automaticamente a parcela percentual de cada um dos componentes, a partir da inclusão de um número absoluto (quantidade) para a condição de empregado e de não empregado. A parte de cima representa a proporção de não empregados, enquanto que a parte inferior representa a proporção de empregados. O gráfico deve conter legenda, fonte, data, entre outros dados que auxiliem no correto entendimento do que se pretende demonstrar, incluindo os critérios do que está sendo considerado como *empregado* (jovens aprendizes, estagiários, *trainees*, empregados com contrato por prazo determinado, afastados por doença, acidente ou maternidade) e *não empregado*.

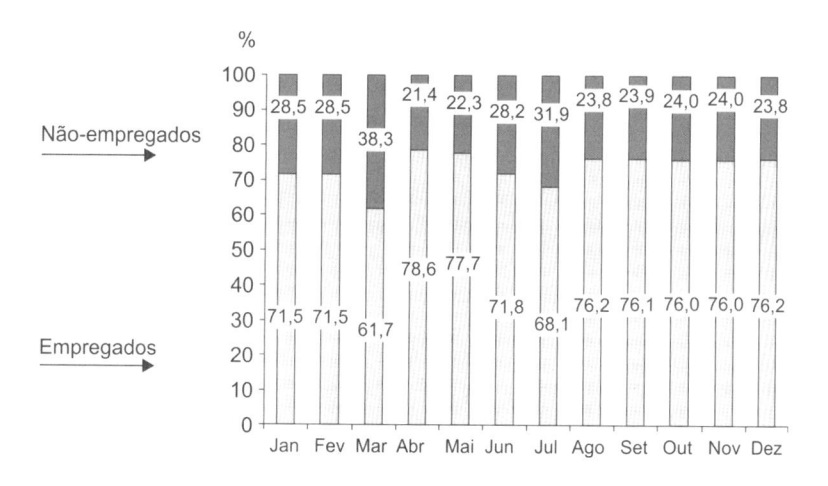

Indicador: Proporção de *estagiários* sobre o efetivo de empregados

A proporção de estagiários sobre o quadro de empregados pode demonstrar a quantidade de recursos em formação, podendo envolver tanto estudantes do nível médio como do nível superior. Algumas Organizações acompanham não somente a proporção de estagiários (ainda não formados) sobre o número de empregados, mas também a capacidade ou o nível de absorção (admissão) desses empregados (aproveitamento interno) ou ainda a rotatividade no quadro de estagiários.

Fórmula: A fórmula básica é aquela já demonstrada para casos que envolvem cálculo de proporções. Trata-se da divisão do número de estagiários pelo número de empregados (efetivo) do mês ou de um determinado período. O cálculo da proporção de estagiários, tomando-se como referência o número de empregados (efetivo de empregados ou quadro de pessoal), poderá, em breve, ser uma exigência para as Organizações que buscam manter elevados investimentos na formação de recursos humanos a partir do estágio. De modo a evitar que Organizações se utilizem do estágio para compor seu efetivo de *empregados* de forma desordenada, foi assinada a Lei 11.788, de 25/09/08, estabelecendo o mínimo de 10% das vagas de estágio aos portadores de deficiência. A lei também definiu, para empresas com mais de 25 empregados, um máximo de 20% de estagiários em relação ao número de empregados. Nesse sentido tais medições são essenciais para assegurar a observância da lei.

Indicador	Jan.	Fev.	Mar.	Abr.	Mai.	Jun.	Jul.	Ago.	Set.	Out.	Nov.	Dez.
Empregados	1.430	1.432	1.450	1.650	1.670	1.500	1.499	1.499	1.498	1.520	1.521	1.600
Força de trabalho	2.000	2.002	2.350	2.100	2.150	2.090	2.200	1.968	1.969	2.000	2.001	2.100
Não empregados	570	570	900	450	480	590	701	469	471	480	480	500
Terceirizados	350	350	680	230	260	368	479	250	250	265	265	290
Trainee	35	35	35	35	35	35	35	35	35	35	30	30
Estagiários	185	185	185	185	185	187	187	184	186	180	185	180
Proporção estagiários	12,9	12,9	12,8	11,2	11,1	12,5	12,5	12,3	12,4	11,8	12,2	11,3

$$\frac{\text{Proporção}}{\text{Estagiários}} = \left(\frac{\text{N}^\circ \text{ Estagiários}}{\text{N}^\circ \text{ Empregados}} \right) \times 100$$

Exemplo:

$$\frac{\text{Proporção}}{\text{Estagiários (Jan.)}} = \left(\frac{185}{1.430} \right) \times 100 = 12,9\%$$

Indicadores Demográficos   47

Demonstração: Podemos demonstrar através de um gráfico de linha, de coluna ou de barra (especial), a exemplo do que fizemos em outros casos. Nos casos apresentados como exemplo (*proporção de estagiários na força total de trabalho*) observa-se que a proporção de estagiários – quando comparada com o quadro de pessoal – mantém-se relativamente estável ao longo do ano, com ligeira queda nos meses de novembro e dezembro.

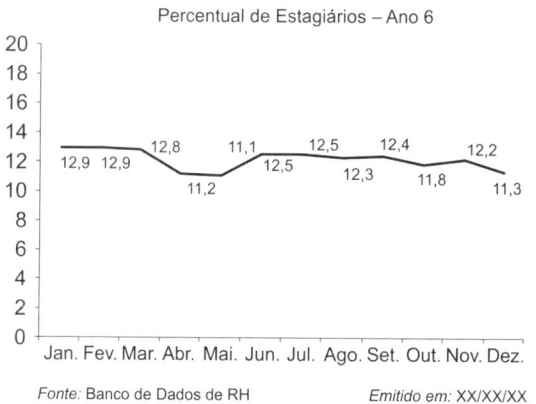

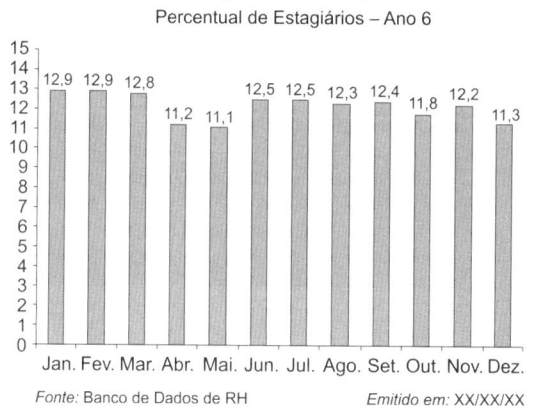

Proporção de estagiários na força total de trabalho
Percentual de Estagiários – Ano 6

Mês	Jan.	Fev.	Mar.	Abr.	Mai.	Jun.	Jul.	Ago.	Set.	Out.	Nov.	Dez.
%	12,9	12,9	12,8	11,2	11,1	12,5	12,5	12,3	12,4	11,8	12,2	11,3

Fonte: Banco de Dados de RH   *Emitido em:* XX/XX/XX

Proporção de estagiários na força total de trabalho
Percentual de Estagiários – Ano 6

Mês	Jan.	Fev.	Mar.	Abr.	Mai.	Jun.	Jul.	Ago.	Set.	Out.	Nov.	Dez.
%	12,9	12,9	12,8	11,2	11,1	12,5	12,5	12,3	12,4	11,8	12,2	11,3

Fonte: Banco de Dados de RH   *Emitido em:* XX/XX/XX

Os gráficos comentados anteriormente (*proporção de estagiários na força total de trabalho*) contemplam um período de 12 meses, permitindo ao profissional de RH perceber que, em termos relativos, a proporção se mantém estável. A inclusão de mais um período de 12 meses – com os dados correspondentes – pode mudar a percepção do leitor com relação ao comportamento da referida proporção ao longo desse período mais amplo (com inclinação positiva ou negativa). Um período mais longo amplia ainda mais a visão do profissional.

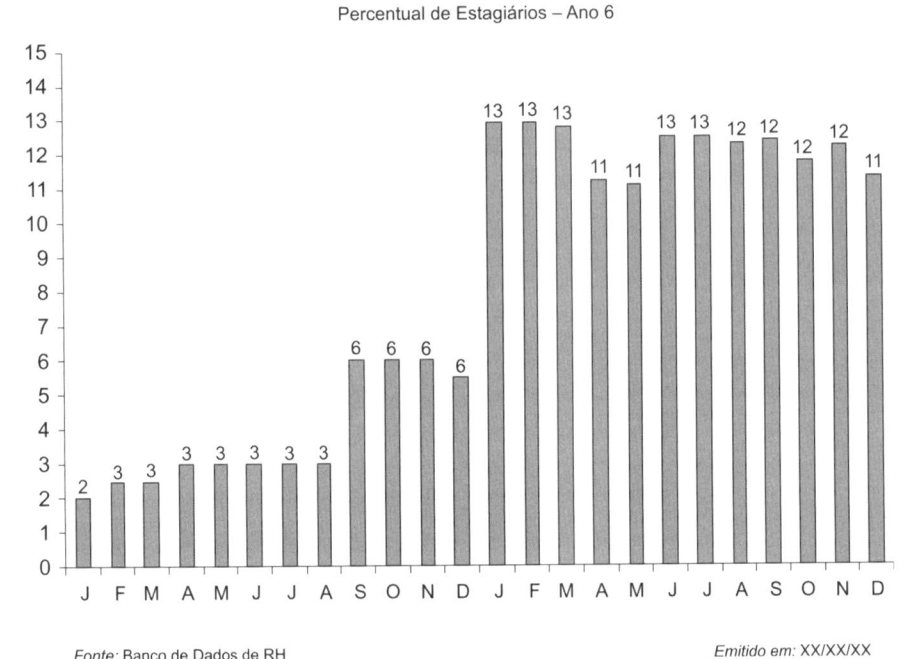

Proporção de estagiários na força total de trabalho
Percentual de Estagiários – Ano 6

Fonte: Banco de Dados de RH   *Emitido em:* XX/XX/XX

Quando temos um dado em mãos não nos é permitido extrair uma tendência ou entender um fenômeno ou o comportamento de uma determinada variável ou indicador. Quando ampliamos nossa amostra – ou quando completamos dados de uma série temporal – podemos começar a transformar dados em informações e, quem sabe, muito próximos de um diagnóstico ou de peças de um quebra-cabeça. Quando conseguimos entender o impacto do fenômeno, extrair conclusões, prospectar causas potenciais, estabelecer comparações ou agir sobre o processo ou efeito, transformamos informação em conhecimento.

Indicador: Proporção de *trainees* sobre o efetivo de empregados

A proporção de *trainees* sobre o quadro de empregados pode também demonstrar a quantidade de recursos em formação, neste caso tratando-se, normalmente, de recém-formados. A exemplo do que ocorre com o número de estagiários, algumas Organizações acompanham não somente a proporção de *trainees* (formados) sobre o número de empregados, mas também o nível de aproveitamento em posições técnicas ou gerenciais. *Trainee* é um termo usualmente empregado para designar o profissional recém-formado e incluído, na condição de empregado da Organização, em um programa de desenvolvimento profissional.

Empresas que possuem *trainees* (profissionais em treinamento) definem uma programação a ser cumprida pelo profissional, de modo a que ele demonstre e desenvolva habilidades e competências para posições técnicas ou de liderança. Embora os *estagiários* estejam também em processo de formação profissional, não possuem nível técnico ou superior concluído e não possuem relação de emprego com a Organização da qual participam. Embora os *trainees* sejam normalmente empregados da Organização, por vezes torna-se importante entender – separadamente dos demais empregados – aspectos como:

1) quantidade dos recursos em desenvolvimento;

2) formação do *trainee*, segmento de atuação ou área/atividade potencial de aproveitamento;

3) custo do programa considerando-se o período definido ou planejado pela Organização;

4) nível de aproveitamento interno em posições técnicas ou de liderança;

5) nível de desempenho, entre outros indicadores.

Fórmula: A fórmula básica acompanha a que utilizamos para cálculo da proporção de estagiários sobre o efetivo. Trata-se da divisão do número de *trainees* pelo número de empregados, expurgado o número de *trainees* (que também é um empregado), conforme demonstrado no quadro a seguir (proporção de estagiários e *trainees*).

50 INDICADORES DE GESTÃO DE RECURSOS HUMANOS

Indicador	Jan.	Fev.	Mar.	Abr.	Mai.	Jun.	Jul.	Ago.	Set.	Out.	Nov.	Dez.
Empregados	1.430	1.432	1.450	1.650	1.670	1.500	1.499	1.499	1.498	1.520	1.521	1.600
Força de trabalho	2.000	2.002	2.350	2.100	2.150	2.090	2.200	1.968	1.969	2.000	2.001	2.100
Não empregados	570	570	900	450	480	590	701	469	471	480	480	500
Terceirizados	350	350	680	230	260	368	479	250	250	265	265	290
Trainees	35	35	35	35	35	35	35	35	35	35	30	30
Estagiários	185	185	185	185	185	187	187	184	186	180	185	180
Proporção estagiários	12,9	12,9	12,8	11,2	11,1	12,5	12,5	12,3	12,4	11,8	12,2	11,3
Proporção trainees	2,4	2,4	2,4	2,1	2,1	2,3	2,3	2,3	2,3	2,3	2,0	1,9

$$\text{Proporção Trainees} = \left(\frac{\text{N}^{\underline{o}} \text{ Trainees}}{\text{N}^{\underline{o}} \text{ Empregados}} \right) \times 100$$

Exemplo

$$\text{Proporção Trainees (Jan.)} = \left(\frac{35}{1.430} \right) \times 100 = 2,4$$

As proporções podem ser bem representadas por gráficos de "pizza", como são usualmente chamados. Neste caso, poderíamos gerar – além do quadro a seguir – proporções relacionadas à força de trabalho de uma determinada Organização, considerando-se a quantidade de recursos humanos em seus mais variados vínculos: empregados, terceiros, *trainees* e estagiários, conforme discutido anteriormente.

Demonstração: Podemos, neste indicador, demonstrar o número de *trainees* isoladamente ou juntamente com o número de estagiários. Podemos ainda indicar em termos absolutos (quantidades) ou, como vimos, relativos (proporções).

Proporção de estagiários e *trainees* na força total de trabalho
Percentual de Estagiários e *Trainees* – Ano 6

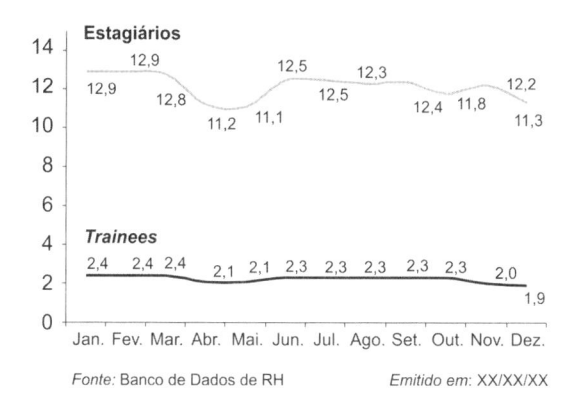

Mês	Estagiários	Trainees
Jan.	12,9	2,4
Fev.	12,9	2,4
Mar.	12,8	2,4
Abr.	11,2	2,1
Mai.	11,1	2,1
Jun.	12,5	2,3
Jul.	12,5	2,3
Ago.	12,3	2,3
Set.	12,4	2,3
Out.	11,8	2,3
Nov.	12,2	2,0
Dez.	11,3	1,9

Fonte: Banco de Dados de RH   Emitido em: XX/XX/XX

Indicador: Absenteísmo (total)

O absenteísmo, como o nome sugere, demonstra o nível de abstenção do empregado ao trabalho, considerando-se como *abstenção* tanto as faltas como os atrasos, justificados ou não. Abstenções afetam ou podem afetar o andamento dos trabalhos[8], de forma geral, e do processo produtivo, em particular. Também podem estar relacionadas ao nível de satisfação dos empregados, particularmente no que envolve relacionamentos com seus superiores hierárquicos ou com políticas da Organização.

Para simularmos o cálculo do absenteísmo – entre outros indicadores que veremos a seguir –, apresentamos a Tabela 2, complemento da Tabela 1, citada anteriormente. Desta vez, estamos inserindo o número de entradas (admissões) e de saídas (desligamentos e pedidos de demissão), além do número de dias não trabalhados, total e com abono.

Para cálculo do *absenteísmo*, precisamos saber o número de dias úteis do mês que pretendemos calcular, bem como o número de dias (ou horas) não trabalhados. Considerando-se a fórmula já apresentada, iremos calcular o absenteísmo tomando por base o número de dias (que é uma conversão do número de horas não trabalhadas).

---

[8] GIBSON, Paul C. *Reducing Absenteeism Costs Through Effective Work/Life Programs*. United States : ACA Journal – Perspectives in Compensation and Benefits. 1999. V. 8. Nº 2.

Tabela 2
Tabela Complementar da Empresa ALFA

| Mês | Número de empregados | | | | | | Movimentação | | Dias não Trabalhados | |
	Total	Sexo		Carga horária			Posição Chefia	Área RH	Adm. Entrada	Dem. Saída	Total	Com Abono
		Masc.	Fem.	8	6	4						
Janeiro	1.430	858	572	858	143	429	644	143	26	20	2.877	863
Fevereiro	1.432	859	573	859	143	430	644	129	4	2	2.800	840
Março	1.450	798	653	870	145	435	653	116	36	18	2.754	826
Abril	1.650	908	743	990	165	495	743	116	300	100	1.700	510
Maio	1.670	885	785	1.002	167	501	585	117	30	10	1.654	496
Junho	1.500	900	600	900	150	450	495	45	10	180	1.600	480
Julho	1.499	750	750	899	150	450	495	45		1	1.590	477
Agosto	1.499	750	750	899	150	450	495	45	3	3	1.100	330
Setembro	1.498	749	749	899	150	449	494	45		1	1.120	336
Outubro	1.520	760	760	912	152	456	380	46	32	10	1.030	309
Novembro	1.521	761	761	913	152	456	304	46	1		1.032	310
Dezembro	1.600	784	816	880	240	480	320	48	89	10	1.001	300

Fórmula: O *absenteísmo* – a exemplo de quase todos os demais indicadores citados neste livro – pode ser calculado de diversas maneiras, todas elas tentando captar o nível de ausência do empregado[9]. Podemos tomar como referência o número de horas não trabalhadas ou, de maneira mais simplificada, o número de dias objeto da conversão do total das horas não trabalhadas (por falta ou por atraso). Em linhas gerais, o cálculo divide os dias (ou horas) não trabalhados pelo número total de dias (ou horas) disponíveis para o trabalho.

O tamanho do mês é uma variável que pode (ou deve) ser considerada para atenuar variações entre meses com mais e menos dias úteis de trabalho[10]. Aplicando-se a fórmula para janeiro, temos:

---

[9] Devemos expurgar os funcionários não submetidos ao controle de frequência e pontualidade, tendo em vista poderem distorcer os percentuais finais. Por exemplo: se os ocupantes dos cargos de chefia (encarregados, supervisores, gerentes, diretores etc.) são isentos do controle de frequência e de pontualidade – como ocorre em boa parte das Organizações, devemos expurgar tal número do total de funcionários. Para facilitar o processo, neste livro, as contas estão sendo realizadas pelo conjunto de empregados sem os expurgos citados.

[10] Estamos assumindo o mês como tendo 22 dias úteis (desconsiderando-se o sábado e o domingo), embora tal número deva variar mês a mês conforme o calendário e os critérios adotados pela empresa, caso tal definição seja essencial aos interesses do profissional responsável pelo tema.

$$\text{Absenteísmo total} = \left(\frac{N^{\circ} \text{ de dias não trabalhados}}{N^{\circ} \text{ de empregados} \times N^{\circ} \text{ de dias úteis}} \right) \times 100$$

$$\text{Absenteísmo total} = \left(\frac{2.877}{1.430 \times 22} \right) \times 100$$

$$\text{Absenteísmo total} = \left(\frac{2.877}{31.460} \right) \times 100 = 9{,}1\%$$

Demonstração: O *absenteísmo* é normalmente demonstrado através de um gráfico de linha (tradicional). O objetivo normalmente é o de dar visibilidade às oscilações, podendo ainda o gráfico ser apresentado juntamente com a média do ano ou do período. O gráfico pode também conter a expectativa ou índice máximo – meta – definido para um determinado período. Aplicativos permitem uma análise combinada de dados, contribuindo para uma visão mais ampla do fenômeno analisado. É importante destacar mais uma vez que o absenteísmo é um indicador quantitativo. Por esse motivo nos ajuda na compreensão do que está acontecendo e não a saber a razão para estar ocorrendo.

Gráficos de barra podem também ser utilizados, embora não sejam tão claros como os de linha.

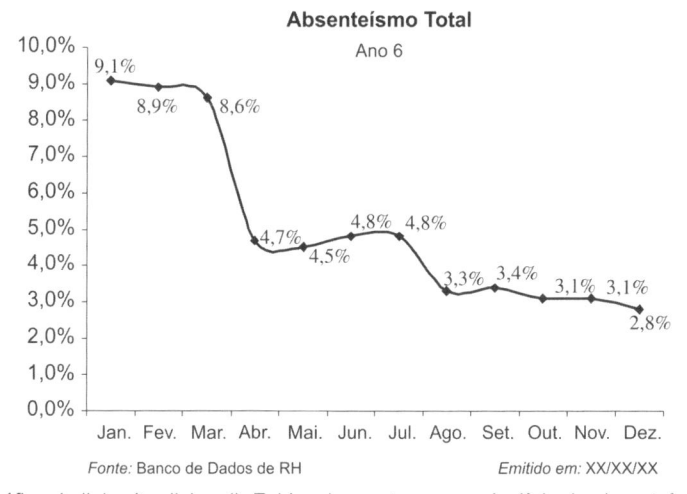

Absenteísmo Total
Ano 6

Mês	Jan.	Fev.	Mar.	Abr.	Mai.	Jun.	Jul.	Ago.	Set.	Out.	Nov.	Dez.
%	9,1%	8,9%	8,6%	4,7%	4,5%	4,8%	4,8%	3,3%	3,4%	3,1%	3,1%	2,8%

Fonte: Banco de Dados de RH   *Emitido em:* XX/XX/XX

Gráfico de linha (tradicional). Evidencia, neste caso, o declínio do absenteísmo ao longo do ano, provavelmente a partir de ações adotadas pela empresa.

Absenteísmo Total
Ano 6

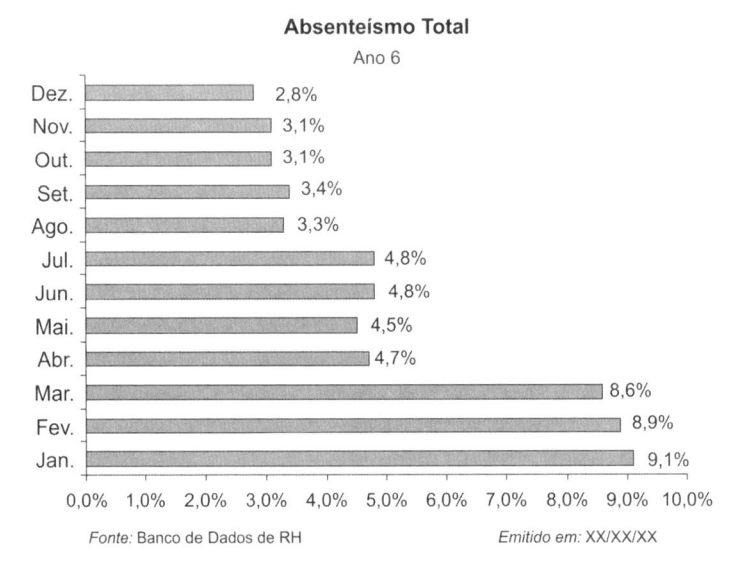

Mês	%
Dez.	2,8%
Nov.	3,1%
Out.	3,1%
Set.	3,4%
Ago.	3,3%
Jul.	4,8%
Jun.	4,8%
Mai.	4,5%
Abr.	4,7%
Mar.	8,6%
Fev.	8,9%
Jan.	9,1%

Fonte: Banco de Dados de RH   *Emitido em:* XX/XX/XX

Gráfico de barras invertidas.
Tal gráfico pode focar de dezembro a janeiro, ou vice-versa.

Indicador: Absenteísmo (sem justificativa legal)

O *absenteísmo* pode ainda ser calculado expurgando-se faltas e atrasos considerados como *justificáveis* pela empresa (abonados). Neste sentido retira-se do total de dias não trabalhados o total de dias (ou do equivalente em horas) abonados. Vale aqui a mesma recomendação quanto ao expurgo do número de funcionários não submetidos ao controle de frequência e pontualidade.

Fórmula: A fórmula básica é uma adaptação da fórmula do *absenteísmo total*. Aplicada sobre os dados de janeiro, obtemos o índice de 6,4%, que é inferior ao índice de 9,1% encontrado no cálculo do *absenteísmo total*.

$$\text{Absenteísmo total} = \left(\frac{N^{\underline{o}} \text{ de dias não trabalhados}}{N^{\underline{o}} \text{ de empregados} \times N^{\underline{o}} \text{ de dias úteis}} \right) \times 100$$

$$\text{Absenteísmo total} = \left(\frac{2.877}{1.430 \times 22} \right) \times 100$$

$$\text{Absenteísmo total} = \left(\frac{2.877}{31.460}\right) \times 100 = 9{,}1\%$$

Demonstração: Podemos apresentar o *absenteísmo* nas duas perspectivas, o que pode auxiliar no entendimento do tempo indisponível para o trabalho, tenha ou não justificativa legal. Podemos ainda utilizar os 12 meses do ano anterior (ou período mais longo), como forma de expandir o nosso campo de visão sobre o tema.

Calculando-se os dois indicadores, nas duas perspectivas propostas, podemos entender a proporção da abstenção ao trabalho – o *absenteísmo total* – que vem sendo considerada como passível de abono por questões legais ou conforme política interna de Recursos Humanos.

Absenteísmo Total e sem Justificativa
Período: Anos 5 e 6

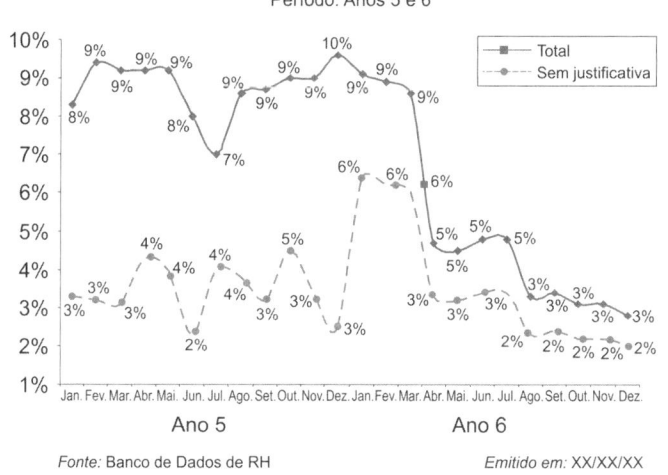

Fonte: Banco de Dados de RH   Emitido em: XX/XX/XX

Números arredondados para facilitar visualização

Em 2006, participei de um evento sobre o tema métricas em gestão de recursos humanos, no qual pude abordar algumas questões citadas neste livro. Na ocasião, uma profissional se apresentou e relatou uma experiência interessante relacionada ao confronto do *absenteísmo total* com o *absenteísmo* que exclui as faltas e os atrasos abonados. Disse ela que, durante anos, sua empresa calculava apenas o *absenteísmo* com os expurgos aprovados, gerando sempre um número considerado pela empresa como sendo "favorável", em que pese o aparente impacto gerado pela ausência (real) de colaboradores. A partir do livro – e das discussões internas sobre medições –, a diretoria pediu para que a referida profissional fizesse uma revisão histórica no indicador em questão considerando-se os últimos dois anos. Para surpresa de todos, havia um grande desvio ou variação entre o *absenteísmo* publicado nos quadros e o *absenteísmo* efetivamente observado internamente. A surpresa foi ainda maior quando a diretoria decidiu colocar no quadro de avisos os gráficos revisados, destacando os números iniciais e finais de abstenção ao trabalho. O efeito, segundo ela, foi uma imediata mudança de comportamento em relação ao trabalho e, principalmente, em relação ao papel das lideranças sobre o tema. Os números subsequentes tiveram expressiva redução, tanto em relação ao *absenteísmo total* como em relação ao cálculo do referido indicador com os expurgos autorizados internamente. Embora nenhuma orientação especial tenha sido dada, o fato é que a presunção de controle – em qualquer ambiente – tende a modificar o comportamento das pessoas, o que pode ser mais uma justificativa para o uso de indicadores.

Variações: Aproveito o gráfico anterior *(absenteísmo total e sem justificativa)* para discutir *variação percentual* e em *pontos percentuais*, embora o tema já tenha passado pelos olhos do leitor. No caso do *absenteísmo* temos 9,1%, no total, e 6,4%, expurgando-se as faltas e atrasos sem justificativa. De 9,1% para 6,4% temos uma redução de 2,7 pontos percentuais (exemplo "a") e de 29,7% (exemplo "b").

a) $\dfrac{\text{Variação}}{\text{pontos percentuais}} = \left(\begin{array}{c}\text{Absenteísmo}\\ \text{s/ justificativa}\end{array}\right) - \left(\begin{array}{c}\text{Absenteísmo}\\ \text{Total}\end{array}\right)$

$\dfrac{\text{Variação}}{\text{pontos percentuais}} = 6{,}4 - 9{,}1 = -2{,}7$

b) $\dfrac{\text{Variação}}{\text{percentual}} = \left\{\left(\dfrac{\text{Absenteísmo s/ justificativa}}{\text{Absenteísmo Total}}\right) - 1\right\} \times 100$

$\dfrac{\text{Variação}}{\text{percentual}} = \left\{\left(\dfrac{6{,}4}{9{,}1}\right) - 1\right\} \times 100 = -29{,}7\%$

Indicadores Demográficos

O leitor percebeu que o *absenteísmo* é um bom exemplo de um indicador *quantitativo*, razão pela qual se inclina a medir *o que* ocorreu, não dando dicas sobre as razões pelas quais um determinado fenômeno pode ter ocorrido. Observando os gráficos anteriores *(absenteísmo total e sem justificativa)*, é possível perceber uma redução do nível de *absenteísmo*, embora não seja possível afirmar se tal redução já ocorreu ou não em outros períodos, e se tal situação obedece a um determinado ciclo, influenciado por algum outro indicador. A ampliação da série – como visto anteriormente – pode gerar um maior nível de compreensão dos dados, em que pese o fato de, no contexto organizacional, existirem inúmeros agentes influenciadores operando simultaneamente. Outros indicadores quantitativos podem ser analisados em conjunto, o que pode contribuir para um julgamento mais adequado.

Indicador: Absenteísmo (total), considerando-se a jornada integral

Calculamos o absenteísmo total e o absenteísmo que expurga as faltas e atrasos com justificativa. O primeiro mede o nível de abstenção ao trabalho e o segundo, o nível de abstenção proveniente de outras razões senão aquelas fixadas em lei ou sujeitas a abono, conforme regras da empresa. A despeito de serem dois indicadores relativamente conhecidos – particularmente o primeiro –, vemos aqui uma oportunidade de ampliar o campo de visão do leitor, desta vez substituindo o número de empregados pelo número ajustado de empregados à jornada integral.

Fórmula: A fórmula básica envolve a do absenteísmo (que o leitor pode escolher entre o total e o ajustado à jornada integral), com a mudança do denominador. É um indicador adequado para Organizações que sentem a necessidade de ajustar o número de empregados à jornada integral em função do contingente alocado em jornadas de trabalho de quatro ou seis horas. Neste caso, aplicando-se a fórmula adaptada do absenteísmo total, temos, em janeiro, um absenteísmo de 11,1% e não mais 9,1% ou 6,4%.

$$\text{Absenteísmo total (considerando-se jornada integral)} = \left(\frac{N^{\circ} \text{ de dias não trabalhados}}{N^{\circ} \text{ ajustado} \times N^{\circ} \text{ de dias úteis}} \right) \times 100$$

$$\text{Absenteísmo total (considerando-se jornada integral)} = \left(\frac{2.877}{1.180 \times 22}\right) \times 100$$

$$\text{Absenteísmo total (considerando-se jornada integral)} = \left(\frac{2.877}{25.960}\right) \times 100 = 11,1\%$$

A justificativa para tal ajuste na fórmula do absenteísmo[11] recai sobre o fato de que a empresa ALFA não dispõe, efetivamente, de oito horas para todos os empregados, como o denominador "empregado" × "número de dias úteis" pode sugerir.

Demonstração: O gráfico a seguir registra os dados do absenteísmo nas duas hipóteses extremas: toda e qualquer abstenção considerando-se a jornada integral e a opção com expurgo das ausências aceitas pela Organização.

Absenteísmo Total (com jornada ajustada) e Absenteísmo sem Justificativa
Ano 6

Mês	Jornada integral	Sem justificativa
Jan.	11,1%	6,4%
Fev.	10,8%	6,2%
Mar.	10,5%	6,0%
Abr.	5,7%	3,3%
Mai.	5,9%	3,2%
Jun.	5,5%	3,4%
Jul.	5,8%	3,4%
Ago.	4,0%	2,3%
Set.	4,1%	2,4%
Out.	3,7%	2,2%
Nov.	3,7%	2,2%
Dez.	9,5%	2,2%

Fonte: Banco de Dados de RH   *Emitido em: XX/XX/XX*

---

[11] Há Organizações que preferem calcular o *presenteísmo* por entender tratar-se de um indicador que todos devem buscar aumentar, não havendo uma conotação negativa, fato que ocorre com o absenteísmo, nível de ausência ou de abstenção ao trabalho. Uma determinada Organização, instalada na Zona Oeste do Rio de Janeiro, optou também por incluir tal indicador – *presenteísmo* – em seu programa de premiação por resultados para toda a atividade fabril.

O absenteísmo mede o nível de ausência dos empregados, o que não quer dizer que a presença física, por si só, seja determinante para o aumento da produtividade ou do valor agregado pelos profissionais, particularmente em atividades ou funções que dão certo nível de liberdade no processo, na execução. Funções operacionais são mais influenciadas pela presença física das pessoas, particularmente quando há processo produtivo, fluxo operacional, análise de tempos e movimentos, máquinas, linhas de produção e assemelhado. Isso explica, por exemplo, a concessão de cestas básicas para empregados que não faltam ou chegam atrasados, ou mesmo penalidades em premiações.

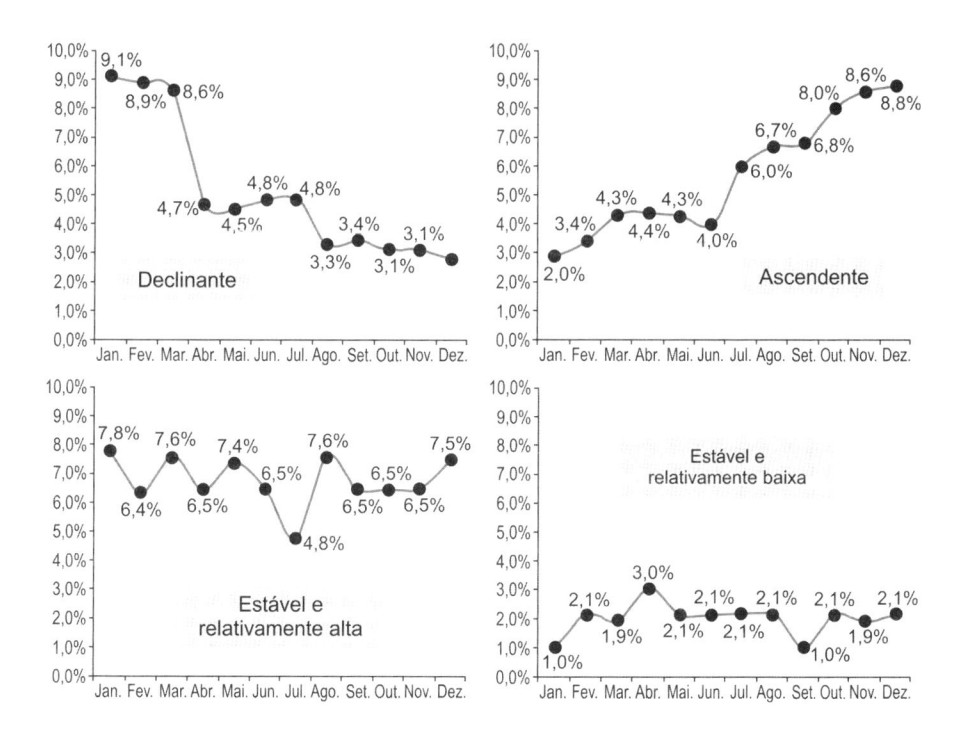

São importantes, na avaliação do absenteísmo, tendências ou comportamentos ao longo de determinado período. Uma tendência declinante (de redução) ou ascendente (de aumento) é relativamente fácil de ser percebida. Um comportamento estável, por outro lado, pode causar certo imobilismo, mesmo sabendo que a estabilidade pode estar em um patamar relativamente alto ou baixo.

Indicador: Índice de entrada (ou de admissão)

Tal indicador auxilia na identificação do impacto percentual das entradas (por admissão) sobre o quadro de empregados do mês anterior.

Fórmula: O processo de cálculo é relativamente simples, sendo composto basicamente pelo número de admissões e pelo número de empregados do mês imediatamente anterior ao mês em estudo. Neste caso é comum tomarmos como referência o número de empregados do final do mês. Aplicada a fórmula para o mês de fevereiro, temos quatro admissões contra 1.430 empregados.

$$\text{Índice de Entrada (admissão)} = \left(\frac{\text{N}^\text{o} \text{ de admissões (no mês)}}{\text{N}^\text{o} \text{ de empregados (mês anterior)}} \right) \times 100$$

$$\text{Índice de Entrada (admissão)} = \left(\frac{4}{1.430} \right) \times 100 = 0,3\%$$

Demonstração: O gráfico de linha pode ser uma boa opção para salientar a flutuação dos dados ao longo de um determinado período[12]. Indicadores de entrada e de saída (próximo indicador a ser analisado) costumam ter dados oscilando ao longo do ano.

Índice de Entrada (admissão de empregados)
Período: Anos 5 e 6

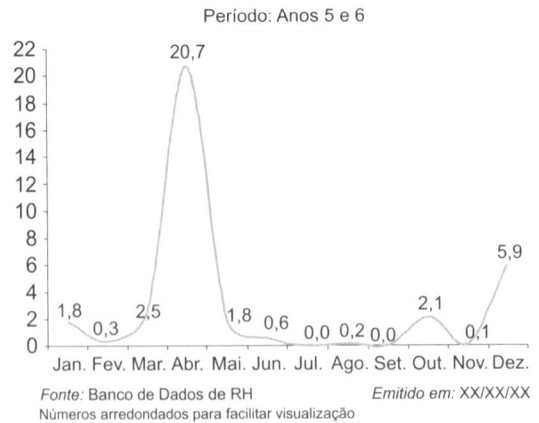

Mês	Jan.	Fev.	Mar.	Abr.	Mai.	Jun.	Jul.	Ago.	Set.	Out.	Nov.	Dez.
Valor	1,8	0,3	2,5	1,8	0,6	20,7	0,0	0,2	0,0	2,1	0,1	5,9

Fonte: Banco de Dados de RH *Emitido em:* XX/XX/XX
Números arredondados para facilitar visualização

---

[12] O mês de janeiro está sendo informado somente para compor o gráfico, uma vez que seu cálculo dependeria do número de empregados do mês de dezembro do ano anterior, não disponível ao leitor. Uma análise comparativa com os dados do ano anterior poderia identificar alguma sazonalidade, a exemplo do que ocorre com o segmento de varejo do final do ano.

Indicador: Índice de saída (ou de desligamento)

Na mesma linha do indicador anterior, o índice de saída busca auxiliar na identificação do impacto percentual das saídas (por demissões ou pedidos de demissão) sobre o quadro de empregados do mês anterior.

Fórmula: O processo de cálculo segue o padrão anterior, composto basicamente pelo número de desligamentos e pelo número de empregados do mês imediatamente anterior ao mês em estudo. Neste caso também é comum tomarmos como referência o número de empregados do final do mês. Aplicada a fórmula para o mês de fevereiro, temos dois desligamentos contra 1.430 empregados.

$$\text{Índice de Saída} = \left(\frac{\text{N}^{\underline{o}} \text{ de desligamentos (no mês)}}{\text{N}^{\underline{o}} \text{ de empregados (mês anterior)}} \right) \times 100$$

$$\text{Índice de Saída} = \left(\frac{2}{1.430} \right) \times 100 = 0,1\%$$

Demonstração: O gráfico de linha ou o de colunas, para variar, podem ser opção para salientar a flutuação dos dados ao longo de um determinado período. O *índice de entrada*, observado anteriormente, e o de *saída* costumam ter dados oscilando ao longo do ano, o que pode também permitir a compreensão do *turnover*. Outra opção é a de inserir *entrada* e *saída* em um mesmo gráfico, embora por vezes as variáveis se cruzem e dificultem a compreensão.

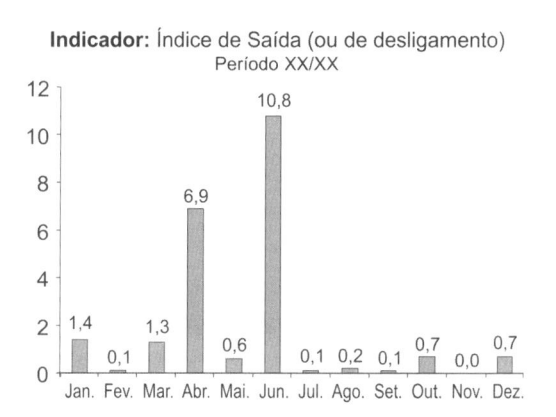

Indicador: Índice de Saída (ou de desligamento)
Período XX/XX

Jan.	1,4
Fev.	0,1
Mar.	1,3
Abr.	6,9
Mai.	0,6
Jun.	10,8
Jul.	0,1
Ago.	0,2
Set.	0,1
Out.	0,7
Nov.	0,0
Dez.	0,7

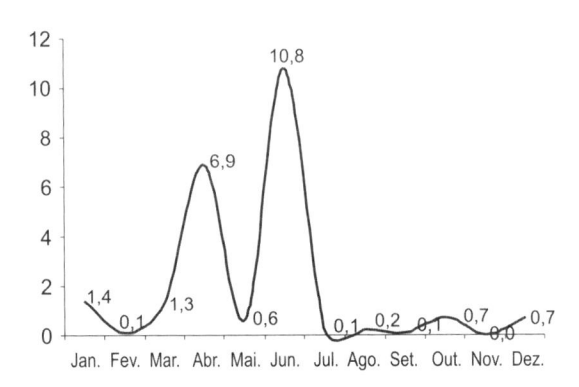

[Gráfico: valores mensais — Jan. 1,4; Fev. 0,1; Mar. 1,3; Abr. 6,9; Mai. 0,6; Jun. 0,1; Jul. 0,2; Ago. 0,1; Set. 0,7; Out. 0,0; Nov. 0,0; Dez. 0,7; pico em Abr./Mai. com 10,8]

Para a maioria das Organizações, as *saídas* se desdobram normalmente entre decisões da empresa ou decisões dos empregados. Algumas Organizações promovem outros desdobramentos, considerando saídas por justa causa, aposentadoria ou morte. O governo federal, através da Controladoria Geral da União (CGU), desenvolve indicadores englobando o número de denúncias envolvendo servidores, saídas por demissão, cassação ou destituição, bem como as principais razões que deram origem às referidas saídas, conforme quadro a seguir.

Controladoria Geral da União: Saídas entre 2003-08

	2003	2004	2005	2006	2007	2008	Total
Denúncias	4.800	5.400	5.520	5.640	5.760	6.000	33.120
Desligamentos	**2003**	**2004**	**2005**	**2006**	**2007**	**2008**	**Total**
Demissão	242	254	240	299	386	280	1.701
Cassação	8	15	17	24	29	28	121
Destituição	14	23	15	34	22	38	146
Total	**264**	**292**	**272**	**357**	**137**	**346**	**1.968**

Fonte: Controladoria Geral da União 2008 = Jan.-Out. (real). Nov.-Dez. (estimado).

Razões para os desligamentos		Total
	Valer-se do cargo	34%
	Improbidade administrativa	20%
	Abandono do cargo	10%
	Receber propina	6%
	Lesão aos cofres públicos	6%
	Outros	24%
	Total	**100%**

Trata-se de uma demanda de medição relativamente comum em organismos públicos, embora guardem relação com o que também se observa em empresas privadas, particularmente nas Organizações que possuem central ou canal para denúncias (*hotline*) anônimas, atuação de auditorias ou de áreas de segurança empresarial. Investigações internas são comuns e, em muitos casos, geram desligamentos simples, por justa causa, advertências ou remanejamentos. Os motivos não possuem o mesmo nome, mas se equiparam em diversos aspectos. Se necessário, haverá indicadores, métricas, para gestão do risco associado ao comportamento humano e às vulnerabilidades dos processos internos.

Indicador: *Turnover* (global)

Considerando-se que você já analisou os índices de entrada (admissão) e de saída (desligamento), fica fácil, agora, entender um dos mais famosos indicadores aplicados à gestão de Recursos Humanos. O *turnover* tenta captar a flutuação (entrada e saída) no quadro de pessoal (efetivo de empregados), tendo em vista o impacto potencialmente negativo de uma rotatividade não desejada ou planejada pela Organização. Na Taco Bell, empresa americana, *observou-se que 20% dos estabelecimentos com a mais baixa rotatividade de funcionários rendiam o dobro das vendas e 55% delas possuíam lucros mais altos do que os estabelecimentos com taxa de rotatividade mais alta*[13]. Esse é apenas um exemplo em que variáveis podem ser analisadas em um mesmo momento, embora os resultados possam ser casuais se considerados em um período determinado. Há também exemplos de Organizações, principalmente na indústria de *fast food*, onde um *turnover* comparativamente elevado é parte da estratégia de aquisição e de desenvolvimento de profissionais.

Fórmula: O *turnover* é, na realidade, a média dos indicadores de entrada (admissão) e de saída (desligamento). Embora tenhamos fórmulas diversas, o *turnover* pode ser facilmente calculado pela média da entrada e da saída pelo número de empregados no mês anterior. O cálculo para março nos ajuda a avançar no raciocínio.

---

[13] FITZ-ENZ, Jac. *O Retorno do Investimento em Capital Humano: Medindo o Valor Econômico do Desempenho dos Funcionários.* São Paulo: Makron Books. 2001. P. 94.

$$\text{Turnover Global} = \left\{ \frac{\left(\frac{N^{\circ}\text{de admissões (no mês)} + N^{\circ}\text{de demissões (no mês)}}{2} \right)}{N^{\circ}\text{de empregados (mês anterior)}} \right\} \times 100$$

$$\text{Turnover Março} = \left\{ \frac{\left(\frac{36 + 18}{2} \right)}{1.432} \right\} \times 100$$

$$\text{Turnover Março} = \left\{ \frac{27}{1.432} \right\} \times 100 = 1,9\%$$

Demonstração: O *turnover*, a exemplo dos *índices de entrada* e de *saída*, também pode ser demonstrado através do gráfico de linha ou de colunas. O gráfico de linha tem a vantagem de melhor explicitar as flutuações, uma vez que não possui uma base. Por outro lado, dependendo do comportamento dos números, algumas superposições dificultam a leitura adequada do gráfico.

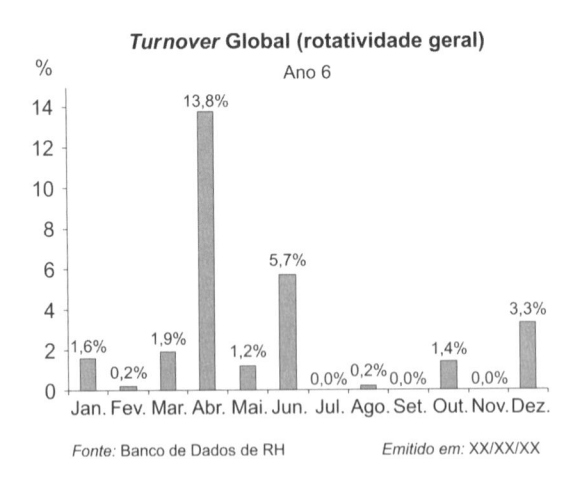

Turnover **Global (rotatividade geral)**
Ano 6

Mês	%
Jan.	1,6%
Fev.	0,2%
Mar.	1,9%
Abr.	13,8%
Mai.	1,2%
Jun.	5,7%
Jul.	0,0%
Ago.	0,2%
Set.	0,0%
Out.	1,4%
Nov.	0,0%
Dez.	3,3%

Fonte: Banco de Dados de RH   *Emitido em:* XX/XX/XX

Podemos também rever a fórmula do *turnover* para atender empresas como a ALFA, onde temos um grande contingente de empregados trabalhando formalmente em jornada inferior a oito horas diárias.

Ajustando-se o *turnover* para considerar diferenças de jornadas de trabalho, o *turnover* de abril, por exemplo, sobe de 13,8% para 16,7%, o que pode não representar uma diferença expressiva, salvo se a Organização optar por transformar a relação percentual (que é a base do *turnover*) em custo da rotatividade.

O custo da rotatividade é um desafio dos que atuam na gestão de recursos humanos. Há experiências que caminham na direção de que tal valor pode ser resultado de uma combinação de variáveis, entre as quais custo de demissão, custo de reposição, custo dos exames para admissão e demissão, o tempo médio de reposição de vagas, custo do treinamento introdutório e ambientação de novos empregados, perda de produtividade, qualificação ou adaptação, entre outras variáveis. O custo da rotatividade varia conforme o impacto da posição na estrutura da Organização. Caso seja um item fora do controle de uma Organização, o custo do *turnover* pode ser experimentado internamente, tanto para atividades operacionais como para posições executivas. O custo pode também ser útil para apoiar ações que minimizem sua ocorrência, particularmente nas situações mais simples.

Indicador: *Turnover* (por substituição)

Embora tenhamos calculado o *turnover* considerando-se *entradas* (admissões) e *saídas* (desligamentos), genericamente falando, a ideia de *turnover* é a da rotatividade, segundo a qual devemos expurgar entradas por *aumento de quadro* – vagas que não existiam no passado – ou por *redução de quadro* – vagas que deixarão de existir. Se uma determinada vaga foi criada em março – e se por essa razão um empregado foi contratado (admitido) –, é possível compreender que não se trata de uma rotatividade (entrada de alguém para substituir outro empregado desligado da empresa). Da mesma maneira que uma demissão, por exemplo, em função de vaga, posição ou cargo extinto, não deve ser contabilizada como rotatividade, tendo em vista que tal desligamento não envolverá substituição. Sendo assim, podemos calcular o *turnover* global, conforme vimos no indicador anterior, ou somente considerar a substituição de empregados.

Fórmula: A fórmula do *turnover* por substituição é uma adaptação da fórmula do *turnover* global, expurgando-se, é claro, reduções e aumentos de quadro. Para facilitar o entendimento, suponhamos que nas 36 entradas (admissões) do mês de março tenhamos, na realidade, 30 entradas por substituição e seis por aumento de quadro (vagas que não existiam no passado). Suponhamos também que, das 18 demissões, três tenham sido em um setor que passará a ter três vagas a menos (onde pessoas não serão substituídas).

Como calcularíamos o *turnover*?

$$\text{Turnover por substituição} = \left\{ \frac{\left(\begin{array}{c} N^{\underline{o}} \text{ de admissões} \\ \text{(no mês)} \\ \text{por substituição} \end{array} + \begin{array}{c} N^{\underline{o}} \text{ de admissões} \\ \text{(no mês)} \\ \text{com substituição} \end{array} \right)}{N^{\underline{o}} \text{ de empregados (mês anterior)}} \right\} \times 100$$

Exemplo:

$$\text{Turnover por substituição Março} = \left\{ \frac{\left(\frac{(36-6)+(18-3)}{2} \right)}{1.432} \right\} \times 100$$

$$\text{Turnover por substituição Março} = \left\{ \frac{\left(\frac{30+15}{2} \right)}{1.432} \right\} \times 100 = 1,6\%$$

Demonstração: Vale aqui o mesmo raciocínio anterior em termos de demonstração gráfica. Dependendo do nível de sofisticação do trabalho, o profissional pode, ainda, comparar os dois índices de modo a permitir a visualização sobre os aumentos e reduções de quadro.

Indicador: Composição dos empregados por sexo

Um ambiente plural é o objetivo de muitas Organizações. Isto pode demandar medições periódicas, por exemplo, da proporção entre o número de empregados do sexo masculino e feminino[14]. Podemos calcular a proporção considerando-se o critério básico usado para este fim.

---

[14] Há experiências inovadoras, mas ainda tímidas, que buscam contabilizar empregados cuja opção sexual exige outras classificações além do tradicional *masculino* e *feminino*, como ocorreu recentemente com a Xerox em sua unidade no Canadá. Organizações americanas tendem a também calcular a proporção entre brancos e negros, asiáticos e latinos etc.

Fórmula: A fórmula básica envolve a divisão do número de empregados do sexo masculino – ou feminino, se você preferir – pelo número total de empregados. O resultado da divisão, multiplicado por 100, mostrará a proporção do referido grupo de empregados no total de empregados da empresa ALFA. Aplicando-se a fórmula para o mês de janeiro (ver Tabela 1), vamos dividir 858 por 1.430 e multiplicar o resultado por 100.

Calculando o tamanho (%) do contingente do sexo masculino:

$$\text{Proporção sexo masculino} = \left(\frac{\text{N}^{\underline{o}} \text{ Empregados sexo masculino}}{\text{N}^{\underline{o}} \text{ Empregados Total}}\right) \times 100$$

Calculando o tamanho (%) do contingente do sexo feminino:

Proporção sexo feminino = 100 – proporção sexo masculino

$$\text{Proporção sexo masculino} = \left(\frac{858}{1.430}\right) \times 100 = 60,0\%$$

Proporção sexo feminino = 100 – 60 = 40,0%

Demonstração: Por ser uma proporção, temos pelo menos duas alternativas para demonstração do resultado, considerando-se a média do mês ou do ano (a) ou a evolução ao longo do(s) ano(s) ou de outro período considerado adequado (b). Isto sem esquecer de que podemos simplesmente apresentar uma tabela com "mês e proporção", embora tal medida, como vimos, não seja a mais eficiente quando pretendemos demonstrar inclinações ou variações ao longo do ano.

   a) **Média do mês ou do ano:** O gráfico de *pizza* – como é conhecido – é o mais eficaz para demonstração de proporção[15] pontualmente. Tal proporção pode ser calculada para um determinado mês (no

---

[15] Isto quando pretendemos calcular a proporção apenas de um mês ou a média anual. Podemos, por outro lado, plotar a proporção ao longo de um período mais amplo, neste caso utilizando-se um gráfico de linha. Tal gráfico nos permite acompanhar a evolução (estabilização, declínio ou ascensão) ao longo do referido período.

caso a seguir foi considerado o mês de janeiro), embora o cálculo pudesse contemplar uma média anual.

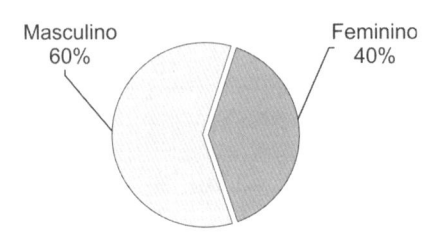

Masculino 60%   Feminino 40%

b) **Evolução ao longo de determinado período:** o gráfico abaixo (um tipo especial de gráfico de coluna) pode ser útil quando calculamos a proporção mês a mês e pretendemos visualizar o referido período destacando-se inclinações (crescimento ou declínio) e evolução.

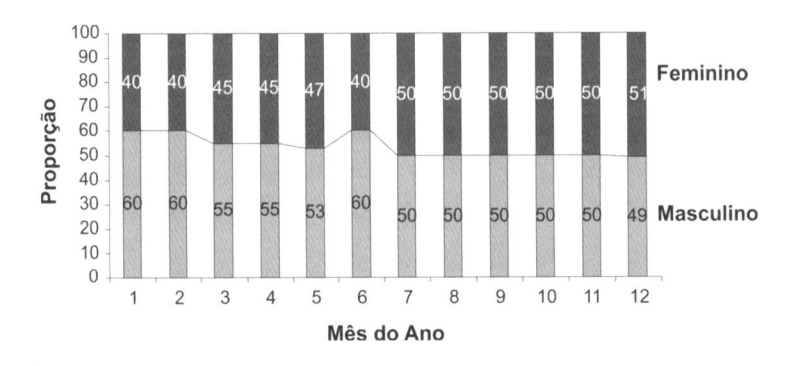

[Gráfico: Proporção por Mês do Ano]
Masculino: 60, 60, 55, 55, 53, 60, 50, 50, 50, 50, 50, 49
Feminino: 40, 40, 45, 45, 47, 40, 50, 50, 50, 50, 50, 51

Análise: O gráfico sugere um declínio ao longo do ano na parcela relativa aos funcionários do *sexo masculino*. Tomando-se como referência o mês de janeiro (1) e o de dezembro (12), cada um deles isoladamente, percebe-se uma redução de 18,3% (–18,3%).

Caso calculássemos a média do ano, perceberíamos que a proporção de empregados do sexo masculino atingiu o patamar de 53,4%. Perceberíamos, ainda, que em sete dos doze meses do ano a proporção ficou abaixo da média anual, o que reforçaria a percepção de tendência declinante do número de empregados do *sexo masculino* na empresa ALFA. Os números não permitem inferir se a empresa ALFA está, deliberadamente, optando por um equilíbrio entre funcionários do sexo masculino e feminino, ou se tal situação ocorre – ou vem ocorrendo –

por obra do acaso. O fato é que há empenho em tornar o ambiente de trabalho mais plural em muitas Organizações.

Segundo Leila Souza Lima[16], no serviço público federal o percentual de mulheres é de 45,6%, o que salienta um equilíbrio relativo entre empregados do sexo masculino e feminino. Por outro lado, registra Leila, não há igual equilíbrio quando o indicador é *mulheres em posições de comando*. Embora 47,7% dos cargos de confiança (DAS 1), em um determinado nível hierárquico, sejam ocupados por mulheres, no nível bem mais acima (DAS 6) essa participação cai para 19,2%.

No primeiro escalão do governo da presidenta Dilma Roussef, cresce de forma expressiva a participação do sexo feminino na liderança dos ministérios, neste caso por uma combinação de razões que inclui, simbolicamente e na prática efetiva, um forte desejo de equilibrar as relações de poder entre homens e mulheres[17]. Tal movimento também vem sendo observado em algumas Organizações, principalmente entre as que possuem ações na bolsa de valores, para as quais essa ação mais forte cria uma atmosfera positiva em torno do nome da Organização, interna e externamente.

Na Cidade do Rio de Janeiro, o quadro acima é ainda mais expressivo. Segundo Fayal[18], 79,2% dos 140.000 servidores da administração direta são formados por mulheres. No alto escalão, considerando-se secretarias e presidências de empresas ligadas à prefeitura, havia 18 mulheres no comando.

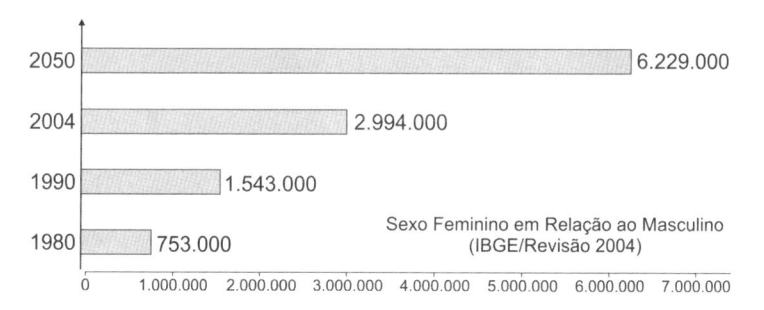

Ano	Valor
2050	6.229.000
2004	2.994.000
1990	1.543.000
1980	753.000

Sexo Feminino em Relação ao Masculino
(IBGE/Revisão 2004)

---

[16]LIMA, Leila Souza. Jornal O Dia. Rio de Janeiro. 14/03/04. *Elas querem apenas conquistar IGUALDADE de OPORTUNIDADES.* P. 2 e 3.

[17]Enquanto finalizo esta segunda edição, vejo que a Presidenta Dilma Roussef, em 15/08/2011, nomeia mais uma mulher para o alto escalão do governo federal, o que contribui para perfazer um total de 30% de ocupantes do sexo feminino. Tal percentual era tido como uma meta da presidenta quando de sua eleição.

[18]FAYAL, Teresa Cristina. Jornal O Dia. Rio de Janeiro. 14/03/04. *Elas querem apenas conquistar IGUALDADE de OPORTUNIDADES.* P. 3.

A proporção de mulheres tende a crescer ainda mais, tal como indica o IBGE na revisão das previsões para ano de 2050 (ver página anterior), momento em que o Brasil deverá possuir mais de seis milhões de mulheres em relação ao número de habitantes do sexo masculino. Nesse sentido, quer pelo aumento relativo da participação no mercado de trabalho, quer pelo aumento populacional absoluto, o certo é que o referido indicador, em todos os segmentos, trará mudanças ainda mais expressivas. Tais mudanças, observadas no referido indicador, poderão vir acompanhadas de alterações em infraestrutura, benefícios ou mesmo em políticas de RH naqueles ambientes com menor participação do sexo feminino.

Indicador: Amplitude de comando

A expressão *amplitude de comando* é usualmente indicada para dar uma dimensão qualitativa (normalmente não numérica) do número de subordinados que uma chefia poderia, diretamente, liderar, salientando-se os aspectos que determinam ou podem influenciar no aumento ou na redução da referida amplitude de comando, de administração ou de gestão[19]. Neste caso específico, iremos nos apropriar da expressão *amplitude de comando* para calcular o número médio de *não chefes* para cada funcionário ocupante de uma posição de chefia.

Fórmula: A fórmula básica envolve a divisão do número de empregados não chefes pelo número de funcionários que ocupam posição formal de liderança. Considerando-se o mês de janeiro, iremos subtrair 644 de 1.430 e, posteriormente, dividir o resultado por 644. O resultado, abaixo nos informa que temos 1,2 subordinado não chefe (sem posição formal de comando) para cada um chefe (supervisor, encarregado, gerente ou diretor).

$$\text{Amplitude de comando} = \left(\frac{N^{\underline{o}} \text{ Empregados Total} - N^{\underline{o}} \text{ Empregados Posição chefia}}{N^{\underline{o}} \text{ Empregados Posição chefia}} \right)$$

$$\text{Amplitude de comando} = \left(\frac{1.430 - 644}{644} \right) = 1,2$$

---

[19] Quantidade de subordinados, complexidade das funções executadas, distância ou dispersão geográfica, nível de educação exigida para o trabalho, diversificação das atividades, entre outros aspectos.

Indicadores Demográficos **71**

Demonstração: A relação pode ser demonstrada através de uma tabela, conforme discutido anteriormente, ou através de gráficos. Neste caso podemos utilizar um gráfico simples de barras ou mesmo um gráfico de linha, ambos por captar mais facilmente variações, flutuações, crescimento e declínio ao longo de um determinado período.

Podemos ainda, conforme veremos a seguir, inserir a média do ano, do período analisado (caso não seja anual) ou do ano anterior. Cada alternativa a ser empregada deve considerar a intenção de destacar esta ou aquela informação.

Amplitude de Comando
Relação entre chefes e não chefes
Ano 6

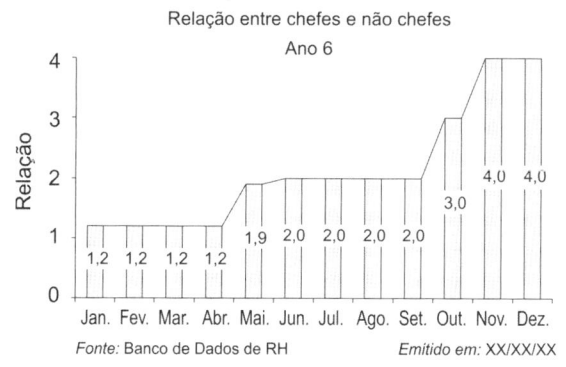

Fonte: Banco de Dados de RH   *Emitido em:* XX/XX/XX

Relação demonstrada através de um gráfico de colunas.
Opcionalmente, pode-se incluir a média do ano.

Amplitude de Comando
Relação entre chefes (função formal de liderança) e não chefes
Ano 6

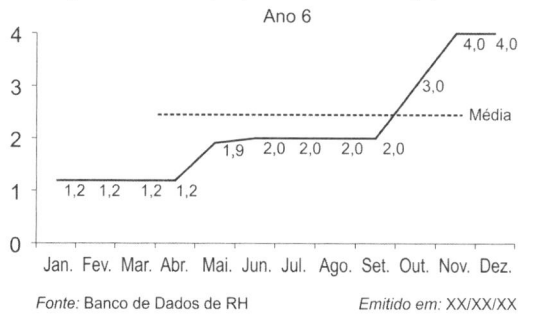

Fonte: Banco de Dados de RH   *Emitido em:* XX/XX/XX

Relação demonstrada através de um gráfico de linha,
com a mesma possibilidade de inserção da média.

Não se esqueça de informar no rodapé da apresentação, ou em qualquer outro local que dê algum destaque, a fonte das informações, o mês ou o período analisado, bem como – se aplicável – algum critério especial utilizado, algum tipo de expurgo ou convenção.

Análise: Os gráficos *(amplitude de comando)* permitem perceber que há uma tendência ascendente no sentido de ampliar a relação entre chefes e não chefes. Neste caso, não há necessidade de cálculo para perceber que a amplitude vem crescendo gradativamente ao longo do ano. A média de 2,2 obtida através da média simples da amplitude de cada mês – se inserida no gráfico – pode funcionar como um divisor de águas com relação ao momento em que a amplitude começa a descolar da amplitude observada no início do ano. O dado precisa, no entanto, ser analisado com cuidado,

Amplitude
Comando
1/X

1,2
1,2
1,2
1,2
1,9
2,0
2,0
2,0
2,0
3,0
4,0
4,0

Amplitude média de 2,2 não chefes para cada 1,0 chefe

na medida em que a média, por si só, pode contemplar diferentes realidades em um mesmo número.

A existência de líderes informais (por delegação, por exemplo) ou de ocupantes de cargos de chefia que não exercem comando de equipes pode contribuir para criar alguma distorção na relação calculada. Isso não permite dispensar o referido indicador, mas sim promover, permanentemente, melhorias.

Indicador: Suporte de RH

A expressão *suporte de RH* também está longe de dar a efetiva dimensão que pretendemos aqui. Na falta de uma expressão simples, usaremos suporte de RH para indicar a relação entre funcionários da área de RH (nos diversos subsistemas) e dos demais segmentos da Organização, tais como vendas, produção e finanças. O objetivo é identificar quantos empregados são atendidos, na média, considerando-se cada funcionário de RH.

Uma empresa sediada no Rio de Janeiro, por exemplo, vem desenvolvendo trabalhos para desoneração operacional das estruturas de RH, principalmente em relação às atividades transacionais, conforme reportado em uma das edições da *Harvard Business Review* em português. Segundo os dados salientados pela referida empresa, o indicador *suporte de RH* cresce continuamente em função da melhoria dos processos, da criação de canais alternativos para orientação aos empregados e gestores, bem como pelo grande investimento em automação. Com as medidas adotadas, é possível perceber que o *denominador* (empregados em RH) é comparativamente menor quando confrontado com o *numerador* (número de empregados dos demais segmentos, podendo ainda ser incluído o próprio contingente de RH).

Fórmula: A fórmula básica envolve a divisão do número de empregados dos demais segmentos pelo número de funcionários que atuam especificamente na área ou com atividades típicas de RH. Considerando-se o mês de janeiro, iremos subtrair 143 de 1.430 e, posteriormente, dividir o resultado por 143. O resultado abaixo nos informa que temos nove empregados dos demais segmentos para cada um funcionário ou empregado de RH.

$$\text{Amplitude de comando} = \left(\frac{N^{\underline{o}} \text{ Empregados Total} - N^{\underline{o}} \text{ Empregados RH}}{N^{\underline{o}} \text{ Empregados RH}} \right)$$

$$\text{Amplitude de comando} = \left(\frac{1.430 - 143}{143} \right) = 9,0$$

Demonstração: A exemplo do que fizemos no indicador anterior, a relação pode ser demonstrada através de uma tabela ou de gráficos.

Podemos utilizar também um gráfico simples de colunas ou mesmo um gráfico de linha, ambos por captar mais facilmente variações, flutuações, crescimento e declínio ao longo de um determinado período. A seguir, uma análise gráfica com os dados do indicador que reflete a representatividade do número de empregados diante do número dos empregados alocados nos demais segmentos/atividades. Normalmente, são inseridos apenas empregados nas funções clássicas de RH, tais como recrutamento, seleção, treinamento, desenvolvimento, avaliação de desempenho, administração de pessoal, remuneração e bene-

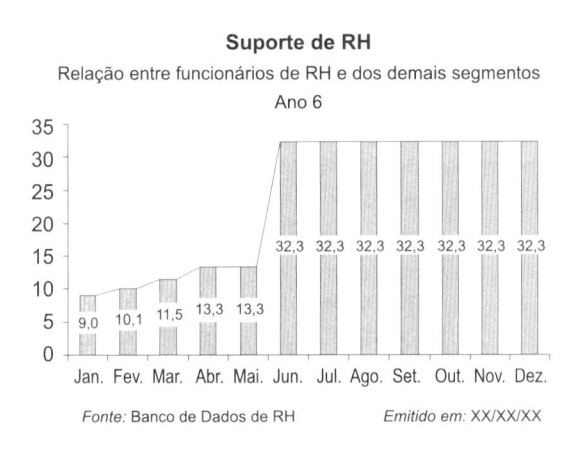

Suporte de RH
Relação entre funcionários de RH e dos demais segmentos
Ano 6

Jan.	9,0
Fev.	10,1
Mar.	11,5
Abr.	13,3
Mai.	13,3
Jun.	32,3
Jul.	32,3
Ago.	32,3
Set.	32,3
Out.	32,3
Nov.	32,3
Dez.	32,3

Fonte: Banco de Dados de RH   *Emitido em:* XX/XX/XX

fícios, não se inserindo atividades como *segurança patrimonial, limpeza* e *administração predial*, por vezes subordinadas aos gestores de RH.

Comentários: As tabelas citadas anteriormente podem comportar dados que permitam a elaboração de outros indicadores, como, por exemplo, *empregados por faixa etária, empregados por grau de instrução, empregados por estado civil, empregados por tempo de empresa e empregados em posição de chefia, por sexo*. Os gráficos a seguir – com dados aleatórios e sem relação entre si – simulam alguns dos indicadores citados e se unem aos demais indicadores vistos até aqui. O objetivo é ampliar o conhecimento sobre a força de trabalho e, a partir daí, promover ações, programas e políticas que reforcem ou mudem o quadro atual. Compreender a força de trabalho é compreender um ativo importante. São dados que permitem ou subsidiam um planejamento de longo prazo, bem como ações de curto prazo. Podem tomar como referência a Or-

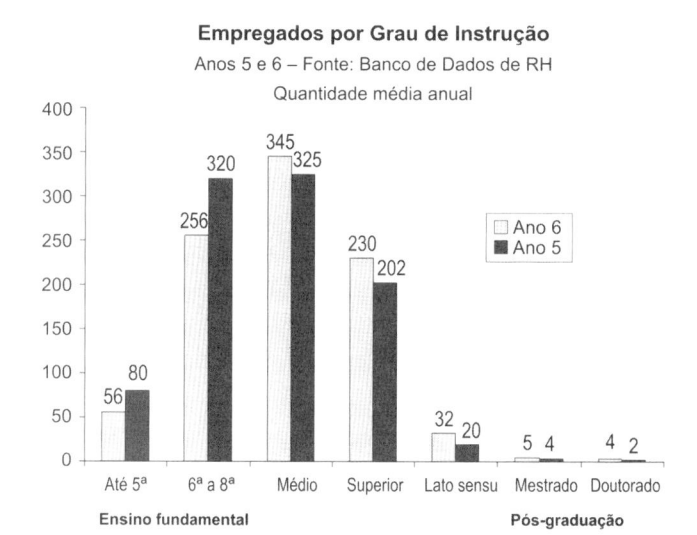

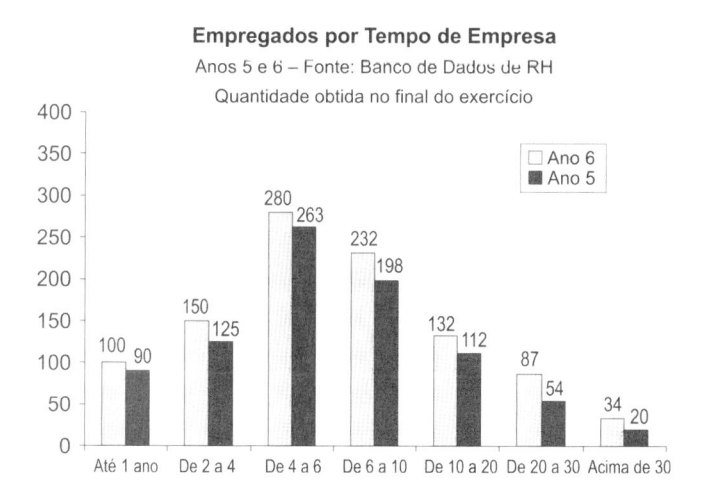

Empregados por Grau de Instrução
Anos 5 e 6 – Fonte: Banco de Dados de RH
Quantidade média anual

	Ano 6	Ano 5
Até 5ª (Ensino fundamental)	56	80
6ª a 8ª (Ensino fundamental)	256	320
Médio	345	325
Superior	230	202
Lato sensu (Pós-graduação)	32	20
Mestrado (Pós-graduação)	5	4
Doutorado (Pós-graduação)	4	2

Empregados por Tempo de Empresa
Anos 5 e 6 – Fonte: Banco de Dados de RH
Quantidade obtida no final do exercício

	Ano 6	Ano 5
Até 1 ano	100	90
De 2 a 4	150	125
De 4 a 6	280	263
De 6 a 10	232	198
De 10 a 20	132	112
De 20 a 30	87	54
Acima de 30	34	20

ganização como um todo, mas também determinados segmentos ou profissionais.

Consideração: Há diversos exemplos reportados, analisados ou experimentados sobre o uso de indicadores no campo da gestão de Recursos Humanos. Antonio Cesar Machado, que atuava como gerente de Recursos Humanos de um conjunto de fábricas, foi protagonista de um desses exemplos. Recém-nomeado gestor, Machado – como era mais conhecido – gerou dados sobre o quadro de empregados das referidas unidades tendo em vista o alto índice de acidentes reportado quando da sua inclusão na estrutura. Os números mostraram que 65% dos empregados tinham idade entre 20 e 25 anos e eram predominantemente solteiros. Para 70% dos empregados, aquela empresa representava o primeiro emprego, principalmente para os empregados envolvidos em atividades de baixa qualificação. Apenas 30% dos empregados possuíam ensino fundamental completo (da 1ª à 8ª série). O *turnover* era relativamente alto para os negócios daquela Organização – em torno de 15% ao mês, sendo que 80% dos desligamentos (saída dos empregados) estavam associados a interesses dos empregados (60% por maiores salários).

Com todos os indicadores nas mãos, foi possível adotar medidas para reduzir drasticamente o *turnover* e o *número de acidentes*. Com as medidas adotadas, outros indicadores passaram, também, a refletir melhorias, entre os quais o de produção por empregado, treinamento por empregado e desempenho médio dos empregados, além de uma expressiva redução nos custos de diversos processos.

Grupamento por Plano de Cargo

Muitos dos indicadores citados até aqui poderiam ser desdobrados por grupamento de cargos. Organizações que possuem planos formais de cargos e salários (PCS) usualmente enquadram funcionários em cargos, e cargos em planos ou grupamentos. Algumas Organizações utilizam nomenclaturas como *horistas* e *mensalistas*, *administrativos, técnicos, operacionais, executivos* e *profissionais*. Cada grupamento considera determinadas características, como trabalho predominantemente manual, produtivo, técnico, de liderança, e assim por diante. O *turnover* é um exemplo típico. Visto no total, gera um dado médio global. Analisado por plano de cargo, pode auxiliar em um melhor entendimento das causas potenciais. O custo do *turnover*, uma vez calculado, também gera diferentes dimensões se for dividido por plano de cargo.

O simples grupamento de empregados por plano de cargos (medindo a *composição do número de empregados* por plano) pode ajudar a checar se a composição do quadro de empregados espelha, em termos relativos, proporcionais, o perfil que se espera de determinada Organização, seja ela indústria, comércio, serviços etc. Outros dados podem ser gerados no sentido de subsidiar o entendimento sobre o perfil dos empregados ou do conjunto da força de trabalho.

Visão do Todo e Visão das Partes

Indicadores, métricas, medições, mensurações deixam profissionais em situação complexa quando, por exemplo, diferentes níveis de profundidade, desdobramento ou desmembramento geram visões diferenciadas. Um *turnover* global de uma Organização pode estar na ordem de 3% e ser considerado adequado ao segmento, aos negócios e interesses daquela Organização. Dentro dela, no entanto, uma determinada diretoria, área ou segmento pode estar experimentando um *turnover* de 50%, no mesmo mês em que o *turnover* global – da Organização como um todo – indicava 3%. O desafio, aos que lidam com o tema, é o de trabalhar com um nível de dados que permita um aprofundamento sempre que houver indícios ou suspeitas de que determinado indicador, a partir de um determinado filtro, pode apresentar um número distante do dado global. Isso ajuda ações pontuais neste ou naquele segmento. Os indicadores começam pela *floresta* ou pela Organização como um todo, mas se desdobram permitindo que as árvores sejam percebidas. Não é um exercício simples, mas pode ser de fundamental importância para uma melhor visão da Organização. Havendo sistemas disponíveis, alguns números – métricas, indicadores – podem tomar como referência determinadas atividades ou, ainda, profissionais considerados como de alta performance, de alto potencial ou ocupantes de funções críticas (*hot skill*). Quando determinado negócio é mais sensível internamente, destacar o referido negócio pode ser interessante. Quando a área de vendas, como um todo, representa um público cujo *turnover* precisa ser acompanhado de perto, também. Esse mapeamento prévio pode ser importante para mostrar como anda a floresta – ou o conjunto da Organização – e, isoladamente, como andam as *árvores* ou, em outras palavras, os setores-chave, as *atividades-chave* ou o capital humano a ser protegido.

2

Indicadores Financeiros

Introdução

Outro bloco de indicadores diz respeito ao investimento que empresas fazem em pessoas, tanto empregados como recursos humanos, de forma geral, com os quais Organizações mantêm determinadas relações de trabalho. Indicadores aqui classificados podem ainda ser úteis – como desafio adicional – para tentar demonstrar o retorno do investimento em pessoas, a exemplo do retorno que a empresa busca e calcula diante de outros tipos de investimento. Trata-se, como em diversos momentos salienta Jac Fitz-enz, de um dos grandes desafios da gestão de Recursos Humanos: se as pessoas são o ativo das Organizações devemos encontrar formas de medir o retorno desse ativo, bem como de conhecê-lo profundamente. Não há com negar, no entanto, que há custos, despesas ou desembolsos que não possuem relação direta com investimentos, tal como ocorre com a maior parte dos itens associados às reclamações trabalhistas.

Simulação: A Tabela 3 contém dados que irão auxiliar na discussão de alguns indicadores alocados nesta categoria.

Indicador: Salário médio por empregado

O salário médio por empregado pode auxiliar na compreensão do salário que, em média, é pago aos empregados de uma Organização, particularmente nos casos onde há indicadores de responsabilidade social a serem observados. Neste caso, Organizações acompanham a

Tabela 3
Tabela Complementar da Empresa ALFA

Mês	Empregados	Remuneração (R$)		Número Não Empregados	Força de Trabalho Total	Custo Global com RH (R$)	Receita Bruta (R$)	Despesas Totais (R$)	Lucro Líquido (R$)
		Total dos Salários	Folha de Pagamento						
Janeiro	1.430	2.574.000	5.019.300	570	2.000	6.776.055	27.606.150	19.324.305	6.349.415
Fevereiro	1.432	2.620.560	5.110.092	570	2.002	6.898.624	28.105.506	19.111.744	6.548.583
Março	1.450	2.668.000	5.202.600	900	2.350	7.023.510	28.614.300	18.599.295	6.867.432
Abril	1.650	3.044.250	5.936.288	450	2.100	8.013.988	32.649.581	20.895.732	6.334.019
Maio	1.670	3.106.200	6.057.090	480	2.150	8.177.072	33.313.995	20.987.817	6.662.799
Junho	1.500	2.803.500	5.466.825	590	2.090	7.380.214	30.067.538	22.550.653	6.614.858
Julho	1.499	2.845.102	5.547.949	701	2.200	7.489.731	30.513.719	22.275.015	7.933.567
Agosto	1.499	2.849.599	5.556.718	469	1.968	7.501.569	30.561.949	19.559.648	6.112.390
Setembro	1.498	2.846.200	5.550.090	471	1.969	7.492.622	30.525.495	18.925.807	5.778.476
Outubro	1.520	2.886.480	5.628.636	480	2.000	7.598.659	30.957.498	21.051.099	6.501.075
Novembro	1.521	2.885.337	5.626.407	480	2.001	7.595.650	30.945.239	20.114.406	7.426.857
Dezembro	1.600	3.224.000	6.286.800	500	2.100	8.487.180	34.577.400	25.933.050	5.532.384

dispersão dos salários, a frequência de empregados por múltiplos do salário mínimo, o menor salário pago, o salário médio, a distância (ou relação) entre o maior e o menor (disparidade), a proporção da remuneração variável sobre o total dos salários, os níveis pagos a homens e mulheres, entre outros indicadores similares.

Fórmula: No caso específico do salário médio por empregado, a fórmula básica envolve a divisão dos salários-base pelo número de empregados. Para o mês de janeiro – considerando-se os dados da tabela anterior –, teremos que dividir R$ 2.574.000 pelos 1.430 empregados.

$$\text{Salário Médio} = \left(\frac{\text{Somatório dos salários}}{\text{Número de Empregados}} \right)$$

Demonstração: Podemos utilizar o gráfico de colunas para demonstrar os salários médios, mês a mês, bem como a eventual variação do salário ao longo do ano. No caso da empresa ALFA, temos:

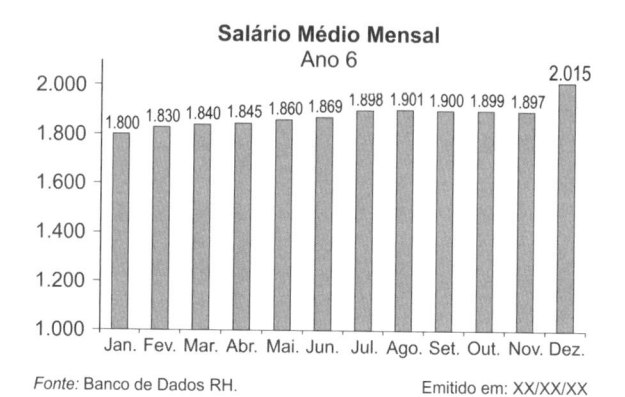

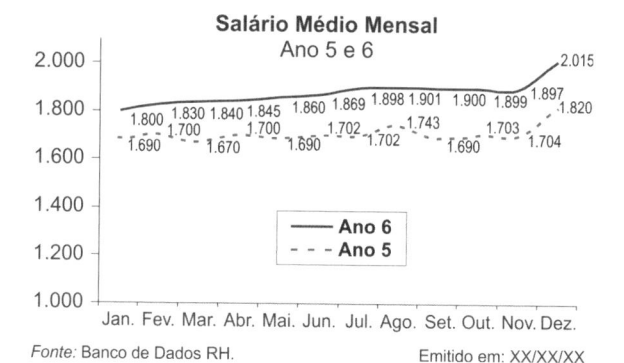

Salário Médio Mensal Ano 6

Jan. 1.800, Fev. 1.830, Mar. 1.840, Abr. 1.845, Mai. 1.860, Jun. 1.869, Jul. 1.898, Ago. 1.901, Set. 1.900, Out. 1.899, Nov. 1.897, Dez. 2.015

Fonte: Banco de Dados RH.   Emitido em: XX/XX/XX

Salário Médio Mensal Ano 5 e 6

Ano 6: 1.800, 1.830, 1.840, 1.845, 1.860, 1.869, 1.898, 1.901, 1.900, 1.899, 1.897, 2.015
Ano 5: 1.690, 1.700, 1.670, 1.700, 1.690, 1.702, 1.702, 1.743, 1.690, 1.703, 1.704, 1.820

Fonte: Banco de Dados RH.   Emitido em: XX/XX/XX

Indicador: Remuneração média por empregado

A remuneração média por empregado pode auxiliar na compreensão do investimento global em termos de remuneração direta (com salário, adicionais e remuneração variável), indireta (com assistência médica, odontológica, alimentação, transporte e outros) e encargos por empregado, particularmente também nos casos onde há indicadores de responsabilidade social a serem observados, ou mesmo em função da necessidade de se manter equilíbrio ou certa relatividade entre unidades de negócios, filiais, fábricas, ou posições de linha ou de *staff* em diferentes pontos da Organização.

Fórmula: A fórmula básica envolve a divisão do somatório do total da folha de pagamento (com os custos adicionais embutidos) pelo número de empregados. Relativamente ao mês de janeiro, teremos que dividir R$ 5.019.300 por 1.430 empregados, o que perfaz um total de R$ 3.510 por empregado.

$$\text{Remuneração Média} = \left(\frac{\text{Somatório da Folha de Pagamento}}{\text{Número de Empregados}} \right)$$

Demonstração: Podemos utilizar o gráfico de colunas para demonstrar a remuneração mês a mês, bem como a eventual variação da remuneração ao longo do ano. Podemos, ainda, inserir o salário médio juntamente com a remuneração média.

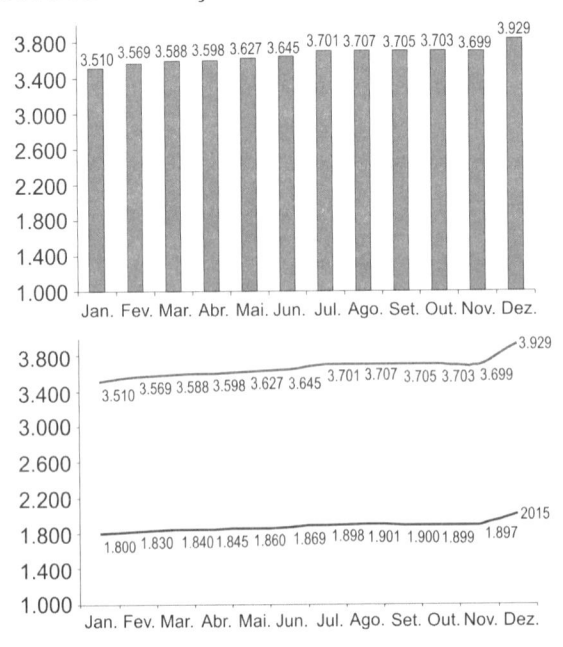

Indicador: Custo médio por RH

O custo médio por RH pode considerar o somatório dos gastos associados a empregados e não empregados, envolvendo salários, benefícios, encargos, previdência, pagamentos a terceiros, estagiários e afins. Outros gastos associados às pessoas poderão ser também inseridos, de modo a que se retrate o somatório dos gastos envolvendo pessoas, no sentido amplo do termo. É importante reforçar a ideia de que o custo não envolve somente a folha de pagamento, mas o total dos recursos envolvendo colaboradores, empregados ou não.

Fórmula: A fórmula básica envolve a divisão dos custos com RH (conforme explorado anteriormente) pela *força total de trabalho*, considerando-se empregados e não empregados, quando tais dados estiverem disponíveis. Relativamente ao mês de janeiro, teremos que dividir o valor de R$ 6.776.055 por 2.000 colaboradores, incluindo-se empregados e não empregados, o que perfez um total de R$ 3.388 por empregado.

$$\text{Custo por RH} = \left(\frac{\text{Somatório dos gastos com RH}}{\text{Número de colaboradores}} \right)$$

Demonstração: Podemos utilizar o gráfico de colunas ou de barras horizontais para demonstrar o custo por RH mês a mês, bem como a eventual variação ao longo do ano.

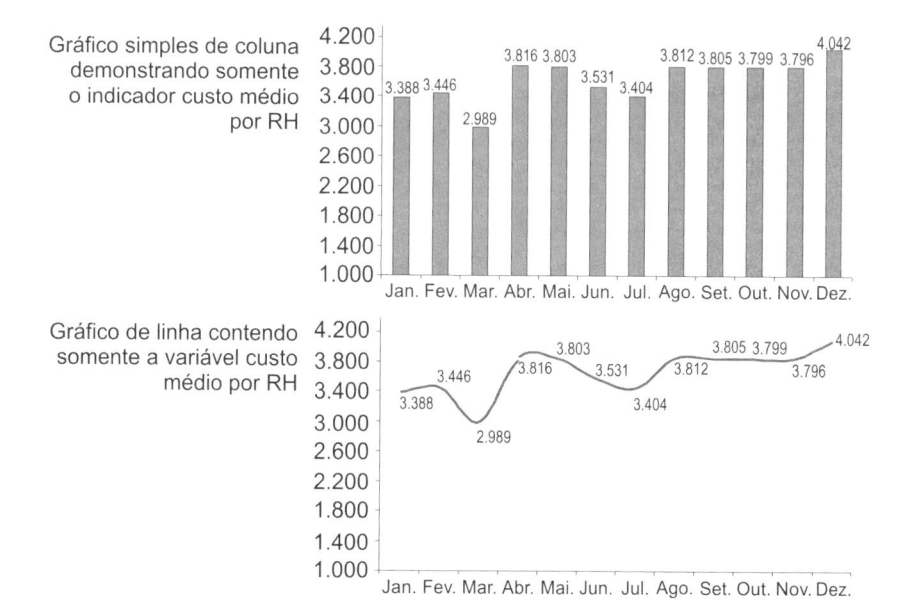

Gráfico simples de coluna demonstrando somente o indicador custo médio por RH

Mês	Valor
Jan.	3.388
Fev.	3.446
Mar.	2.989
Abr.	3.816
Mai.	3.803
Jun.	3.531
Jul.	3.404
Ago.	3.812
Set.	3.805
Out.	3.799
Nov.	3.796
Dez.	4.042

Gráfico de linha contendo somente a variável custo médio por RH

Mês	Valor
Jan.	3.388
Fev.	3.446
Mar.	2.989
Abr.	3.816
Mai.	3.803
Jun.	3.531
Jul.	3.404
Ago.	3.812
Set.	3.805
Out.	3.799
Nov.	3.796
Dez.	4.042

Indicador: Retorno médio por empregado

Este indicador é chamado por Jac Fitz-enz como HCROI (*Human Capital Return on Investment*), uma vez que tem como objetivo estimar a contribuição dos empregados e/ou da força de trabalho, como um todo, na geração do retorno para os acionistas. Trata-se, na realidade, de um cálculo que busca estimar a capacidade de a receita de uma Organização (faturamento bruto) cobrir as despesas globais, excluindo-se as despesas diretas com empregados (salários, encargos, benefícios e afins). Por certo, não é uma equação conclusiva, embora seja um passo importante na busca da mensuração do retorno do investimento na relação de emprego, objeto deste indicador.

Fórmula: A fórmula básica proposta por Fitz-enz foca em um primeiro momento o *retorno por empregado* a partir da divisão da *receita bruta*, expurgadas as despesas com empregados, pelas próprias despesas com os empregados.

Usando o mês de janeiro como exemplo, o indicador *retorno por empregado* salienta que houve um retorno de R$ 2,65 para cada R$ 1,00 investido nos empregados.

$$\text{Retorno por Empregado} = \frac{\text{Receita Bruta} - (\text{Despesas Totais} - \text{Despesas com Empregados})}{\text{Despesas com Empregados}}$$

$$\text{Retorno por Empregado (Jan.)} = \frac{(27.606.150) - (19.324.305 - 5.019.300)}{5.019.300}$$

$$\text{Retorno por Empregado (Jan.)} = \frac{(27.606.150) - (14.305.005)}{5.019.300}$$

$$\text{Retorno por Empregado (Jan.)} = \frac{(13.301.145)}{5.019.300} = 2,65$$

Demonstração: O gráfico de linha, de barras ou de colunas pode ajudar a evidenciar a evolução do retorno por empregado ao longo do ano.

Retorno do Investimento por Empregado
Relação entre Receita Bruta e Despesas com Empregados
(Salários + RV + Encargos + Benefícios + Outros)
Ano 6

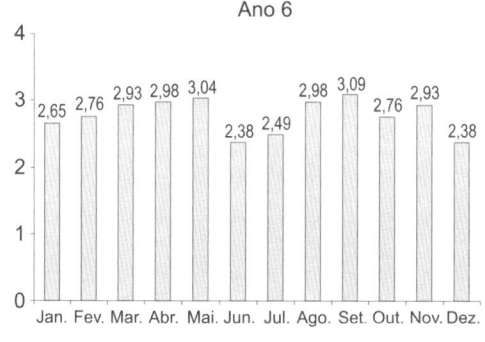

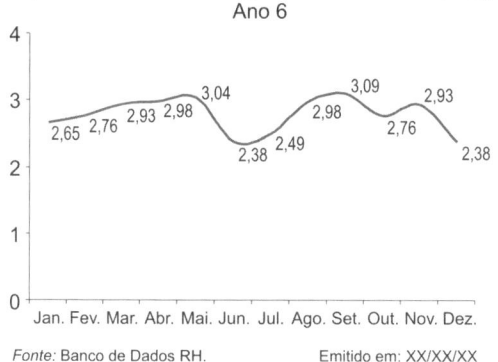

Mês	Valor
Jan.	2,65
Fev.	2,76
Mar.	2,93
Abr.	2,98
Mai.	3,04
Jun.	2,38
Jul.	2,49
Ago.	2,98
Set.	3,09
Out.	2,76
Nov.	2,93
Dez.	2,38

Fonte: Banco de Dados RH.   Emitido em: XX/XX/XX

Retorno do Investimento por Empregado
Relação entre Receita Bruta e Despesas com Empregados
(Salários + RV + Encargos + Benefícios + Outros)
Ano 6

Mês	Valor
Jan.	2,65
Fev.	2,76
Mar.	2,93
Abr.	2,98
Mai.	3,04
Jun.	2,38
Jul.	2,49
Ago.	2,98
Set.	3,09
Out.	2,76
Nov.	2,93
Dez.	2,38

Fonte: Banco de Dados RH.   Emitido em: XX/XX/XX

Podemos ampliar o ponto de visão sobre o retorno do empregado trabalhando com a média anual, fato que pode ampliar também a quantidade de informação sobre o tema, como pode ser visto na figura a seguir.

Retorno do Investimento por Empregado (em R$)

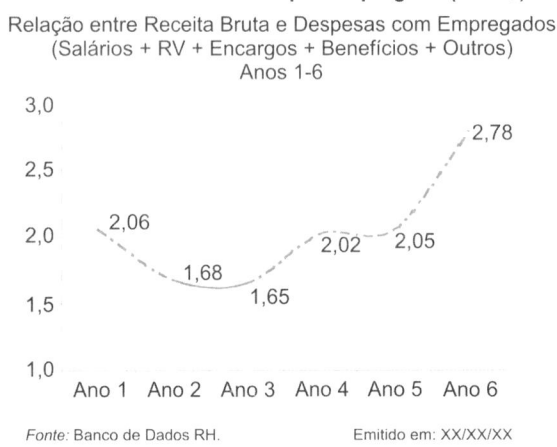

Relação entre Receita Bruta e Despesas com Empregados
(Salários + RV + Encargos + Benefícios + Outros)
Anos 1-6

- Ano 1: 2,06
- Ano 2: 1,68
- Ano 3: 1,65
- Ano 4: 2,02
- Ano 5: 2,05
- Ano 6: 2,78

Fonte: Banco de Dados RH. Emitido em: XX/XX/XX

Como já vimos em outras oportunidades, uma tabela simples também pode ser utilizada para demonstrar a variação percentual ano a ano.

	R$	Var %	
Ano 6	2,78	35,6%	→ Variação percentual
Ano 5	2,05	1,5%	
Ano 4	2,02	22,4%	
Ano 3	1,65	– 1,8%	
Ano 2	1,68	– 18,4%	
Ano 1	2,06		→ Retorno do investimento médio anual

$$\text{Variação percentual} = \left\{ \left(\frac{\text{Retorno do ano mais recente}}{\text{Retorno do ano anterior}} \right) - 1 \right\} \times 100$$

Indicador: Retorno por RH

Na medida em que os resultados de uma Organização – no nosso caso, a empresa ALFA – são gerados pelo esforço coordenado de empregados e não empregados, o indicador pode ser revisto, conforme sugere Jac Fitz-enz, de modo a enxergar o retorno do investimento na força de trabalho no sentido mais amplo.

Fórmula: A fórmula, neste caso, sofre uma única alteração: Sai a variável "despesas com empregados" e entra a variável custos ou despesas com RH. Usando mais uma vez o mês de janeiro como exemplo, o indicador *retorno por RH* registra que houve um retorno, não mais de R$ 2,65 para cada R$ 1,00 de investimento nos empregados, mas sim de R$ 2,22 para cada R$ 1,00 de investimento nos Recursos Humanos, sejam eles empregados ou não da Organização (terceirizados, por exemplo).

$$\text{Retorno por RH} = \frac{\text{Receita Bruta} - (\text{Despesas Totais} - \text{Despesas com RH})}{\text{Despesas com RH}}$$

$$\text{Retorno por RH (Jan.)} = \frac{(27.606.150) - (19.324.305 - 6.776.055)}{6.776.055}$$

$$\text{Retorno por RH (Jan.)} = \frac{(27.606.150) - (12.548.250)}{6.776.055}$$

$$\text{Retorno por RH (Jan.)} = \frac{(15.057.900)}{6.776.055} = 2,22$$

Demonstração: Podemos, neste caso, mesclar os dois indicadores, de modo a que possamos analisar o retorno por empregado (aquele com vínculo de emprego) e por RH (quando considera não somente empregados, mas também terceiros, estagiários, entre outros)[1].

---

[1] É importante frisar que, embora os dados sejam hipotéticos, obedecem a uma determinada lógica numérica para que, no contexto global, tenham algum significado para o leitor. As oscilações uniformes do gráfico da página seguinte, no entanto, dificilmente ocorreriam no *mundo real*. Outro ponto importante diz respeito à necessidade de fonte das informações, título do gráfico, subtítulo, período analisado, entre outros dados necessários ao melhor entendimento dos que estiverem buscando informações nos dados disponibilizados graficamente.

Retorno do Investimento (em R$)
Relação entre Receita Bruta e Despesas com
Empregados e Força Total de Trabalho
(Salários + RV + Encargos + Benefícios + Outros)
Anos 1-6

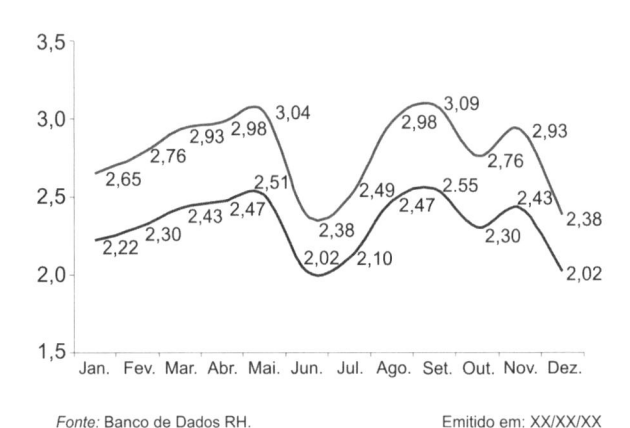

Fonte: Banco de Dados RH. Emitido em: XX/XX/XX

Indicador: Receita média por empregado, por RH ou por empregado ajustado

O indicador *receita por empregado,* embora com as limitações normais quando o tema é faturamento e não lucro, pode auxiliar a Organização na compreensão da parcela de contribuição dos empregados na obtenção da receita necessária à remuneração do capital dos acionistas, podendo ainda ser desdobrado em receita por RH – quando considera empregados, terceiros, estagiários e outros – ou em receita por empregado ajustado à jornada de oito horas/dia.

Fórmula: As fórmulas são variações entre si, dividindo-se a receita bruta (ou receita bruta operacional) por um dos três denominadores. Utilizando-se os dados disponíveis sobre receita bruta, *número de empregados, força total de trabalho* e *número ajustado de empregados ao horário integral* temos em janeiro, por exemplo, valores *per capita* que variam entre R$ 13.803, considerando-se cada elemento da força de trabalho da Organização, empregados e não empregados, e R$ 23.400, considerando-se o número ajustado de empregados à jornada de oito horas.

Indicadores Financeiros

$$\text{Receita por Empregado} = \left(\frac{\text{Receita Bruta}}{\text{Número de Empregados}}\right) \Rightarrow \text{Considera somente empregados}$$

$$\text{Receita por RH} = \left(\frac{\text{Receita Bruta}}{\text{Número da Força de Trabalho}}\right) \Rightarrow \text{Considera empregados e não empregados}$$

$$\text{Receita por Empregados ajustados à jornada integral} = \left(\frac{\text{Receita Bruta}}{\text{Número ajustado de empregados}}\right) \Rightarrow \text{Considera o número de empregados ajustados para uma jornada integral de 8 horas/dia.}$$

Demonstração: Os dados podem ser demonstrados em uma tabela simples ou através de um gráfico de barras. Fazendo cálculos individualizados, percebe-se algumas pequenas variações para os dados a seguir, provenientes do fato de os cálculos serem cumulativos e oriundos de outras tabelas e de outros cálculos.

Receita Bruta por Empregado, por RH e por Empregado Ajustado à Jornada Integral

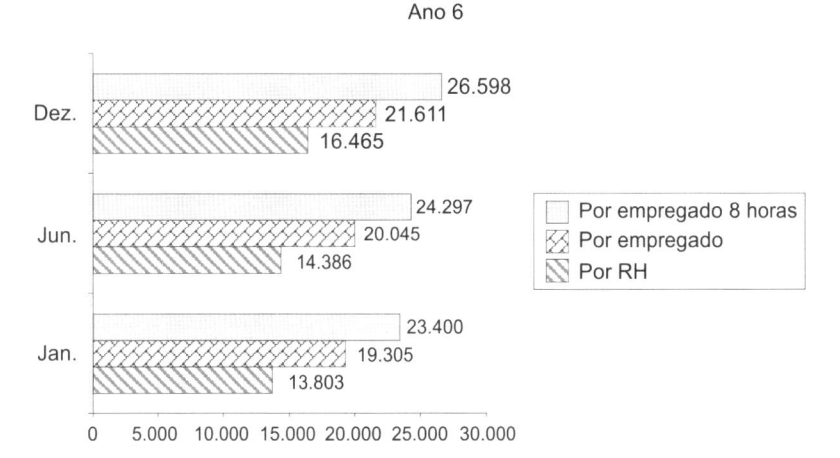

Ano 6

	Por empregado 8 horas	Por empregado	Por RH
Dez.	26.598	21.611	16.465
Jun.	24.297	20.045	14.386
Jan.	23.400	19.305	13.803

Mês	Receita Bruta		
	Empregado	Empregado Ajustado à Jornada	RH
(A)			
Janeiro	19.305	23.400	13.803
Fevereiro	19.627	23.790	14.039
Março	19.734	23.920	12.176
Abril	19.788	23.985	15.547
Maio	19.949	24.180	15.495
Junho	20.045	24.297	14.386
Julho	20.356	24.674	13.870
Agosto	20.388	24.713	15.529
Setembro	20.378	24.700	15.503
Outubro	20.367	24.687	15.479
Novembro	20.345	24.661	15.465
Dezembro	21.611	26.598	16.465

Podemos ainda acompanhar tais indicadores ao longo de um período maior, na visão anual, podendo tal acompanhamento confrontar os três indicadores ou, por exemplo, a receita por RH e pelo número ajustado de empregados.

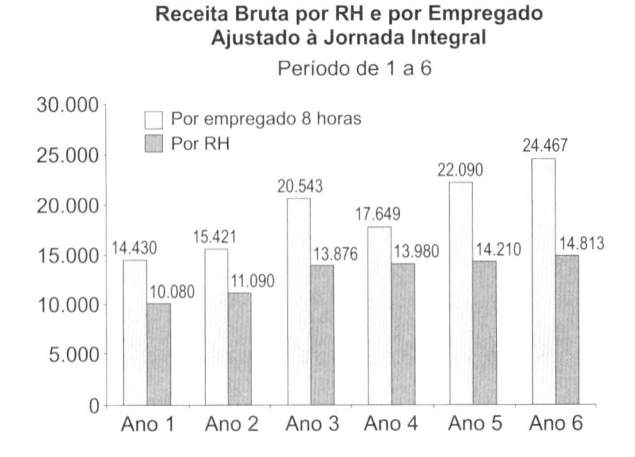

Receita Bruta por RH e por Empregado Ajustado à Jornada Integral

Período de 1 a 6

	Por empregado 8 horas	Por RH
Ano 1	14.430	10.080
Ano 2	15.421	11.090
Ano 3	20.543	13.876
Ano 4	17.649	13.980
Ano 5	22.090	14.210
Ano 6	24.467	14.813

Indicador: Lucro líquido por empregado, por RH ou por empregado ajustado

O indicador *lucro líquido* pode também ser desdobrado por empregado, por RH ou pelo número de empregados ajustados ao horário integral. Pode, neste sentido, também auxiliar a Organização a compreender a parcela de contribuição de sua força de trabalho na obtenção do lucro necessário à remuneração do capital dos acionistas, embora, na equação do lucro, já esteja sendo deduzida a parcela da despesa com pessoal.

O lucro líquido por empregado – ou calculado em outras bases – é um indicador presente em diversos estudos. Pesquisa conduzida pela Delloite Touche e analisada pelo *Valor Econômico*[2] concluiu que o lucro líquido médio por empregado aumentou 8,63% entre determinado período em certo conjunto de empresas. Embora este livro não tenha como propósito divulgar, analisar ou discutir dados de mercado, mas sim indicadores, medições, considerei oportuno destacar essa matéria como forma de mostrar que quotidianamente estamos nos deparando cada vez mais com indicadores que auxiliam na gestão de Recursos Humanos.

Fórmula: As fórmulas também são variações entre si, dividindo-se o lucro operacional líquido por um dos três denominadores. Utilizando-se os dados disponíveis sobre *lucro líquido, número de empregados, força total de trabalho* e *número ajustado de empregados ao horário integral* temos, em janeiro, por exemplo, valores *per capita* que variam entre R$ 3.175, considerando-se cada elemento da força de trabalho da Organização, empregados e não empregados, e R$ 5.382, considerando-se o número ajustado de empregados à jornada de oito horas.

$$\text{Lucro por Empregado} = \left(\frac{\text{Lucro Operacional}}{\text{Número de Empregados}} \right) \Rightarrow \text{Considera somente empregados}$$

$$\text{Lucro por RH} = \left(\frac{\text{Lucro Operacional}}{\text{Número da Força de Trabalho}} \right) \Rightarrow \text{Considera empregados e não empregados}$$

---

[2] Newsletter Valor Econômico. Ano 2. Número 438, 01/12/03. A pesquisa envolveu 81 empresas, de 11 estados brasileiros, que empregam 500 mil empregados. Os dados compararam resultados dos anos de 2002 e 2003.

$$\text{Lucro por Empregado ajustado à jornada integral} = \left(\frac{\text{Lucro Operacional}}{\text{Número ajustado de empregados}} \right) \Rightarrow \text{Considera o número de empregados ajustado para uma jornada integral de 8 horas/dia.}$$

Demonstração: Os dados podem ser demonstrados também em uma tabela simples ou em gráficos de barras, colunas ou linha.

	Lucro Líquido Operacional	
Empregado	Empregado Ajustado à Jornada	RH
4.440	5.382	3.175
4.573	5.543	3.271
4.736	5.741	2.922
3.839	4.653	3.016
3.990	4.836	3.099
4.410	5.345	3.165
5.293	6.415	3.606
4.078	4.943	3.106
3.857	4.676	2.935
4.277	5.184	3.251
4.883	5.919	3.712
3.458	4.256	2.634

Lucro Líquido Operacional por Empregado Ajustado à Jornada Integral

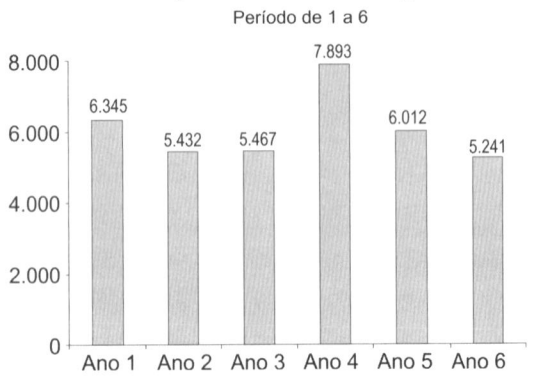

Período de 1 a 6

- Ano 1: 6.345
- Ano 2: 5.432
- Ano 3: 5.467
- Ano 4: 7.893
- Ano 5: 6.012
- Ano 6: 5.241

Indicador: Custo de Alimentação por Empregado

Há mais de quinze anos eu conversava com um executivo de RH sobre métricas usadas no campo da gestão dos programas de remuneração, quando este me questionou sobre os aumentos espontâneos individuais concedidos pela empresa. Disse-lhe, na ocasião, que não seria necessário promover esse tipo de acompanhamento – aumentos salariais espontâneos – uma vez que os valores eram muito pequenos quando comparados com o valor total dos salários e, menores ainda, quando comparados com o total da folha de pagamento. Diante desse meu "argumento", o executivo pediu para que eu, apenas por curiosidade, calculasse o investimento de janeiro daquele ano. Foi então que percebi que 0,1% daqui, mais 0,3% de lá, somados a 1,0% de acolá chegavam a um percentual expressivo quando acumulados os doze meses. A simulação mostrou que R$ 1 de aumento salarial espontâneo em janeiro, por exemplo, gerava um desembolso de R$ 12 ao longo do ano (R$ 1 × 12 meses), mais os encargos incidentes sobre o referido valor. Apenas R$ 10 de aumento salarial em fevereiro seriam suficientes para gerar um desembolso de R$ 110 durante o ano (R$ 10 × 11 meses). A conclusão indicava que, além do crescimento médio dos salários, acumulando-se os percentuais havia um desembolso importante ao longo do ano em relação aos aumentos concedidos entre janeiro e dezembro. Incorporamos, a partir daí, mais dois indicadores relacionados à gestão dos programas de remuneração:

1) o crescimento médio dos salários – aspectos espontâneos e legais;
2) desembolso em função de aumentos individuais.

Até então monitorávamos o crescimento nominal dos salários e da folha de pagamento mensalmente. Esse monitoramento, no entanto, criava pontos cegos gerados pelo impacto das admissões, demissões, afastamentos etc. Negligenciamos, por vezes, pequenas variações em função de uma visão estreita do tema, sem considerações sobre os desdobramentos, tal como ocorreu comigo há quinze anos, em meio a uma multidão de outros indicadores usados por nossa equipe.

"A participação dos trabalhadores...
requer um sistema de indicadores."
Idalberto Chiavenato

Esse tema me veio à mente recentemente quando eu conversava com algumas pessoas sobre investimentos em benefícios, mais particularmente em relação à *ajuda-alimentação* adotada por uma determinada Organização de 350 empregados. As pessoas, na ocasião, entendiam que o aumento de R$ 1 no valor facial do referido auxílio "não representaria nada" para aquela empresa. Lembrando-me da situação que vivi há quinze anos, fiz uma conta simples: R$ 1 × 22 dias úteis × 12 ou 11 meses no ano × 350 empregados = R$ 92.400. Como havia uma taxa de administração, na ocasião, o valor subia para R$ 95.000. Não se discutia se o valor deveria ou não ser reajustado em R$ 1, nem mesmo se o valor/ano era ou não compatível com as receitas da Organização. As pessoas que conversavam comigo sobre o tema ficaram surpresas com o impacto proveniente de um ajuste de apenas R$ 1 de aumento naquele benefício.

Quem lida com orçamentos, sejam eles na esfera privada, individual, seja no mundo Organizacional, por certo compreende bem a ideia de que valores – ou desembolsos – não devem ser negligenciados, principalmente quando estamos diante de um dinheiro que não nos pertence. Os benefícios, de forma geral, e os relacionados à alimentação ou refeição, em particular, deixam algumas "pegadinhas" que precisam ser observadas, mesmo quando o incremento individual é relativamente baixo, tal como ocorre com os benefícios associados à refeição.

A divisão dos gastos com refeição – por empregado beneficiário – auxilia na compreensão do custo com refeição ou alimentação por empregado. Neste sentido devem ser apurados os gastos com as mais variadas formas de concessão, seja refeitório, restaurante, vales ou cesta básica, bem como o número de empregados que, ao longo do mês, do semestre ou do ano – usualmente considera-se a *média/mês* durante um determinado ano – tenham sido beneficiários das concessões realizadas pela empresa. Segue exemplo com dados hipotéticos.

$$\frac{\text{Custo Médio}}{\text{por Empregado}} = \frac{\text{Custo Total Refeição Mês}}{\text{Número Beneficiários no Mês}}$$

$$\frac{\text{Custo Médio}}{\text{por Empregado}} = \frac{10.000}{100} = 100$$

O referido indicador pode ser calculado expurgando-se a contribuição financeira dos empregados, conforme a modalidade de concessão.

$$\frac{\text{Custo Médio}}{\text{por Empregado}} = \frac{\text{Custo Total Refeição Mês} - \text{Contribuição do Empregado}}{\text{Número Beneficiados no Mês}}$$

$$\frac{\text{Custo Médio}}{\text{por Empregado}} = \frac{10.000 - 2.000}{100} = \frac{8.000}{100} = 80$$

O custo médio mensal por empregado pode ser plotado em um gráfico de linha ou de colunas, podendo ainda ser comparado com o custo médio observado por outras Organizações ou mesmo definido como meta ou limite pela própria empresa. Dentro dos temas ligados à gestão dos benefícios, outros indicadores podem ser gerados, como, por exemplo, custo e número de beneficiários-usuários do auxílio-farmácia, *check-up* anual, complemento do auxílio doença e empréstimos.

Indicador: Custo com Saúde por Empregado

A divisão dos valores gastos com os programas de saúde por empregado beneficiário permite compreender o custo médio com saúde por empregado. Neste sentido, deve-se também apurar os gastos com as mais variadas formas de concessão do benefício (seguro saúde, operadoras de planos de saúde, convênio direto com clínicas e hospitais, ambulatórios internos etc.), bem como o número de empregados que, ao longo do mês, do semestre ou do ano (usualmente também considera-se a média/mês durante um determinado ano) tenham sido beneficiários das concessões realizadas pela empresa.

$$\frac{\text{Custo Médio}}{\text{por Empregado}} = \frac{\text{Custo Total Saúde Mês}}{\text{Número Beneficiados no Mês}}$$

$$\frac{\text{Custo Médio}}{\text{por Empregado}} = \frac{40.000}{100} = 400$$

O referido indicador também pode ser calculado expurgando-se a contribuição dos empregados.

$$\text{Custo Médio por Empregado} = \frac{\text{Custo Total Saúde Mês} - \text{Contribuição do Empregado}}{\text{Número Beneficiados no Mês}}$$

$$\text{Custo Médio por Empregado} = \frac{40.000 - 8.000}{100} = \frac{32.000}{100} = 320$$

O *custo médio mensal por empregado* pode ser plotado em um gráfico de linha ou de colunas, podendo ainda ser comparado com o custo médio observado por outras Organizações, principalmente do mesmo segmento de mercado e/ou porte. No gráfico, podemos ainda inserir o valor médio definido como ideal pela Organização, em que pese o fato de tal benefício pressionar progressivamente a estrutura de custos das Organizações nas quais estão inseridos. A tecnologia vinculada ao diagnóstico e às intervenções faz os custos crescerem em níveis maiores do que o crescimento dos salários ou mesmo do faturamento das empresas.

Indicador: Custo com Saúde por Usuário

Dividindo-se os custos anteriores pelo número total de beneficiários, podemos obter o custo médio de saúde por beneficiário. Pesquisas[3] mostram que, dependendo do desenho do plano de saúde, é possível encontrarmos diferentes beneficiários, conforme demonstrado a seguir. Embora o gráfico contenha algumas empresas que não participaram dos dois períodos analisados, observa-se o crescimento da inclusão de companheiros do mesmo sexo como beneficiários dos planos de saúde. Em 2002, não havia qualquer indicação sobre o tema. Em 2009, por outro lado, há registro de que 30% das empresas admitiram tal inclusão.

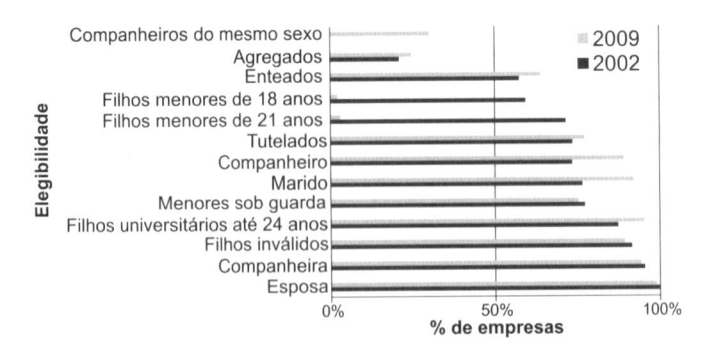

---

[3] 21ª e 27ª Pesquisas sobre Planos de Benefícios no Brasil, conduzidas em 2002 e em 2009 pela Towers Perrin. Os dados estão disponíveis no site da referida consultoria, agora denominada Towers Watson.

Empresas que utilizam várias modalidades podem – ou devem – apurar diversos indicadores, um para cada uma das modalidades utilizadas internamente, sejam administradoras de planos, autogestão, cooperativa médica ou seguradora deve-se dar ênfase, é claro, ao modelo que absorve o maior número de usuários, uma vez que este pode gerar maior impacto no orçamento interno, bem como na participação dos empregados beneficiários, caso a empresa opte por sistema compartilhado de financiamento deste ou daquele benefício.

$$\frac{\text{Custo Médio}}{\text{por Usuário}} = \frac{\text{Custo Total Saúde Mês}}{\text{Número Usuários Mês}}$$

$$\frac{\text{Custo Médio}}{\text{por Usuário}} = \frac{40.000}{300} = 133$$

Da mesma forma como fizemos anteriormente, podemos expurgar do cálculo anterior os valores pagos (normalmente chamados de contribuição) pelos empregados.

$$\frac{\text{Custo Médio}}{\text{por Usuário}} = \frac{\text{Custo Total Saúde Mês} - \text{Contribuição do Empregado}}{\text{Número Usuários no Mês}}$$

$$\frac{\text{Custo Médio}}{\text{por Usuário}} = \frac{40.000 - 8.000}{300} = \frac{32.000}{300} = 107$$

Indicador: Participação das despesas de treinamento no lucro

Auxilia na compreensão da proporção do valor destinado ao treinamento dos empregados em relação ao lucro operacional obtido pela empresa no ano anterior. Alguns artigos especulam que Organizações de melhor desempenho destinam algo entre 2,0% e 3,0% do lucro para investimento em programas de capacitação e atualização permanente da força de trabalho em questões técnicas, desenvolvimento de lideranças ou em temas de cunho comportamental. Acreditam que tal investimento funciona como um combustível importante no permanente aquecimento da Organização.

$$\% \text{ Treinamento sobre o lucro} = \left(\frac{\text{Gasto com T\&D}}{\text{Lucro Obtido}} \right) \times 100$$

Indicador: Retorno do investimento em treinamento

Um indicador que pode ser testado – conforme sugere Jac Fitz-enz – é o que estabelece uma relação entre o investimento em treinamento e desenvolvimento e o lucro líquido de uma Empresa. Embora estejamos lançando este indicador entre os indicadores financeiros, bem que poderia estar entre os indicadores operacionais, tendo em vista o processo de T&D permear a Organização como um todo e, muitas das vezes, sequer envolver o referido segmento. Está aqui registrado por se tratar apenas de um ensaio, uma vez que há consenso de que o investimento em qualificação amplia as capacidades da Organização a partir da ampliação da capacidade dos empregados, embora não exista uma correlação objetiva que se possa estabelecer entre essas duas variáveis, isoladamente.

Fórmula: De qualquer forma, essa é uma relação que precisa ser aprimorada, de modo a que mais indicadores auxiliem na medição do retorno do investimento em Recursos Humanos.

$$\text{Retorno por T\&D} = \frac{\text{Receita Bruta} - \left(\text{Despesas Totais} - \text{Despesas com T\&D}\right)}{\text{Despesas com T\&D}}$$

Uma maior profundidade no tema *retorno do investimento em T&D* pode demandar uma leitura da norma ISO 10 015. Segundo Raymond Saner, professor da Universidade de Basle, na Suíça, observar a norma ISO 10 015 é condição essencial para otimização do potencial dos treinamentos realizados pela Organização.

Não há dúvidas de que investimentos em qualificação geram retorno ou, pelo menos, permitem a aplicação mais racional do fator humano. Um supervisor de treinamento de uma empresa aérea reportou-me um caso que ajuda na compreensão do tema. Entre os indicadores críticos de sucesso da atividade da referida empresa estava o *índice de perda ou extravio de bagagens*. Tratava-se de uma relação simples entre bagagens perdidas ou extraviadas em relação ao volume transportado de bagagens. Um treinamento específico era aplicado quando o referido índice atingia certo patamar além daquele indicado internamente como "aceitável". O índice de perda ou de extravio era também expresso em custo com indenizações e compensações. Com a adoção dos treinamentos, segundo o referido profissional, havia imediata redução do índice de perda ou de extravio, o que gerava expressiva redução dos custos associados. Nesse caso particular, é possível medir o retorno gerado por uma intervenção, o que nem sempre é possível em ambientes em que dezenas ou centenas de treinamentos estão sendo desenvolvidos, tanto nas questões técnicas como nas questões que envolvem aspectos comportamentais ou de liderança. Na maioria das vezes, a medição é extremamente complexa e cara, o que inviabiliza o processo pontual, caso a caso.

Indicador: Custo de T&D por empregado

Outro indicador comum diz respeito ao investimento realizado pela empresa em termos de treinamento e desenvolvimento. Trata-se de um outro típico indicador de esforço – ou de aplicação de recursos – na medida em que mede o investimento, mas não o retorno do investimento em ações de T&D.

Fórmula: A equação básica envolve a divisão do investimento (ou despesas, custo) realizado pela empresa (normalmente na visão anual) pelo número de empregados. Quando o custo é anual, devemos utilizar, como denominador, o número médio de empregados no ano.

$$\text{Custo de T\&D por empregado} = \left(\frac{\text{Custo total de T\&D}}{\text{N}^{\underline{o}} \text{ de empregados}} \right)$$

Considerações:

1) *T&D como parcela do lucro:* Diversas Organizações alocam uma fatia do lucro para investimento em treinamento & desenvolvimento. Tal alocação pode dar origem ao indicador "% do lucro em ações de T&D".

2) *Despesa ou investimento com T&D:* Despesas ou investimentos com T&D, a exemplo do que ocorre com diversos outros itens ligados à gestão de Recursos Humanos, são, de certo modo, *icebergs*. Normalmente são apropriados como despesas ou investimento em T&D apenas os custos com a entidade de ensino ou com o palestrante ou instrutor. Abaixo do nível da água, no entanto, há uma série de outras rubricas, tais como transporte com pessoal, hotel, hospedagem, traslado e até mesmo as horas de trabalho dos profissionais deslocados para ações de treinamento.

Indicador: Valor orçado/previsto *versus* realizado

Embora não sejam indicadores, comparações entre o previsto – gasto, tempo, receita e despesas – e o realizado, nos mesmos parâmetros ou medidas, auxiliam na compreensão do nível de alcance ou superação de determinados níveis de gastos, despesas, custos, receitas e investimentos no campo da gestão de RH, em seus mais variados subsistemas e rubricas. Tais cálculos permitem dar visibilidade, por exemplo, aos recursos alocados – ou expectativas de gastos e, posteriormente, avaliar o nível de utilização dos mesmos dentro de um determinado período de tempo. Qualquer indicador que tenha uma meta, financeira ou não, deve redundar em uma comparação entre o que foi orçado ou previsto e o que foi efetivamente realizado. Podemos realizar tais comparações sob diversas perspectivas, conforme segue:

Proporção do *realizado* no *previsto*: Há casos em que o realizado tem como limite o previsto (neste caso a proporção máxima seria 100%). Em outros casos – o que é mais comum –, o efetivamente realizado pode ser maior, menor ou igual ao previsto. Quando orçamos em uma determinada rubrica, por exemplo, R$ 1.000 em horas extras (previsto) e gastamos, efetivamente, R$ 300, sabemos que o gasto comprometeu 30,0% do que havia sido orçado ou definido como meta ou limite. Reparem que, neste caso, o valor gasto pode flutuar em relação ao valor definido.

$$\text{Proporção real} \times \text{previsto} = \left(\frac{\text{Realizado}}{\text{Previsto}}\right) \times 100$$

$$\text{Proporção real} \times \text{previsto} = \left(\frac{\text{R\$ 300}}{\text{R\$ 1.000}}\right) \times 100 = 30,0\%$$

Podemos ter outra meta financeira envolvendo, por exemplo, a distribuição de R$ 10.000 como participação nos lucros ou resultados aos empregados, proporcionalmente ao salário de cada um deles. Neste caso, o valor de R$ 10.000 fica valendo 100% e cada empregado, elegível a uma determinada fatia percentual desses 100%.

Variação do *realizado* em relação ao *previsto*: Neste caso, queremos saber quanto o realizado (por exemplo, R$ 1.200) dista do que fora previsto (por exemplo, R$ 1.000) em um determinado período de tempo.

$$\text{Variação real} \times \text{previsto} = \left\{\left(\frac{\text{Realizado}}{\text{Previsto}}\right) - 1\right\} \times 100$$

$$\text{Variação real} \times \text{previsto} = \left\{\left(\frac{\text{R\$1.200}}{\text{R\$1.000}}\right) - 1\right\} \times 100 = 20,0\%$$

Indicador: Custo total das reclamações trabalhistas

O Conselho Nacional de Justiça (CNJ), criado em 2004, vem promovendo ações importantes no sentido de modernizar a Justiça brasileira, dando a ela maior capacidade de resposta aos contribuintes e cidadãos em geral, quer pela busca da racionalidade administrativa e financeira, quer pelo desejo de maior transparência de suas atividades. A partir da explicitação de sua missão (*"Contribuir para que a prestação jurisdicional seja realizada com moralidade, eficiência e efetividade, em benefício da sociedade"*) e de sua visão (*"Ser um instrumento efetivo de desenvolvimento do Poder Judiciário"*), surgiram diversos indicadores que, no conjunto, contribuem para demonstrar se a direção e o ritmo empregados estão alinhados ao propósito primário da instituição. Há indicadores, por exemplo, para avaliação da produtividade dos tribunais, dos custos diretos, da representatividade dos custos da Justiça em relação ao PIB do Estado, da relação entre serventuários e população, dos valores pagos, entre outras métricas. Avaliando-se os cinco aspectos fundamentais dos indicadores, que serão mais explorados na última parte deste livro, podemos dizer que o CNJ caminha na direção de indicadores voltados à mensuração da *quantidade*, do *tempo*, do *custo* e da *qualidade*, estando próximos de também medir a *satisfação dos clientes*, fato que algumas pesquisas mais amplas começam a trazer à tona. O esforço da Justiça em medir (mensurar) o trabalho desenvolvido – ou por outra – os processos dos quais é promotora da melhoria, é um avanço importante, em que pese a dificuldade natural em fazer movimentar uma estrutura relativamente grande, complexa e desconhecida pela maioria dos brasileiros.

A área trabalhista – imersa no contexto das operações que envolvem a Justiça do Trabalho – possui grande oportunidade de medição, embora seja pouco explorada nos eventos que tratam da gestão de Recursos Humanos e naqueles que discutem especificamente as métricas, os indicadores de RH. Parte expressiva das atividades está associada à gestão dos processos trabalhistas, tanto em relação aos ex-empregados como em relação aos terceiros. Trata-se de uma atividade tipicamente de custo, que envolve grande soma de recursos financeiros, fortemente transacional, uma mescla de RH e Jurídico, com grande interação entre o ambiente interno e o externo, e sem qualquer valor agregado aos processos da Organização. Sob a perspectiva da metodologia Seis Sigma, as reclamações trabalhistas representam um *defeito*, embora tenha origem sobre variáveis que, em boa parte das vezes, estão fora do controle dos gestores, mas sim relacionadas às imprecisões das leis, diferentes entendimentos, falta de clareza sobre o que é ou não é devido, dentro daquilo que por vezes é chamado de *indústria das reclamações*.

Por tratar de *quem saiu*, dificilmente aparece na pauta da alta direção. É, no entanto, uma atividade de extrema importância e com forte impacto nos lucros e perdas, com expressiva massa de dados para geração e análise de métricas.

Nas questões que envolvem custo, temos as indenizações pagas e relacionadas aos ex-empregados e aos terceiros. Trata-se do somatório simples das despesas diretas – itens reclamados e ganhos pela parte contrária, tais como INSS, IR, honorários de advogados. Os custos podem ser calculados pelo total pago, bem como divididos pela quantidade de reclamações, tanto de ex-empregados como de terceiros.

Custo Total das Reclamações Trabalhistas

Mês	Atual	Anteriores		
	Ano 4	Ano 3	Ano 2	Ano 1
Janeiro	10.175	11.970	12.600	14.000
Fevereiro	11.628	13.680	14.400	16.000
Março	13.082	15.390	16.200	18.000
Abril	10.175	11.970	12.600	14.000
Maio	13.082	15.390	16.200	18.000
Junho	17.850	21.000	18.900	21.000
Julho	18.496	21.760	22.905	25.450
Agosto	15.262	17.955	18.900	21.000
Setembro		34.716	36.543	19.000
Outubro		17.955	18.900	21.000
Novembro		19.195	20.205	22.450
Dezembro		12.825	13.500	15.000
Total	**109.748**	**213.805**	**221.853**	**224.900**
Var. %	−48,7%	−3,6%	−1,4%	
Média	13.718	17.817	18.488	18.742
	−23,0%	−3,6%	−1,4%	

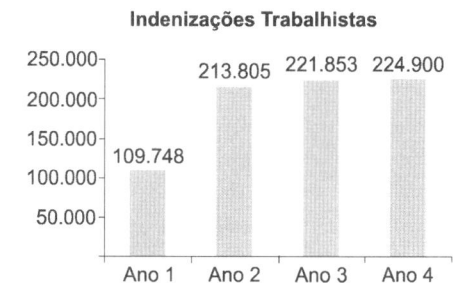

Indenizações Trabalhistas

	Ano 1	Ano 2	Ano 3	Ano 4
	109.748	213.805	221.853	224.900

*Os dados acima indicados incluem, hipoteticamente, os valores pagos a título de INSS, Imposto de Renda e outros, quando determinados em juízo.

Indicador: Custo das reclamações trabalhistas por tipo de reclamante

Os custos com as reclamações trabalhistas podem também ser desdobrados em custos com *ex-empregados* e custos com *terceiros*. Embora transparentes para a Justiça do Trabalho, Organizações podem promover acordos com as empresas terceirizadas, de modo a que as mesmas assumam os processos – o que normalmente ocorre – ou assumam os custos provenientes de decisões da Justiça, nos casos em que o reclamante recebe da empresa tomadora dos serviços, ao invés de receber da empregadora efetiva do reclamante. A separação dos valores pode, entre outras razões, ser útil nesses casos.

Indenizações Totais

Mês	Atual	Anteriores		
	Ano 4	Ano 3	Ano 2	Ano 1
Janeiro	10.175	11.970	12.600	14.000
Fevereiro	11.628	13.680	14.400	16.000
Março	13.082	15.390	16.200	18.000
Abril	10.175	11.970	12.600	14.000
Maio	13.082	15.390	16.200	18.000
Junho	17.850	21.000	18.900	21.000
Julho	18.496	21.760	22.905	25.450
Agosto	15.262	17.955	18.900	21.000
Setembro		34.716	36.543	19.000
Outubro		17.955	18.900	21.000
Novembro		19.195	20.205	22.450
Dezembro		12.825	13.500	15.000
Total	**109.748**	**213.805**	**221.853**	**224.900**
Var. %	−48,7%	−3,6%	−1,4%	
Média	13.718	17.817	18.488	18.742
	−23,0%	−3,6%	−1,4%	

104 INDICADORES DE GESTÃO DE RECURSOS HUMANOS

Ex-empregados

Mês	Atual	Anteriores		
	Ano 4	Ano 3	Ano 2	Ano 1
Janeiro	7.122	7.781	7.560	8.400
Fevereiro	8.140	8.892	8.640	9.600
Março	9.157	10.004	9.720	10.800
Abril	7.122	7.781	7.560	8.400
Maio	9.157	10.004	9.720	10.800
Junho	12.495	13.650	11.340	12.600
Julho	12.947	14.144	13.743	15.270
Agosto	10.683	11.671	11.340	12.600
Setembro		22.565	21.926	11.400
Outubro		11.671	11.340	12.800
Novembro		12.477	12.123	13.470
Dezembro		8.336	8.100	9.000
Total	**76.823**	**138.973**	**133.112**	**134.940**
Var. %	–44,7%	4,4%	–1,4%	
Média	9.603	11.581	11.093	11.245
	–17,1%	4,4%	–1,4%	

Terceiros

Mês	Atual	Anteriores		
	Ano 4	Ano 3	Ano 2	Ano 1
Janeiro	3.052	4.190	5.040	5.600
Fevereiro	3.488	4.788	5.760	6.400
Março	3.924	5.387	6.480	7.200
Abril	3.052	4.190	5.040	5.600
Maio	3.924	5.387	6.480	7.200
Junho	5.355	7.350	7.560	8.400
Julho	5.549	7.616	9.162	10.180
Agosto	4.579	6.284	7.560	8.400
Setembro		12.151	14.617	7.600
Outubro		6.284	7.560	8.400
Novembro		6.718	8.080	8.980
Dezembro		4.489	5.400	6.000
Total	**32.924**	**74.832**	**88.741**	**89.960**
Var. %	–56,0%	–15,7%	–1,4%	
Média	4.116	6.236	7.395	7.497
	–34,0%	–15,7%	–1,4%	

Indicador: Custo das reclamações trabalhistas (principal e acessório)

Como visto anteriormente, os custos com as reclamações, mais INSS, IR e afins – normalmente inseridos nas guias de pagamento – podem também contemplar os custos acessórios com escritórios de advocacia, autenticações, reconhecimentos de firma, reproduções, perícias e afins, sempre que for possível apropriar tais valores aos processos ou, pelo menos, indicar se tais despesas se referem aos ex-empregados ou aos terceiros. No caso dos escritórios, por exemplo, é possível alocar os valores diretamente quando estes cobram um percentual ou um valor fixo pelo atendimento. Pode ser rateado pela quantidade ou pela representatividade do passivo, quando há pagamento fixo ao escritório. Tal inclusão tornará os controles mais detalhados e poderá ser útil na compreensão dos gastos externos que, direta ou indiretamente, estão associados à execução das demandas trabalhistas judiciais. Um custo geral – e ainda mais amplo – pode ser calculado a partir da inclusão dos custos com a estrutura interna dedicada ao tema, integral ou parcialmente. Trata-se nesse caso de um custo gerencial e não contábil, no entanto.

Indicador: Custo das reclamações trabalhistas por demanda

Embora dependentes de um sistema de gestão mais sofisticado – o que se observa com mais disponibilidade no Brasil – os custos também podem ser calculados considerando-se as principais demandas trabalhistas. Tal métrica pode também auxiliar na definição de prioridades que reduzam a exposição da Organização, tanto em relação aos custos efetivos como em relação ao passivo por demanda. Os gráficos podem ser expressos em dinheiro ou em proporção de um custo geral. Podem ainda ser uma combinação de tais variáveis.

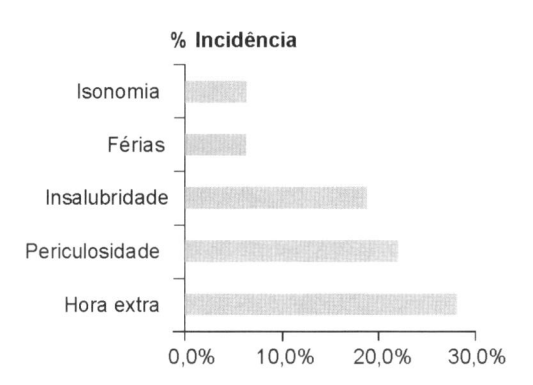

Indicador: Passivo trabalhista total

Há Organizações que estimam o valor do passivo trabalhista considerando-se uma possibilidade de perda *remota, possível* ou *provável*. Esse cálculo do passivo pode também ser traduzido em *quantidade de folha de pagamento* ou mesmo em *faturamento*, permitindo um melhor dimensionamento do impacto nos negócios. Já realizei *benchmarking* em organizações que apresentaram passivos entre 0,8 e 11,5 vezes o valor da folha de pagamento mensal, considerando-se salário mais os encargos e demais rubricas. Já contabilizei situações no mercado onde o passivo dos terceiros, no conjunto do passivo, variava entre 10% a 42% do passivo total da Organização. Para este indicador, temos alguns desafios a enfrentar, pois: I) os reclamantes normalmente incluem o que acham justo e, na maioria dos casos, também o que não acham justo; II) os escritórios externos, diante dos itens demandados, formulam cálculos preliminares considerando-se o conjunto da obra, ainda que alguns itens sejam, sabidamente, como "bodes na sala"; III) os juízes, por ação ou omissão das reclamadas, podem considerar devido qualquer um dos itens reclamados, por mais absurdo que possa ser, o que traz uma dificuldade adicional na definição do indicador; IV) reconhecer um passivo pode implicar decisões na esfera contábil, dependendo do entendimento da área de auditoria interna ou externa.

Indicador: Passivo trabalhista por demanda

Como visto anteriormente, tanto os custos como o passivo podem ser desdobrados por demanda predominante (hora extra, periculosidade etc.), o que pode também auxiliar no repensar de decisões internas, políticas ou procedimentos formulados. Tal indicador, ainda que produzido por estimativa, pode ser útil na estratégia de acordos e nas negociações.

Indicador: Depósitos judiciais e recursais

No campo das relações trabalhistas são comuns depósitos judiciais e depósitos recursais, sendo também frequentes os bloqueios eletrônicos nas contas da Organização que participa da demanda. Embora seja um dinheiro que continua no ativo da Organização, acredito ser de extrema importância o acompanhamento da referida conta como se despesa fosse. Isso pode auxiliar na proteção de um valor que, a qualquer momento, pode sair do ativo e caminhar pelo "ralo" do *contas a pagar*, seja ou não justa a causa movida pelo reclamante.

Depósitos

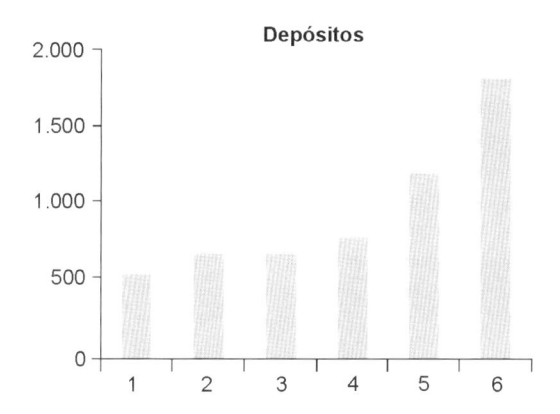

(gráfico de barras com valores aproximados: 1≈500, 2≈650, 3≈650, 4≈750, 5≈1.200, 6≈1.800)

Outros Indicadores Financeiros

Tantos outros indicadores de custo, despesa, investimento ou desembolso são facilmente observados nos diversos processos ligados à gestão de Recursos Humanos. A lista não é conclusiva, uma vez que, para cada item analisado, é possível um desdobramento. É importante também salientar que o ciclo é uma questão importante a ser observada. Alguns indicadores (métricas) podem ser calculados e analisados mensalmente, enquanto outros podem receber avaliação em períodos ou ciclos maiores. Outro ponto importante é que diversos estudos podem exigir números de forma pontual, de modo a suportar esta ou aquela decisão, sem a necessidade de que tal medição se constitua numa rotina.

Recrutamento & Seleção: Custo médio de contratação de empregados por plano de cargos ou posição na estrutura. O desafio é encontrar o maior leque possível de custos envolvidos no processo de recrutamento e seleção. Custo médio das fontes de recrutamento (por posição), custos acessórios de exames admissionais ou demissionais, taxas para *hunting*, *hiring bonus* e afins.

Folha de Pagamento: Valor da folha de pagamento; custo médio de processamento da folha de pagamento; custo *per capita* para emissão de contracheques; custo médio de encargos sobre o salário, média geral, média por plano de cargo ou por posição na estrutura da empresa.

Remuneração: Além do salário médio por empregado, pode-se calcular o *total cash* médio por empregado (por plano ou posição na estrutura), incluindo-se o salário (parte fixa) + o *target* de participação nos lucros ou resultados, bônus e afins. Participação nos resultados média por empregado, por plano ou por posição na estrutura. Custo médio anual com aumentos espontâneos individuais. Custo médio com incentivos ou campanhas de vendas, premiações especiais, gratificações por desempenho e afins.

Benefícios: Custo médio dos benefícios quantificáveis ou passíveis de transformação em dinheiro, por plano de cargo ou por posição na estrutura, podendo envolver saúde, educação, transporte, previdência, refeição e alimentação. Tal indicador pode ser expresso na forma de um percentual sobre o salário, por plano de cargo, por posição ou considerando-se a massa salarial. A quantificação, nesse caso, pode tomar como referência, além dos custos efetivos, o valor percebido pelos empregados.

Administração de Pessoal: Custo médio de demissão/desligamento, por plano de cargo ou por posição na estrutura, incluindo ou não os pagamentos acessórios a título de gratificação ou demissão incentivada; custo médio de transferência, aluguel, mudanças e afins; hora extra *per capita*, por plano de cargo, com ou sem encargos; adicionais de periculosidade, insalubridade, por tempo de serviço e afins, ou valor absoluto global ou *per capita*.

Avaliação de Desempenho: Custo *per capita* de avaliação de desempenho, por plano de cargo ou por posição na estrutura (quando há pagamento associado ao uso individual de avaliações). Há Organizações que possuem sistemáticas diferenciadas (dependendo da posição do empregado na estrutura), demandando o uso de aplicativos, tempo de processamento, comitês e afins.

Relações Trabalhistas e Sindicais:	Custo médio das reclamações trabalhistas; relação entre o passivo trabalhista e a folha de pagamento básica mensal, com o total de salários ou com o faturamento da Organização; custos de paralisações por greves, taxas negociais e taxas assistenciais.
Saúde Ocupacional:	Custo médio com ações vinculadas à saúde ocupacional, particularmente com tais questões estando dissociadas dos esforços envolvidos na gestão dos programas de benefícios; custo médio de exames admissionais (geral ou por determinados grupos de cargos), custo médio de exames demissionais ou periódicos (geral ou por determinados grupos de cargos), investimento em campanhas de sensibilização.

Indicadores Operacionais, de Processo ou Desempenho

Todos os subsistemas de Recursos Humanos desenvolvem atividades que, integradas entre si (desculpem a redundância), sustentam o crescimento das Organizações. Neste capítulo veremos alguns indicadores, medidas, métricas ou medições de desempenho relacionados a alguns desses subsistemas. Indicadores operacionais ou de processos ajudam na compreensão do desempenho dos processos internos ou dos trabalhos que são realizados quotidianamente, embora possam também focar o nível de eficácia operacional na percepção dos clientes internos e dos empregados em geral. Indicadores que medem o *desempenho operacional* são também chamados de indicadores de eficiência, focando predominantemente o consumo de recursos, como tempo, pessoas e dinheiro. Por outro lado, indicadores de eficácia focam uma combinação complexa de atributos, objetivos e subjetivos, explícitos ou implícitos, frutos da expectativa e da percepção dos clientes, conforme salienta Chiavenato[1]. (Ver página seguinte.)

Indicadores de Desempenho para RH

Muitos são no dia a dia os indicadores. Adilson Gomes[2] cita alguns exemplos para medições em RH, entre os quais o *número de horas de RH*

---

[1] Comparativo extraído e adaptado de CHIAVENATO, Idalberto. *Gerenciando Pessoas: O passo decisivo para a administração participativa.* – São Paulo: Makron Books, 1992, 1994. P. 140.

[2] Seminário sobre Gestão de Indicadores de Desempenho. IDEMP (Instituto de Desenvolvimento Empresarial), 2002. Pág. 4 da Parte 2 (formulação de indicadores operacionais e de qualidade).

Eficiência	Eficácia
Refere-se aos meios, ao caminho utilizado, às etapas seguidas.	Refere-se aos fins, aos alvos, aos objetivos pretendidos.
Relaciona-se com os métodos, processos e rotinas de trabalho, normas de ação, regulamentos.	Relacionada com os resultados, com os propósitos e finalidades.
Ênfase na burocracia.	Ênfase nos objetivos, resultados.
Ligada a um processamento do sistema.	Ligada à saída ou resultado do sistema.
Executar bem as coisas.	Alcançar os resultados pretendidos.
Melhor maneira de executar.	Busca do sucesso.
Orientação internalizada para os recursos empresariais.	Orientação externalizada para os objetivos empresariais.
Visão voltada para o método, para o meio, para o curso de ação.	Visão voltada para o resultado, para a consequência; para o fim.
Refere-se a como fazer as coisas.	Refere-se ao *porquê* das coisas.

por atividade ou processo, o número de horas de assessoria por departamento, o número de horas por projeto de RH, por serviço de terceiros ou por atividades de RH, número de horas de treinamento por departamento, percentual de empregados treinados por departamento, percentual de solicitação atendida, número de cargos por departamento, tempo médio de execução de um projeto, número médio de candidatos selecionados. Cada indicador, segundo Gomes, *deve ser avaliado considerando-se aspectos como importância* para a Organização, *valor estratégico* ou contribuição para objetivos-chave, *impacto* – envolve ou relaciona-se com todos os envolvidos, *administração* – nível de controle das variáveis que afetam os resultados do indicador, *motivação* – há motivação para melhorar resultados? *Tecnicamente viável* – se faz sentido desenvolver tal medição, e *econômico* – se a relação de custo e benefício é favorável.

Dentro do mesmo contexto proposto por Gomes, Maria Adelice da Silva Luz[3] registra que indicadores devem observar alguns aspectos essenciais, tais como *relevância e credibilidade, elevada relação de benefício e custo, não sobreposição e complementaridade, praticidade e simplicidade na medição:*

1) *Relevância e credibilidade:* O conteúdo de informação de cada indicador deve ser relevante para o critério em causa e este deve gozar de credibilidade técnica quanto aos conceitos envolvidos e métodos de avaliação.
2) *Benefício e custo:* O indicador deve proporcionar o máximo de informação aos mínimos custo financeiro e esforço possíveis. Para indicadores que forneçam conteúdos de informação similares, deve escolher-se o que apresenta menores custos.
3) *Não subreposição e complementaridade:* A informação de cada indicador deve ser complementar da informação proporcionada pelos demais indicadores. Este esforço deve tentar evitar a multiplicação da mesma informação em dois ou mais indicadores. No seu conjunto, os indicadores devem cobrir todas as áreas conceituais de gestão.
4) *Praticidade e simplicidade:* As metodologias e o processo de coleta dos dados para avaliação, medição ou estimação de um dado indicador devem ser tão simples quanto possíveis. Isto deve permitir a sua praticabilidade e aplicabilidade generalizada.

---

[3] LUZ, Maria Adelice da Silva. Veredas. *Revista Científica de Turismo.* Ano 1. Nº 1. P. 112-113.

O uso de indicadores metodologicamente complicados pode estar comprometido pelo custo ou baixo número de técnicos com conhecimento para compreender ou utilizar os dados.

A Qualidade Visível

Para Ronaldo Aparecido, gerente de Operações Administrativas da White Martins Gases Industriais, em Iguatama-MG, uma vez definidos os indicadores de eficiência ou de eficácia torna-se necessário implantar o conceito de *qualidade visível* para recrutamento e seleção, treinamento e desenvolvimento, administração de pessoal, segurança do trabalho, benefícios, folha de pagamento e relações trabalhistas, o que demanda – entre outras coisas – disciplina operacional. *Qualidade visível* é uma forma de dar – como o nome sugere – maior visibilidade e transparência aos indicadores críticos de sucesso de um determinado processo ou sistema. Segundo Ronaldo, um quadro com indicadores, dados, gráficos, metas e resultados, por exemplo, afixado em local de fácil acesso, pode ser de extrema utilidade para: i) explicitar os indicadores, medições, que refletem, espelham, demonstram ou projetam o nível de desempenho de determinados processos; ii) evidenciar metas e resultados em cada um dos indicadores ao longo de um determinado período de tempo; iii) estimular que equipes alcancem ou superem metas em cada um dos indicadores, tanto os de processos – que focam tempo, custo, frequência e capacidade – como os ligados à satisfação dos clientes internos e externos. A visibilidade, segundo Aparecido, pode ser útil para estimular os profissionais que atuam em RH, bem como para sensibilizar os gestores de todas as demais áreas da Organização.

A seguir, apresento alguns indicadores que, combinados entre si ou com tantos outros à disposição do leitor, poderão compor um sistema de medição de processos ligados à gestão de Recursos Humanos. Métricas ou *indicadores* podem ser objeto de relatórios ou demonstrativos periódicos mensais, trimestrais, anuais ou mesmo pontuais, sob demanda ou partir de alguma necessidade. Pode ainda compor balanços ou balancetes sobre gestão de Recursos Humanos. Os indicadores, que neste livro estão grupados em financeiros, operacionais ou de processos, como vimos, podem – e devem – estar vinculados a grupamentos tecnicamente relacionados. Indicadores voltados à atividade de preenchimento de vagas, por exemplo, devem estar relacionados entre si, de modo a que sejam mais bem compreendidos os aspectos ligados a *quantidade, qualidade, custo, tempo* e *satisfação*.

Indicador: Tempo médio de preenchimento de vagas

A atividade de *preencher vagas* é uma das mais complexas da gestão de Recursos Humanos, particularmente em posições mais estratégicas e menos operacionais. Lida, entre outras questões, com expectativas da Organização que está contratando e também com expectativas e necessidades dos candidatos ou empregados potenciais. Técnicas e abordagens são usadas frequentemente para redução das incertezas, tanto em relação aos aspectos técnicos exigidos em cada posição, como em relação aos aspectos comportamentais e culturais. Trata-se de uma atividade com grande potencial de medição. Thomas Case[4], fundador e principal executivo da Catho Consultoria, por exemplo, em evento nos Estados Unidos sobre a discussão de métricas em processos clássicos de recrutamento e seleção, salientou três medidas básicas analisadas no referido evento:

1) *Tempo médio de contratação* (time to hire).
2) *Custo médio para preenchimento de vagas* (cost to hire).
3) *Qualidade do processo de preenchimento de vagas* (quatity to hire).

Tempo, custo e qualidade são essenciais neste e em tantos outros processos ligados à gestão de RH.

Começamos este bloco, então, pelo *tempo médio de preenchimento de vagas*. O cálculo é relativamente simples, embora a coleta de dados possa demandar ou exigir, como sempre acontece, um investimento de tempo e, se possível, de um sistema automático de processamento e geração de dados que possam ser traduzidos em informação e, posteriormente, em conhecimento sobre o processo. Uma conversa com muitos profissionais, em diversas Organizações, inclusive com agências ou consultorias especializadas no tema, mostra que há um desafio de tempo importante. Na quase totalidade dos casos, principalmente no eixo RJ-SP, o processo de preenchimento de vagas é similar a uma linha de produção sem fim. Reconhecem tais profissionais, no entanto, que as medições são essenciais até mesmo para um repensar das ações,

---

[4] CASE, Tomas. Ph.D., fundador e principal executivo da Catho Consultoria, em e-mail enviado em 21/3/04.

das fontes, dos processos de avaliação ou de organização e redimensionamento das atividades.

A Tabela 4 apresenta dados que permitem o cálculo do tempo médio de *preenchimento de vagas*, podendo tal tempo médio ser calculado globalmente, considerando-se todos os processos preenchidos em determinado mês, por plano de cargo – administrativo, executivo, operacional, mensalista, horista e afins ou considerando-se a fonte interna ou externa.

Tabela 4
Dados sobre o Processo Preenchimento de Vaga

Mês Preenchi-mento da Vaga	Vaga	Título do Cargo (da Vaga)	Plano do Cargo	Processo (Externo ou Interno)	Tempo em Dias	
					Real	Previsto
(A)	(B)	(C)	(D)	(E)	(F)	(G)
Janeiro	1	Secretária	Administrativo	Externo	19	21
Janeiro	3	Anl. Contabilidade	Administrativo	Externo	26	21
Janeiro	16	Anl. Vendas	Administrativo	Externo	29	21
Janeiro	12	Anl. Financeiro	Administrativo	Externo	35	21
Janeiro	22	Aux. Administrativo	Administrativo	Interno	20	21
Janeiro	33	Ger. Contabilidade	Executivo	Externo	60	28
Janeiro	27	Diretor Comercial	Executivo	Externo	87	28
Janeiro	38	Ger. Compras	Executivo	Interno	48	28
Janeiro	49	Operador Máquina	Operacional	Externo	9	7
Janeiro	44	Operador Máquina	Operacional	Externo	11	7
Janeiro	60	Operador Máquina	Operacional	Externo	12	7
Janeiro	55	Operador Máquina	Operacional	Externo	12	7
Janeiro	66	Operador Máquina	Operacional	Externo	15	7
Janeiro	71	Soldador	Operacional	Interno	7	7
Janeiro	77	Eletricista	Operacional	Interno	10	7

Legenda:
A) *Mês de ocorrência do evento "preenchimento de vagas":* Como pode ser percebido, em janeiro houve 15 preenchimentos de vagas, embora outras pudessem estar "em aberto" (para serem preenchidas).
B) *Número da vaga:* Trata-se apenas de uma variável de uso da empresa ALFA, sem representatividade quando se trata de medições, exceto quando tais números possuem outros significados do que simplesmente indicar o número interno de uma vaga.
C) Nome do cargo utilizado para contratação.
D) Classificação interna do cargo contratado. O cargo de Secretária, por exemplo, da vaga "1" está enquadrado no plano "administrativo".
E) Processo fechado com candidato do meio interno (da própria empresa) ou externo (do mercado).
F) Tempo real, em dias, entre as datas de início do processo de preenchimento (data inicial) e final (contratação ou inclusão na vaga/cargo/posição em aberto).
G) Tempo que, segundo a empresa ALFA, deveria ser considerado como prazo máximo para contratação. Para a empresa ALFA, o tempo máximo pode variar conforme as características predominantes do cargo e do grau de dificuldade para reposição.

Fórmula: A fórmula básica do tempo médio de preenchimento segue o cálculo da média aritmética simples, onde os tempos são somados e divididos pela quantidade de processos encerrados. Aplicada a fórmula sobre os dados da tabela observamos que, em janeiro, o tempo médio de preenchimento de vagas foi de 27 dias, embora com indícios de forte variação em função dos cargos envolvidos.

$$\text{Tempo médio de preenchimento de vagas} = \left(\frac{\text{Tempo processo "1"} + \text{Tempo processo "2"} + \text{Tempo processo "N"}}{\text{Número de vagas preenchidas}} \right)$$

Desdobramento: O *tempo médio por plano* pode ser uma forma de desdobrar o indicador *tempo médio de preenchimento de vagas*. Neste caso temos a opção de desdobrar o tempo em cada um dos planos de cargo (administrativo, operacional e executivo), adotando-se a mesma fórmula básica para cada um dos planos, dentro de um determinado mês.

$$\text{Tempo médio de preenchimento de vagas Plano "X"} = \left(\frac{\text{Tempo processo "1"} + \text{Tempo processo "2"} + \text{Tempo processo "N"}}{\text{Número de vagas preenchidas no plano}} \right)$$

Aplicada a fórmula para cada um dos planos de cargo, percebe-se que a média global de 27 dias para preenchimento das vagas (preenchidas em janeiro) perde o significado, tendo em vista o fato de cada um dos planos assumir um tempo distinto: Administrativo (26), Executivo (65) e Operacional (11).

O tempo médio pode ser útil em função da facilidade de cálculo. No entanto, o tempo médio pode esconder dispersões (variações) dos tempos reais de cada processo em torno da média. A sofisticação deste indicador estaria no uso do tempo-limite estabelecido pela empresa, para cada plano, como balizador do alcance ou não da referência *tempo*. Neste caso, ao invés do tempo médio de preenchimento de vagas, teríamos o *índice de preenchimento de vagas dentro do prazo definido*.

Indicador: Índice de preenchimento de vagas no prazo

O *índice de preenchimento de vagas dentro do prazo estimado* pode ser um importante indicador do nível de eficiência do processo de preenchimento de vagas, eficiência essa medida sob a perspectiva do tempo.

Fórmula: A fórmula básica do *índice de preenchimento de vagas*, neste caso, considera a frequência dos processos cujo tempo de conclusão tenha sido igual ou inferior ao limite máximo definido. Aplicada a fórmula sobre os dados de janeiro, considerando-se todos os processos preenchidos, percebemos que o índice é de 20%.

$$\text{Índice de preenchimento de vagas} = \left(\frac{N^{\circ} \text{ de preenchimento no prazo}}{N^{\circ} \text{ de vagas preenchidas}} \right) \times 100$$

$$\text{Índice de preenchimento de vagas (Jan.)} = \left(\frac{3}{15} \right) \times 100 = 20\%$$

O índice pode, no entanto, variar para cada um dos planos – administrativo, executivo e operacional –, caso a fórmula seja aplicada para cada um dos planos separadamente, conforme segue.

$$\text{Índice de preenchimento de vagas} = \left(\frac{N^{\circ} \text{ de preenchimento no prazo}}{N^{\circ} \text{ de vagas preenchidas}} \right) \times 100$$

$$\text{Índice de preenchimento de vagas (Jan.)} = \left(\frac{3}{15} \right) \times 100 = 20\%$$

$$\text{Índice de preenchimento de vagas (Administrativo)} = \left(\frac{2}{5} \right) \times 100 = 40\%$$

$$\text{Índice de preenchimento de vagas (Executivo)} = \left(\frac{0}{3} \right) \times 100 = 0\%$$

$$\text{Índice de preenchimento de vagas (Operacional)} = \left(\frac{1}{7} \right) \times 100 = 14\%$$

> *"Ser eficiente no projeto errado ou ser eficiente no projeto certo, mas no momento errado, pode ser altamente ineficaz. Fazer as coisas certas na hora certa é tanto eficiente quanto eficaz. Não importam os minutos ou as horas, mas sim o que você faz com elas."*
> **Culligan, Deakins e Young**
> Administração: De Volta às Origens
> A Arte Perdida da Liderança

Embora no mundo dos negócios o tempo seja uma variável importante, é sempre bom salientar que a redução do *tempo de preenchimento das vagas* – ou do *aumento do índice de preenchimento* – não melhora, por si só, a adequação do *empregado à vaga* e a *satisfação do cliente interno* ou aumenta a *retenção* dos candidatos que se tornaram empregados.

> *"Eficiência é o meio (...). A eficácia é o resultado (...). Nem sempre eficiência e eficácia andam juntas."*
> **Idalberto Chiavenato**

Indicador: Índice de adequação do empregado à vaga

O *índice de adequação do empregado à vaga* é um indicador tão importante quanto complexo, mas relativamente capaz de prover dados importantes, podendo ser avaliado em duas perspectivas diferentes, cada uma delas com os limitadores normais de qualquer indicador. Primeiramente, o indicador pode ser calculado pela avaliação do desempenho do recém-empossado, admitido, promovido ou deslocado lateralmente de outra atividade, na perspectiva do superior imediato ou de uma combinação de outros avaliadores, incluindo, dependendo do modelo, o funcionário em questão. Neste caso – considerando-se os dados a seguir – podemos utilizar os dados da coluna "H", onde temos os empregados recém-empossados avaliados como *atende* (ou vem atendendo ao que se propôs), *não atende* (ainda) e *excede* (superou expectativas). Podemos calcular o percentual de cada um deles sempre três meses após o fechamento do mês, uma vez que se trata de um indicador que será sempre calculado com um intervalo de tempo em relação ao mês objeto de análise, separadamente, admitindo que os resultados *atende* e *excede* satisfazem a exigência da empresa ALFA. Podemos também admitir que somente o *excede* justifica os esforços do processo seletivo e, neste caso, somente considerar os processos de obtiveram esta avaliação.

Tabela 5
Dados básicos sobre preenchimento de vagas

Mês Preenchimento da Vaga	Vaga	Título do Cargo (da vaga)	Plano do Cargo	Processo (externo ou interno)	Tempo em Dias		AD Prazo 90 Dias NM, A, E
					Real	Previsto	
(A)	(B)	(C)	(D)	(E)	(F)	(G)	(H)
Janeiro	1	Secretária	Administrativo	Externo	19	21	NM
Janeiro	3	Anl. Contabilidade	Administrativo	Externo	26	21	NM
Janeiro	16	Anl. Vendas	Administrativo	Externo	29	21	A
Janeiro	12	Anl. Financeiro	Administrativo	Externo	35	21	A
Janeiro	22	Aux. Adm.	Administrativo	Interno	20	21	A
Janeiro	33	Ger. Contabilidade	Executivo	Externo	60	28	NM
Janeiro	27	Diretor Comercial	Executivo	Externo	87	28	E
Janeiro	38	Ger. Compras	Executivo	Interno	48	28	E
Janeiro	49	Operador Máquina	Operacional	Externo	9	7	NM
Janeiro	44	Operador Máquina	Operacional	Externo	11	7	NM
Janeiro	60	Operador Máquina	Operacional	Externo	12	7	A
Janeiro	55	Operador Máquina	Operacional	Externo	12	7	A
Janeiro	66	Operador Máquina	Operacional	Externo	15	7	A
Janeiro	71	Soldador	Operacional	Interno	7	7	A
Janeiro	77	Eletricista	Operacional	Interno	10	7	E

Fórmula: Para tornar mais objetivo o cálculo do referido indicador vamos assumir que os processos cujos empregados foram avaliados como *atende* e *excede* satisfazem o nível de exigência da empresa ALFA. Neste caso faremos uma relação entre *atende* e *excede* e o total de vagas preenchidas em determinado mês. Aplicada a fórmula sobre os dados da tabela observamos que o índice de adequação, para janeiro, foi de 67%.

$$\text{Índice de adequação} = \left(\frac{\text{N}^{\underline{o}} \text{ de AD's "atende" e "excede"}}{\text{N}^{\underline{o}} \text{ de vagas preenchidas}} \right) \times 100$$

$$\text{Índice de adequação (Jan.)} = \left(\frac{10}{15} \right) \times 100 = 67\%$$

Indicador: Índice de retenção

O *índice de adequação do empregado à vaga* pode ser auxiliado, no médio prazo, por outro indicador que apoie o entendimento do *nível de retenção* do recém-empossado, admitido, promovido ou deslocado lateralmente, se for intenção do profissional. As colunas L, M, N e O, inseridas na Tabela 6, armazenam dados relativos aos eventuais desligamentos – demissões pela empresa ou por pedido do empregado – dentro de um determinado período de tempo. Podemos estabelecer um *nível de retenção* considerando-se, por exemplo, um período de 3, 6 ou 9 meses, por exemplo. O indicador pode nos dar a dimensão do índice de empregados que permanece na Organização um determinado período de tempo após ter sido admitido. Em muitos casos pode ser uma surpresa[5] o que será observado com as medições em questão.

---

[5] A supervisora de Recrutamento e Seleção de uma indústria química relatou-me, certa vez, sua surpresa ao produzir indicadores de retenção após 90 e 180 dias. Percebeu, ao contrário do que julgava ocorrer, que 2/3 dos contratados deixavam a Organização até 6 meses depois da admissão. Pedidos de demissão eram mais frequentes, embora tivesse também observado um grande percentual relacionado à demissão por conta das lideranças. Medir, como vimos, não traz soluções, mas ajuda na produção de diagnóstico.

Tabela 6
Dados básicos sobre preenchimento de vagas

Mês Preenchimento da Vaga	Vaga	Título do Cargo (da vaga)	Plano do Cargo	Processo (externo ou interno)	Tempo em Dias		AD Prazo 90 Dias NM, A, E	Sucessão S/N	Avaliação do Cliente 1; 2; 3	Rescisão Contrato de Trabalho Período em Meses			
					Real	Previsto				Até 3	3-6	6-9	9-12
(A)	(B)	(C)	(D)	(E)	(F)	(G)	(H)	(I)	(J)	(L)	(M)	(N)	(O)
Janeiro	1	Secretária	Administrativo	Externo	19	21	NM	–	3	–	–	–	–
Janeiro	3	Anl. Contabilidade	Administrativo	Externo	26	21	NM	–	3	–	–	–	–
Janeiro	16	Anl. Vendas	Administrativo	Externo	29	21	A	–	3	–	Abr.	–	–
Janeiro	12	Anl. Financeiro	Administrativo	Externo	35	21	A	–	2	–	–	–	–
Janeiro	22	Aux. Adm.	Administrativo	Interno	20	21	A	–	3	–	–	–	–
Janeiro	33	Ger. Contabilidade	Executivo	Externo	60	28	NM	N	2	–	–	–	–
Janeiro	27	Diretor Comercial	Executivo	Externo	87	28	E	N	3	–	–	–	Out.
Janeiro	38	Ger. Compras	Executivo	Interno	48	28	E	N	3	–	–	–	–
Janeiro	49	Operador Máquina	Operacional	Externo	9	7	NM	–	3	–	–	–	–
Janeiro	44	Operador Máquina	Operacional	Externo	11	7	NM	–	3	–	–	–	–
Janeiro	60	Operador Máquina	Operacional	Externo	12	7	A	–	3	–	–	–	–
Janeiro	55	Operador Máquina	Operacional	Externo	12	7	A	–	3	–	–	–	–
Janeiro	66	Operador Máquina	Operacional	Externo	15	7	A	–	3	–	–	Ago.	–
Janeiro	71	Soldador	Operacional	Interno	7	7	A	–	3	–	–	–	–
Janeiro	77	Eletricista	Operacional	Interno	10	7	E	–	3	–	–	Ago.	–

Fórmula: Admitindo o período mencionado anteriormente como mínimo indispensável para caracterizar a retenção de um recém-empossado, podemos estabelecer uma relação entre o *número de empregados desligados* (demitidos ou que pediram demissão das vagas preenchidas recentemente) e o total de vagas preenchidas no mês[6].

$$\text{Índice de retenção} = 100 - \left\{ \left(\frac{\text{Nº de desligamentos entre 9 e 12 meses}}{\text{Nº de vagas preenchidas}} \right) \times 100 \right\}$$

$$\text{Índice de retenção (Jan.)} = 100 - \left\{ \left(\frac{1}{15} \right) \times 100 \right\} = 93\%$$

Com as mesmas premissas definidas para janeiro, concluímos que o mês de fevereiro gerou um índice de retenção de 100%, não tendo havido desligamento entre 9 e 12 meses após o empregado ter sido incluído em um novo cargo por admissão, promoção ou deslocamento interno. A observação do *tempo*, do *desempenho* e da *retenção* pode, ainda, não ser suficiente para que os gestores do processo de preenchimento de vagas consigam avaliar o trabalho que desenvolvem sob a perspectiva do custo, tempo, capacidade e da satisfação do cliente. A busca da melhoria contínua do processo determina o uso de inúmeros indicadores, entre os quais o da *satisfação dos clientes internos*.

Indicador: Índice de utilização do plano de sucessão para preenchimento de vagas

Auxilia na compreensão do nível de utilização efetiva do plano de sucessão (PS) para preenchimento de vagas, particularmente em posições de liderança. Uma grande Organização com sede no Rio de Janeiro inseriu tal indicador como um dos indicadores de avaliação da função "Recursos Humanos"[7]. Buscava com isso otimizar o processo de reposição de vagas com o uso dos recursos previamente identifi-

---

[6] Trata-se de um indicador que, mais uma vez, será calculado com um *gap* de tempo para o mês do preenchimento das vagas. O *gap* será maior ou menor em função do tempo que vier a ser entendido como mínimo para fixação de um recém-empossado à vaga.

[7] *Feedback* recebido da referida Organização indicou uma mudança positiva em relação ao processo de elaboração dos planos de sucessão. Durante muito tempo, relatou-me um executivo, o plano sucessório, tanto em relação às possibilidades de curto, médio e de longo prazos, era produzido rapidamente, apenas para atender a matriz, em outro país.

cados pela Organização, o que também contribuiu para a melhoria da percepção dos empregados nas pesquisas de clima e, posteriormente, dos custos associados à reposição de empregados.

$$\frac{\text{Índice Uso}}{\text{Plano Sucessão}} = \left(\frac{\text{Empregados promovidos ou deslocados a partir do plano de sucessão}}{\text{Total das vagas preenchidas no período}}\right) \times 100$$

O exemplo a seguir considera que três pessoas foram promovidas ou deslocadas lateralmente, conforme indicado no plano de sucessão (entre opções ou alternativas de curto, médio e longo prazos). Considerando-se que 10 posições de liderança foram preenchidas, no total, sabemos que apenas 30% das movimentações foram realizadas dentro do que havia sido previamente identificado.

$$\text{Índice Uso Plano Sucessão} = \left(\frac{3}{10}\right) \times 100 = 30\%$$

Indicador: Índice de empregados de alta performance

Segundo a estatística, a maior parte dos fenômenos humanos poderia ser caracterizada como uma curva normal de probabilidade (ver figura a seguir), em que poucos estão no extremo – menor e maior – e um grupo mais significativo em torno do ponto central. Os resultados das avaliações de desempenho humano obedecem normalmente aos padrões da referida curva: um grupo pequeno de empregados *exce-*

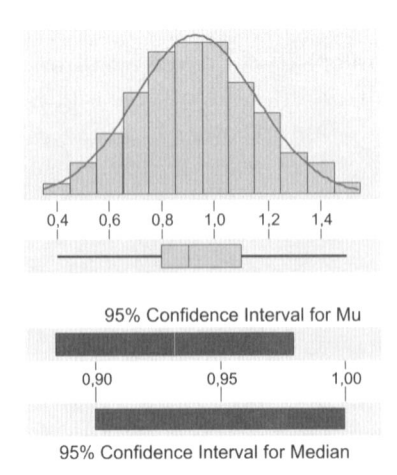

dendo às expectativas, um grupo pequeno com grande *gap* em termos de desempenho e adequação às exigências do trabalho e, em torno da média, um grupo maior de empregados.

O conceito de *curva forçada,* utilizado por algumas Organizações para classificação do desempenho, considera no geral os parâmetros de uma curva normal de probabilidade. Parte da premissa de que poucos estarão se destacando positivamente, em um extremo, e negativamente, em outro devendo haver um contingente maior cujo desempenho se encontra em torno – maior ou menor – da média dos desempenhos observados.

Fórmula: Qualquer que seja a forma de categorização do desempenho – desde que haja tal categorização – pode-se calcular a proporção dos empregados de maior desempenho sobre o total geral de empregados.

$$\text{Proporção \% Alto Desempenho} = \left(\frac{\text{Nº Empregados de Alto Desempenho}}{\text{Nº Total de Empregados}} \right) \times 100$$

A categorização do desempenho – também chamada de grau global do desempenho – pode ser calculada a partir de uma média simples ou ponderada, conforme sugere Stoffel[8], embora o profissional de RH deva considerar que o processo de avaliação ou de gestão do desempenho se dá, preferencialmente, para atendimento de uma necessidade de aperfeiçoamento da forma de trabalho. Trata-se de uma ferramenta importante de desenvolvimento humano, para a qual a Matemática é apenas uma coadjuvante[9].

Média aritmética simples: Quando os indicadores ou metas possuem o mesmo grau de importância ou representatividade.

$$\text{Grau Global} = \left(\frac{\text{Somatório dos Pontos em Cada Indicador}}{\text{Nº Indicadores Avaliados}} \right) \times 100$$

---

[8] STOFFEL, Ignácio. *Administração do Desempenho. Metodologia Gerencial de Excelência*. Rio de Janeiro: Qualitymark Editora. ABRH Nacional, 2000. P. 49.

[9] Para outras reflexões sobre o tema, consultar ASSIS, Marcelino Tadeu de. *Gestão de Programas de Remuneração: Conceitos, Aplicações e Reflexões – Visão generalista dos programas de remuneração*. Rio de Janeiro: Qualitymark Editora, 2011. P. 148-152.

Média aritmética ponderada: Quando os indicadores ou metas possuem diferentes graus de importância ou representatividade (%). Neste caso o número (por exemplo, 2, 3 etc.) de cada indicador deve ser multiplicado pelo peso (%) e, após, somado aos demais.

$$\text{Grau Global} = \left(\frac{\text{Somatório dos Pontos Ponderados}}{\text{N}^{\underline{o}} \text{ Indicadores Avaliados}} \right) \times 100$$

Indicador: Índice de empregados de *alto potencial*

A expressão *alto potencial* se enquadra entre aqueles que todos sabemos o que é, até que nos perguntem as características de um empregado com tal classificação. *Alto potencial* é também aquilo que muitos sabem o que é, desde que estejam diante de um. Durante muito tempo a ideia de alto potencial esteve associada ao *coeficiente de inteligência* – QI – até que tal conceito fosse superado pela teoria das múltiplas inteligências, de Howard Gardner[10], segundo a qual diferentes tipos de talentos *ou de inteligências* determinam o potencial de uma pessoa, podendo envolver inteligência linguística, matemática, musical, espacial, corporal, naturalista, pessoal e existencial.

No contexto organizacional – e segundo referências do Conselho Brasileiro de Superdotados – um indivíduo de alto potencial é forte nos quadrantes a seguir e na maioria das características citadas.

Intelectual:	Motivação:
Capacidade para lidar com abstrações.	Persistência na busca de um objetivo.
Facilidade para lembrar informações.	Envolvimento intenso quando trabalha certos tópicos ou problemas.
Perspicácia em perceber relações de causa e efeito.	
Grande bagagem de informações sobre um ou vários tópicos.	Obstinação em procurar informações sobre tópicos de seu interesse.
Facilidade para transferir aprendizagem de uma situação para outra.	Compromisso com o projeto de longa duração, quando interessado em um tópico.
Capacidade para generalizar sobre eventos, pessoas e coisas.	Capacidade de concentração por longo período de tempo.
	Preferência por trabalhos nos quais possa ter responsabilidade.

---

[10] GARDNER, Howard. *Mentes que Mudam*. SP: Artmed. Trad. Maria Adriana Veronese, 2004.

Criatividade:	Liderança:
Senso de humor. Imaginação. Espírito de aventura. Disposição para correr riscos. Facilidade para adaptar, melhorar ou modificar objetos, processos ou ideias. Disposição para fantasiar e manipular ideias. Capacidade de gerar muitas soluções para determinado problema.	Tendência a ser respeitado pelos colegas. Comportamento cooperativo em trabalhos em grupo. Facilidade em articular ideias e se comunicar com os outros. Capacidade de organização. Tendência a dirigir as atividades quando está envolvido com outras pessoas. Comportamento responsável nas atividades.

Embora o processo que avalia o *desempenho* humano não seja o mais adequado para avaliação do *potencial*, conforme salientou Ângela Leal – que atuou como gerente de Recrutamento & Seleção em uma indústria química – é fato que pode gerar insumos – elementos – para uma avaliação mais profunda quanto ao potencial de determinados empregados, principalmente nos casos em que a Organização necessita desenvolver planos de sucessão para as posições-chave de liderança. Nestes casos a expressão alto potencial está mais fortemente associada aos indivíduos que sobressaem nos quadrantes citados, com ênfase nas questões de liderança.

> *"A maioria (...) das Organizações se concentra em transformar profissionais incompetentes em medíocres. Energia, recursos e tempo deveriam ser usados, antes, para tornar excepcional uma pessoa já competente."*
> **Peter Drucker**

De modo geral os indivíduos de *alto potencial* representam de 1,0% a 3,0% da população, caso sejam consideradas apenas as habilidades intelectuais e acadêmicas, conforme afirma Joseph Renzulli, psicólogo do *Research Institute for Gifted Education*, Connecticut University, nos Estados Unidos, considerado uma das maiores autoridades no assunto[11].

Fórmula: Como o nosso propósito, neste livro, não é auxiliar no mapeamento do desempenho, competências ou potencial, podemos

---

[11] PADILHA, Ivan. *Você Pode Ser um Superdotado*. Revista Época. 13/12/2004. Nº 343. P. 130-131.

calcular, a exemplo do que fizemos com o *alto desempenho* ou *alta performance* – a proporção de empregados identificados como de *alto potencial*.

$$\text{Proporção \% Alto Potencial} = \left(\frac{\text{Nº Empregados de Alto Potencial}}{\text{Nº Total de Empregados}} \right) \times 100$$

O índice pode ser global – para a Organização como um todo – ou focado em cada um dos segmentos ou macrofunções da Organização, tais como produção, vendas, distribuição, finanças, contabilidade, recursos humanos etc. O número de empregados de *alto potencial* ou de *alta performance*, em termos absoluto – quantidade – ou relativo – percentual do número de empregados, pode dar uma dimensão da capacidade de a Organização responder rapidamente às mudanças estratégicas ou, no curto prazo, atender demandas do mercado e dos clientes. Pode ainda orientar ações de remuneração, particularmente em relação aos incentivos de longo prazo.

Indicador: Satisfação dos clientes

A satisfação dos clientes, internos ou externos, depende do atendimento ou superação de uma combinação complexa de atributos de qualidade, sejam eles objetivos, como o tempo (medido em segundos, minutos, horas, dias ou meses), ou subjetivos, como o nível com que o fornecedor compreende as necessidades do cliente. A *satisfação do cliente* é normalmente obtida por indicadores qualitativos[12] que buscam avaliar o nível de eficácia dos trabalhos realizados pelos profissionais que respondem por qualquer processo ligado à gestão de Recursos Humanos, sempre na perspectiva dos clientes.

Há fatores ou aspectos *explícitos* que são ou podem ser externados, explicitados pelos clientes. Há também os aspectos *implícitos*, que se

---

[12] Segundo Jac Fitz-enz, em *O Retorno do Investimento em Capital Humano: Medindo o Valor Econômico do Desempenho dos Funcionários*. São Paulo: Makron Books, 2001. P. 3, os indicadores qualitativos se inclinam a avaliar *valores individuais e reações humanas*. No caso do processo de *preenchimento de vagas* há inúmeros aspectos que os clientes podem estar avaliando além do tempo e da adequação do candidato: compreensão das necessidades, empatia, cordialidade, interesse e comprometimento, entre tantos outros aspectos.

imagina, considera ou acredita, que já estejam ou devessem estar contidos no produto ou serviço a ser entregue[13].

Entre os fatores normalmente explícitos, temos:

Prazo: O tempo definido, estabelecido, combinado, acordado para conclusão e/ou entrega de um determinado trabalho, processo ou serviço. O tempo pode compor tabelas de atendimento do fornecedor de RH, acordos de nível de serviço (ANS), ou negociados com o solicitante ou cliente.

Informações técnicas: Dados técnicos sobre o trabalho, projeto, serviço ou processo entregue ou recomendado, permitindo compreender ou comparar requisitos, tanto em relação a outros fornecedores, como em relação ao próprio fornecedor.

Atendimento funcional: Importância, relevância ou urgência do produto ou serviço para o cliente, conforme explicitado quando da formulação do pedido de serviço ou produto.

Benefício: Nível de retorno que o cliente espera obter – explicitamente – com o investimento realizado e/ou com o trabalho ou projeto concluído.

Tempo de retorno: Tempo que o cliente deseja, pretende ou está disposto a esperar para a geração efetiva dos benefícios explicitados ou negociados.

Confiabilidade: Resultados que o cliente espera do produto ou serviço em função da credibilidade ou responsabilidade interna do prestador do serviço/fornecedor. Ação que será tomada, principalmente quando o produto ou serviço servir de insumos para o desenvolvimento, pelo cliente, de um novo produto ou serviço.

Usabilidade: Facilidade de manuseio, operação ou uso do produto, processo ou serviço, dentro das condições pactuadas ou expressamente definidas.

Acesso: Autorização para acessar, dispor, consumir ou executar o processo ou serviço.

---

[13] GOMES, Adilson. Apostila sobre Indicadores de Gestão do Desempenho em Recursos Humanos – Formulação de Indicadores Operacionais e de Qualidade. Parte 2. Evento realizado pelo IDEMP – Instituto de Desenvolvimento Empresarial, em 2002.

Além dos fatores, aspectos ou condições que são ou podem ser explicitados, há os que – embora não explicitados – fazem parte do rol de expectativas dos clientes[14] de Recursos Humanos. Entre tais fatores implícitos, temos:

Exatidão: Correção dos dados e informações, observância dos prazos, custo, requisitos e especificações em geral. O cliente não precisa dizer que os dados devem estar corretos, uma vez que tal condição – entre outras registradas a seguir – está implicitamente inserida na cadeia cliente-fornecedor.

Avaliabilidade: Garantia prévia de desempenho, considerando-se a capacitação da área ou segmento de RH. Do mesmo modo, não cabe explicitar que o produto ou serviço deve atender às necessidades para as quais foi projetado.

Eficiência: Determinado nível de consumo de recursos, frente ao resultado obtido ou pretendido. Há uma crença geral de que os recursos demandados pelo serviço ou produto sejam compatíveis com o resultado que os mesmos pretendem.

Manutenibilidade: Possibilidade de que o produto ou serviço, após entregue, possa ser mantido ou passível de algum tipo de assistência ou suporte técnico. Do mesmo modo, o cliente tenderá a acreditar – ainda que ninguém tenha criado compromisso explícito – que, uma vez implantado, o produto ou serviço tenha suporte técnico.

Flexibilidade: Possibilidade de customização, adaptação, ajustes e atualização do produto, processo ou serviço.

---

[14] Uma estória auxilia na compreensão do quão complexo é *satisfazer clientes*. Crianças em um determinado colégio compravam balas em uma pequena e modesta barraca em frente ao portão principal do mesmo. Todos os dias, no intervalo ou logo na entrada, compravam 100 ou 200 gramas de balas e doces. Percebendo que o modo de atendimento e a higiene não eram os mais adequados, os diretores resolveram instalar uma barraca dentro do colégio, com toda a organização, iluminação e higiene necessárias, inclusive com o mesmo preço praticado na barraca fora do colégio. Semanas se passaram e as crianças continuaram comprando na barraca instalada do lado de fora. Buscando saber o motivo pelo qual aquelas consumidoras mirins não optavam (ou estavam insatisfeitas) pela barraca do colégio, as professoras obtiveram a seguinte explicação: na barraca do lado de fora, o moço que as atendia colocava uma determinada quantidade de balas e, percebendo que o peso não atingia o patamar desejado, digamos 100 gramas, continuava colocando balas, colocando balas e colocando balas. No colégio, ao contrário, a atendente colocava uma quantidade maior do que o necessário e, para compensar, retirava balas, retirava balas e retirava balas. Este caso explica ou auxilia no entendimento de que há aspectos subjetivos importantes a serem considerados.

Interoperabilidade: Possibilidade de tal produto, processo ou serviço integrar-se a processos mais amplos.

Atendimento: Podemos acrescentar, entre os aspectos implícitos, o atendimento pelo profissional de RH (ou de qualquer outra área). Conforme pesquisa realizada pelo Instituto Brasileiro de Relações com o Cliente (IBCR), em 2004, o *atendimento* foi considerado o item mais importante por 43% dos entrevistados, seguido pela qualidade do produto, com 29%. Nos processos de gestão de RH o atendimento provavelmente é tão importante quanto o atendimento comercial. É através desse contato, pessoal ou telefônico, que o cliente da loja ou interno, de RH, percebe se é ou não o ativo mais importante de um prestador de serviços.

Os indicadores voltados à satisfação dos clientes internos, relativamente aos produtos, serviços e projetos ligados ao segmento de RH, buscam, normalmente:

Melhorar a qualidade dos processos e projetos de RH: Neste aspecto podemos depreender que o objetivo dos indicadores será o de assegurar o desenvolvimento – ou a melhoria – permanente dos resultados gerados por processos internos, bem como a adequação ou aderência dos projetos às demandas dos clientes ou necessidades da Organização.

Melhorar a qualidade dos produtos e serviços de RH: Melhorar os processos irá permitir a melhoria dos resultados finais, ou dos produtos e serviços oferecidos aos empregados e às lideranças, nos seus mais variados níveis.

Aumentar a satisfação dos clientes internos em relação ao segmento de RH: Otimizar investimentos em processos, produtos e serviços pode contribuir, de maneira expressiva, para a satisfação dos clientes em relação aos subsistemas de RH.

Reduzir custos: Custo é uma área normalmente relacionada à gestão de Recursos Humanos, naquilo que envolve salário, encargos, benefícios e afins. Indicadores direcionados para custo ampliam e dão visibilidade aos gastos e, nesse sentido, podem auxiliar a identificar potencial de melhoria.

Aumentar a produtividade: Indicadores ligados ao item *custo* são importantes, mas particularmente importantes quando associados aos resultados gerados pelo uso dos mais variados recursos, entre eles os recursos financeiros.

Josir Simeone Gomes, coordenador de MBA do IBMEC, no Rio de Janeiro, registra que o indicador *satisfação do cliente*, classificado como indicador não-financeiro, está entre os mais importantes indicadores a serem utilizados. Registra Gomes que *cada cliente insatisfeito conta sua experiência para, em média, nove pessoas*[15].

> *"Por alguma razão desconhecida, a área de RH gasta muito do seu tempo com pessoas e programas não produtivos. Em contraste, qualquer bom gerente de produtos sabe que 80% dos seus lucros virão de 20% dos produtos. A regra 80/20 se aplica também na gestão de pessoas."*
> **John Sullivan**
> San Francisco State University

Fórmula: A satisfação dos clientes pode ser medida de diversas formas. No caso específico da empresa ALFA, cujos dados divulgamos anteriormente, podemos considerar a frequência de opinião em cada medida considerada no formulário de avaliação: *péssimo, ruim, regular, bom, ótimo, excelente*, escala de 1 a 7, e assim por diante. Para simplificar o nosso entendimento iremos considerar que os clientes internos avaliaram o processo de preenchimento de vagas através de uma escala de 1 a 3, sendo 1 a menor avaliação e 3 a de maior avaliação. Obviamente que a ideia de "satisfação do cliente" é muito mais ampla, podendo e devendo percorrer os diversos subsistemas de Recursos Humanos, bem como cada um dos atributos.

$$\text{Satisfação do Cliente (1)} = \left(\frac{\text{N}^\circ \text{ de indicações como "1"}}{\text{N}^\circ \text{ de vagas preenchidas}} \right) \times 100$$

---

[15] Matéria "Como Manter Saudável a Empresa de Pequeno Porte: Especialista em Controle de Gestão Lista Regras para o Segmento". Jornal O Globo. Rio de Janeiro. Caderno Boa Chance. 29/02/04.

$$\begin{array}{c}\text{Satisfação do}\\\text{Cliente}\\(2)\end{array} = \left(\dfrac{\text{N}^{\underline{o}}\text{ de indicações como "2"}}{\text{N}^{\underline{o}}\text{ de vagas preenchidas}}\right) \times 100$$

$$\begin{array}{c}\text{Satisfação do}\\\text{Cliente}\\(3)\end{array} = \left(\dfrac{\text{N}^{\underline{o}}\text{ de indicações como "3"}}{\text{N}^{\underline{o}}\text{ de vagas preenchidas}}\right) \times 100$$

Podemos ainda admitir que os graus "2" e "3" atendem o nível de exigência da empresa ALFA, relativamente ao índice de *satisfação do cliente*. Tomando-se tal premissa como adequada, o índice de janeiro seria de 100%.

$$\begin{array}{c}\text{Satisfação do}\\\text{Cliente}\\(2\text{ e }3)\end{array} = \left(\dfrac{\text{N}^{\underline{o}}\text{ de indicações como "2 e 3"}}{\text{N}^{\underline{o}}\text{ de vagas preenchidas}}\right) \times 100$$

A *satisfação do cliente* é um indicador de extrema aplicação no quotidiano profissional, seja ele medido por processo formal ou informal. Na esfera acadêmica, por exemplo, encontra-se um manancial de oportunidades de medições, tanto na perspectiva dos gestores da entidade de ensino, como na perspectiva do Governo, através do Ministério da Educação (o denominado "provão", por exemplo) e, particularmente, na perspectiva do professor. A maioria dos professores, infelizmente, desperdiça a possibilidade de criar medições para a melhoria contínua do seu próprio trabalho. Com exclusivo intuito de reforçar o entendimento do leitor, tomo a liberdade de registrar um fato ocorrido em uma turma de MBA da qual fui professor.

Com 1/3 do curso desenvolvido, pedi aos alunos que registrassem, em um questionário, anonimamente, opiniões sobre o processo de ensino-aprendizagem na disciplina que conduzia até aquele momento. Embora o *feedback* verbal, ao longo dos dois primeiros encontros, tivesse sido adequado e dentro das minhas expectativas, precisava – como sempre faço – obter dados mais formais e relativamente isentos (anônimos). Propus que os alunos avaliassem livremente nove aspectos em uma escala, do *péssimo* ao *ótimo* (de 1 a 10). A avaliação realizada pelos alunos deu uma dimensão da satisfação da turma, bem aquém da expectativa que eu tinha (ver tabulação a seguir), o que permitiu ou estimulou a compreensão das causas e a implementação de um plano de ação para cada um dos pontos com potencial de melhoria.

Itens Avaliados	Classificação				
	Péssimo	Ruim	Regular	Bom	Ótimo
	1	3	5	7	10
Importância da disciplina para a GRH				12%	88%
Organização do conteúdo da disciplina			6%	41%	53%
Organização e praticidade da apostila			18%	29%	53%
Aplicabilidade dos temas/abrangência			6%	29%	65%
Conhecimento técnico do professor				24%	76%
Clareza/consistência com que os temas são tratados		6%	6%	41%	47%
Condução da disciplina pelo professor	6%		12%	29%	53%
Interação do professor com a turma		6%	12%	47%	35%
Participação/interesse da turma			29%	35%	35%

Respondentes ⇒ 17

Resultado abaixo da expectativa.

Buscar dados, transformá-los em informações e agir sobre eles – em que pese o tempo demandado ou o eventual desconforto – podem ser cruciais, e por vezes o divisor de águas entre o *ruim* e o *bom*, entre o *mediano* e o *ótimo*. No campo acadêmico, e particularmente em sala de aula, temos uma oportunidade imensa – como vimos – de usar indicadores quantitativos e qualitativos. O *índice de presença dos alunos*, por exemplo, pode ser um indicador quantitativo importante, podendo, ainda, ser a ponta de um *iceberg* a ser desvendado com indicadores qualitativos, com conversas abertas e francas sobre o processo, sobre as expectativas e sobre as opções de aperfeiçoamento. Nesse sentido é possível afirmar que conhecer percepções, discutir sobre elas e buscar – em conjunto – uma forma de melhorar, devem ser o objetivo de cada um de nós, profissionais de RH, professores e alunos.

O gráfico a seguir, cujas colunas representam o somatório dos graus *bom* e *ótimo*, demonstra o avanço obtido ao final da disciplina

Avaliação de Desempenho do Professor
Turma de MBA – Universidade XYZ
1º Semestre – Ano 6

[Gráfico de barras empilhadas mostrando Melhoria e Avaliação inicial para 9 Indicadores de Avaliação:
1: 94% / 6%
2: 82% / 12%
3: 94% / 6%
4: 88% / 12%
5-6: (legenda)
7: 82% / 18%
8: 82% / 18%
9: 71% / 11%]

Indicadores de Avaliação

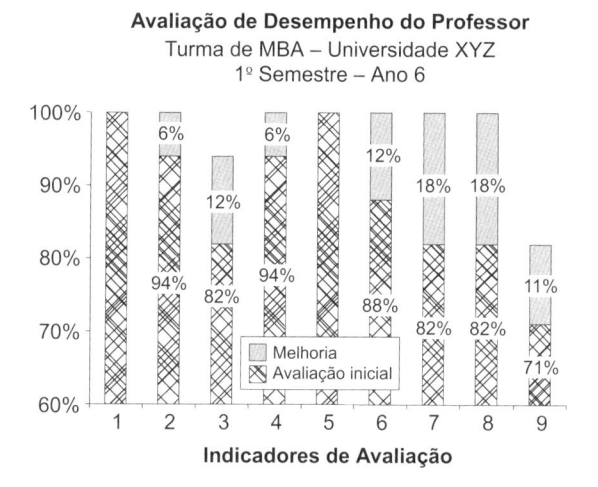

ministrada para a turma citada anteriormente, em cada um dos nove aspectos ou fatores críticos de sucesso, também anonimamente.

Indicador: Percentual da remuneração variável sobre os salários

As atividades voltadas à gestão dos programas de remuneração também oferecem um grande potencial de oportunidades de medição, tanto diretamente em relação aos custos, como através de percentuais indicativos dos custos ou do investimento. O *percentual médio de remuneração variável*, nesse sentido, pode indicar o nível em que os empregados condicionam parte da receita ou renda potencial ao alcance ou superação dos resultados individuais, de equipes ou da Organização[16]. Pesquisas vêm mostrando expressivo crescimento dos programas de remuneração variável[17] e, nesse sentido, tal indicador pode ser visto como um indicador financeiro importante para projetar, medir e monitorar o nível da remuneração variável, individualmente, por posição ou na estrutura de custos da Organização.

---

[16] Para mais informações sobre métricas associadas ao segmento de remuneração, consultar ASSIS, Marcelino Tadeu de. *Gestão de Programas de Remuneração: Conceitos, Aplicações e Reflexões – Visão Generalista dos Programas de Remuneração*. Rio de Janeiro: Qualitymark Editora, 2011. 392 P.

[17] Particularmente programas de Participação dos Trabalhadores nos Lucros e Resultados das Empresas (PLR) regidos pela Lei 10.101/00. Observa-se também o reforço de outros programas de remuneração variável, principalmente bônus, para executivos, ou de vendas, para a atividade comercial.

136 INDICADORES DE GESTÃO DE RECURSOS HUMANOS

Fórmula: Podemos fazer o cálculo sob duas perspectivas diferentes: No primeiro caso podemos somar o investimento realizado pela empresa ao longo do ano e dividir tal investimento em remuneração variável pelo total dos salários pagos pela empresa. Neste caso teremos uma demonstração da representatividade percentual das parcelas variáveis no total dos salários, normalmente denominadas de *mix* (relação entre a parte fixa e a variável).

Salário:	1.000.000
PLR:	100.000
Bônus:	150.000
Premiação em Vendas:	30.000
Comissões:	15.000
Prêmios Reconhecimento:	6.000
Total:	**301.000**

$$\frac{\% \text{ sobre os}}{\text{salários}} = \left(\frac{\text{Total variável}}{\text{Total salários}}\right) \times 100$$

$$\frac{\% \text{ sobre os}}{\text{salários}} = \left(\frac{301.000}{1.000.000}\right) \times 100 = 30\%$$

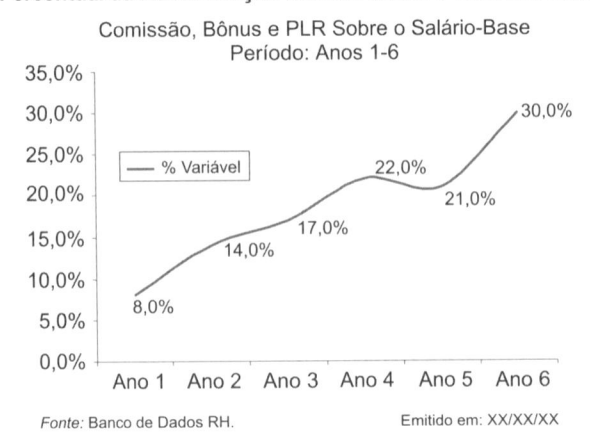

Percentual da Remuneração Variável Sobre o Total dos Salários
Comissão, Bônus e PLR Sobre o Salário-Base
Período: Anos 1-6

- Ano 1: 8,0%
- Ano 2: 14,0%
- Ano 3: 17,0%
- Ano 4: 22,0%
- Ano 5: 21,0%
- Ano 6: 30,0%

Fonte: Banco de Dados RH. Emitido em: XX/XX/XX

O leitor pode – no gráfico anterior e nos demais gráficos e indicadores aqui apresentados – inserir, por exemplo, a média de mercado, conforme mostrado a seguir[18], a meta da empresa ou algum limite (*benchmark* interno ou externo) definido pela Organização.

Percentual da remuneração variável médio sobre o total dos salários. Dados fictícios da empresa ALFA e do mercado, considerando-se, neste caso, o somatório dos salários e a existência de dados de mercado na mesma métrica ou critério de cálculo.

Percentual da Remuneração Variável Sobre o Total dos Salários
Comissão, Bônus e PLR Sobre o Salário-Base
Período: Anos 1-6

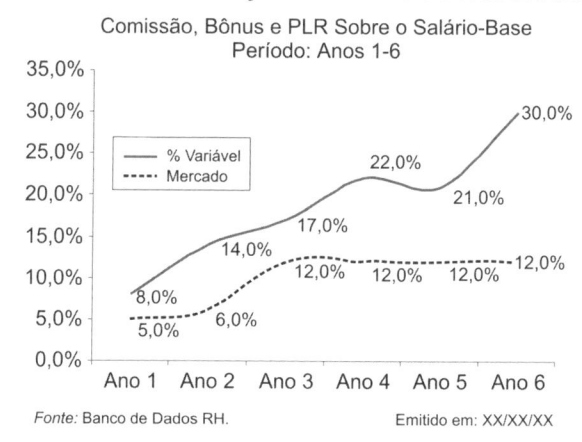

Ano	% Variável	Mercado
Ano 1	8,0%	5,0%
Ano 2	14,0%	6,0%
Ano 3	17,0%	12,0%
Ano 4	22,0%	12,0%
Ano 5	21,0%	12,0%
Ano 6	30,0%	12,0%

Fonte: Banco de Dados RH. Emitido em: XX/XX/XX

Tal indicador pode ser subdividido em percentuais ou valores voltados aos resultados corporativos e individuais, podendo ainda considerar cada um dos programas de remuneração variável implementados internamente[19]: gratificação por desempenho, prêmios por reconhecimento, participação nos lucros, participação nos resultados, gratificação, premiação por vendas, bônus e afins.

---

[18] Embora existam muitos dados disponíveis sobre o tema, optamos por registrar dados hipotéticos, mantendo-se a linha de que não iríamos discutir referências de mercado. O profissional pode, no entanto, desenvolver pesquisas para obter dados que lhes pareçam adequados a uma comparação. O mercado selecionado para pesquisa pode conter empresas do mesmo segmento de mercado, ramo de atividade, porte, origem do capital ou empresas conceituadas.

[19] ASSIS, Marcelino Tadeu. *Remuneração: Integrando Sistemáticas de Recompensa & Reconhecimento*. Rio de Janeiro: Papel Virtual. 2002.

138 INDICADORES DE GESTÃO DE RECURSOS HUMANOS

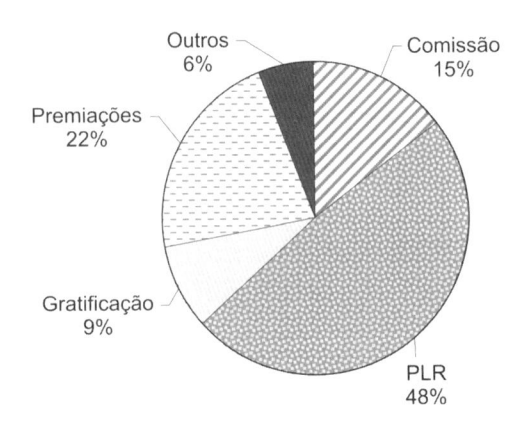

- Outros 6%
- Comissão 15%
- Premiações 22%
- Gratificação 9%
- PLR 48%

Indicador: Participação da remuneração variável no total da remuneração direta

Outra forma de visualizar a parcela variável é calculando a *participação da remuneração variável no total da remuneração direta*.

Fórmula: Ao contrário do indicador anterior, onde somamos o investimento realizado pela empresa ao longo do ano e dividimos tal investimento pelo total dos salários pagos pela empresa, neste caso iremos avaliar a participação percentual da parcela variável no contexto da remuneração total ou do somatório do investimento em salário, adicionais, prêmios e benefícios.

Salário:	1.000.000
Encargos:	860.000
Benefícios:	180.000
PLR:	100.000
Bônus:	150.000
Premiação em Vendas:	30.000
Comissões:	15.000
Prêmios Reconhecimento:	6.000
Total:	**2.341.000**

$$\frac{\%\text{ sobre a}}{\text{folha de pagto.}} = \left(\frac{\text{Total variável}}{\text{Total folha pagto.}}\right) \times 100$$

$$\frac{\%\text{ sobre a}}{\text{folha de pagto.}} = \left(\frac{301.000}{2.341.000}\right) \times 100 = 13\%$$

Indicadores Operacionais, de Processo ou Desempenho 139

Um gráfico de *pizza* (como é normalmente chamado) pode dar uma dimensão da proporção de cada componente dos custos no total da folha de pagamento. Podemos, assim como no exemplo anterior, inserir um gráfico que avalia as proporções ao longo dos anos.

Salário:	1.000.000
Encargos:	860.000
Benefícios:	180.000
PLR:	100.000
Bônus:	150.000
Premiação em Vendas:	30.000
Comissões:	15.000
Prêmios Reconhecimento:	6.000
Total:	**2.341.000**

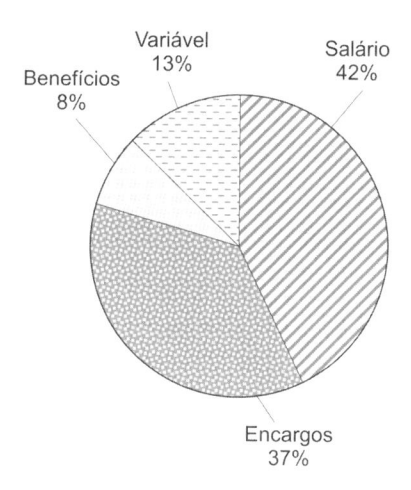

Gráfico de pizza:
- Salário 42%
- Encargos 37%
- Variável 13%
- Benefícios 8%

Indicador: Percentual das horas extras sobre o total dos salários

Outro item que pode ser comparado com o total dos salários é a hora extra. A quantidade de horas, a regularidade do pagamento e o valor pago pela empresa podem criar uma *fábrica oculta*, conforme por vezes repetia J. Garcia, Consultor da Six Sigma Academy, ao referir-se a alguma coisa que foi criada em função da falta de qualidade de algum processo, onde tendemos a atacar os efeitos e não as causas.

As horas-extras podem atender demandas temporárias ou eventuais, podendo ainda servir para cobrir falhas no dimensionamento do quadro, na capacitação dos grupos de trabalho, na motivação e engajamento do corpo funcional, na racionalidade dos processos, escondendo uma indústria de hora extra para atender, exclusivamente, aos interesses de alguns empregados, falta de planejamento dos trabalhos, entre outras disfunções. As horas-extras podem dar uma dimensão do quadro de pessoal que se esconde nas rubricas da folha de pagamento, ainda que tal custo não seja contabilizado como *quantidade de empregados*.

Fórmula: A fórmula básica pode ser representada pela divisão do valor pago como hora-extra pelo somatório dos salários. O cálculo pode ocorrer mensalmente ou anualmente, dependendo da necessidade da Organização. No caso de envolver o acumulado do ano é importante acumular o valor pago como hora-extra e, da mesma forma, os valores pagos na rubrica *salários*.

Total dos salários: 1.000.000
Horas-extras: 88.000

$$\frac{\text{\% das H/Es}}{\text{sobre salários}} = \left(\frac{\text{Total H/Es}}{\text{Total salários}}\right) \times 100$$

$$\frac{\text{\% das H/Es}}{\text{sobre salários}} = \left(\frac{88.000}{1.000.000}\right) \times 100 = 9\%$$

Total H/Es = Total pago em horas-extras.

No caso de empresas que adotam bancos de horas, a melhor referência é o crédito das horas-extras e não exatamente os valores pagos. Em empresas que adotam horário flexível o processo fica um pouco mais complexo, muito embora possa valer, também, o conceito de horas adicionais ao horário considerado normal para os funcionários sujeitos ao controle de frequência e pontualidade.

Um gráfico de linha pode auxiliar na compreensão do comportamento de tal proporção ao longo dos anos. Como um típico indicador quantitativo, não há um diagnóstico sobre as razões, embora os dados a seguir possam gerar algumas perguntas: O nível de hora-extra é uniforme dentro da Organização ou está concentrado em algum segmento ou período do ano ou mês? Há dados que sugerem aumento da demanda (atividades ou processos) na Organização como um todo

Evolução da Hora-Extra Sobre o Total dos Salários
Ano 1 – Ano 6 – Valor Anual Acumulado

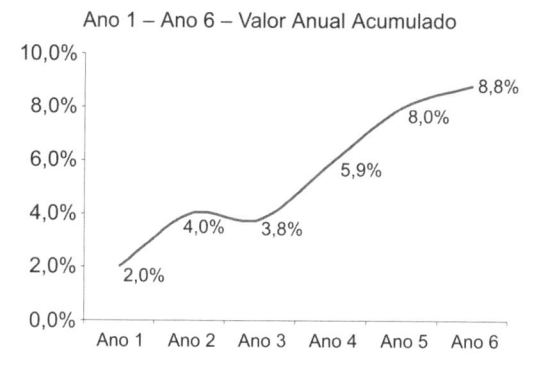

- Ano 1: 2,0%
- Ano 2: 4,0%
- Ano 3: 3,8%
- Ano 4: 5,9%
- Ano 5: 8,0%
- Ano 6: 8,8%

Fonte: Folha de Pagamento.

ou particularmente nos segmentos com maior nível de hora-extra? Há redução ou alteração significativa no quadro de empregados?

Podemos transformar o percentual de horas-extras em número de trabalhadores, caso tenhamos interesse em dar visibilidade a esse quadro oculto de empregados, servindo, claro, apenas como um exercício. O cálculo pode ser feito com base no salário + encargos, comparativamente ao gasto como horas-extras, ou apenas considerando-se a quantidade de horas extras.

$$\text{Conversão de H/E (em Empregados)} = \left(\frac{\text{Valor pago H/E (1)}}{\text{Remuneração média por empregado (2)}} \right) \Rightarrow \left(\frac{145.200}{1.800} \right) \Rightarrow 81 \text{ Empregados Adicionais}$$

(1) Com encargos que incidem sobre o valor da hora-extra. Para simulação utilizamos 65% sobre o valor pago e demonstrado anteriormente.

(2) Remuneração média formada por empregados submetidos ao controle de frequência e pontualidade. Note que tal número é diferente do apresentado anteriormente, tendo em vista o fato de estarmos, neste caso, excluindo os gastos associados aos empregados isentos de controle formal de frequência e pontualidade.

Indicador: Hora de Treinamento pelo número de empregados

Outro indicador muito usual diz respeito ao *tempo médio de treinamento por empregado*, como medidor do *esforço* (grife-se a palavra esforço) em assegurar a qualificação, o desenvolvimento permanente da força de trabalho, através de ações diretas de treinamento, *workshops* e seminários ou do suporte às chefias com assessoria, aconselhamento, *coaching* e consultoria. As funções relativas a T&D são, provavelmente, as que geram – ou podem gerar – o maior número de dados mas, ao mesmo tempo, apresentam os mais complexos processos a avaliar, em que pese – como vimos – a quantidade e a diversidade de dados e de indicadores potenciais. O tempo de *treinamento por empregado* é um dos mais usuais indicadores para avaliação do nível de *esforço* empregado no processo de treinamento & desenvolvimento[20] dos Recursos Humanos de uma Organização. O *treinamento por empregado* é medido normalmente por hora de treinamento por ano. A Tabela 6 (a seguir) retrata os números disponíveis na empresa ALFA sobre as ações de treinamento e desenvolvimento realizados, os empregados envolvidos, o custo e afins, podendo nos auxiliar na compreensão do processo de cálculo do tempo por empregado.

Fórmula: A fórmula básica é a da média aritmética simples, onde dividimos o total das horas de treinamento – incluindo todos os funcionários, mesmo os que não participaram de processos formais de treinamento patrocinado pela empresa – pelo número total de empregados na empresa ALFA.

Considerando-se que a empresa ALFA possui apenas 30 empregados (para simplificar o processo de avaliação) – e aplicada a fórmula a seguir sobre os dados da tabela – podemos concluir que, em novembro, a ALFA atingiu a marca de 6 horas por empregado, mesmo reconhecendo que temos empregados que não participaram de ações de treinamento e, outros, com uma carga horária relativamente alta.

$$\text{Horas de T\&D por empregado} = \left(\frac{\text{Total de horas em T\&D}}{\text{N}^{\underline{o}} \text{ de empregados}} \right)$$

Avaliando-se o esforço de treinar e desenvolver pessoas, ao longo do ano, a empresa ALFA sai de 6 para 7 horas de treinamento por empregado.

---

[20] O termo *treinamento* é usualmente empregado para designar todas as ações e esforços para dotar os recursos humanos de uma capacidade superior. Este termo resume, de maneira geral, cursos, seminários e programas de desenvolvimento gerencial, embora tecnicamente possa significar a transmissão de conhecimento técnico-operacional, tal como ocorre na operação de mesa telefônica, na montagem e na manutenção de máquinas.

Indicadores Operacionais, de Processo ou Desempenho **143**

Tabela 6

Mês	Empregado	T&D (S/N)	Tempo (horas)	Tipo	Motivo	Ambiente	Custo (R$)	Desempenho (escala de 1 a 3) Antes	Desempenho (escala de 1 a 3) Depois	Tipo (G/T)	T&D no Ano Tempo (horas)	T&D no Ano Custo (R$)
(A)	(B)	(C)	(D)	(E)	(F)	(G)	(H)	(I)	(J)	(L)	(M)	(N)
Nov.	1	S	8	Gerencial	Desenvolvimento	Externo	2.800	2	3	G	12	3.400
Nov.	2	S	8	Gerencial	Desenvolvimento	Externo	2.800	3	3	G	8	
Nov.	3	S	16	Técnico	Nova tecnologia	Externo	1.200	3	3	T	16	
Nov.	4	S	16	Técnico	Nova tecnologia	Externo	1.200	2	2	T	16	
Nov.	5	N	0	–	–		0				0	
Nov.	6	N	0	–	–		0				8	900
Nov.	7	N	0	–	–		0				0	
Nov.	8	N	0	–	–		0				0	
Nov.	9	S	48	Técnico	Nova tecnologia	Externo	800	2	2	T	48	1.700
Nov.	10	N	0	–	–		0				0	
Nov.	11	N	0	–	–		0				0	
Nov.	12	N	0	–	–		0				0	
Nov.	13	N	0	–	–		0				0	
Nov.	14	N	0	–	–		0				0	
Nov.	15	N	0	–	–		0			T	16	2.500
Nov.	16	N	0	–	–		0				0	
Nov.	17	N	0	–	–		0				0	
Nov.	18	N	0	–	–		0				0	
Nov.	19	N	0	–	–		0				0	
Nov.	20	N	0	–	–		0				0	
Nov.	21	S	36	Técnico	Nova tecnologia	Externo	800	2	2	T	36	
Nov.	22	N	0	–	–		0				0	
Nov.	23	N	0	–	–		0				0	
Nov.	24	N	0	–	–		0				0	
Nov.	25	N	0	–	–		0				0	
Nov.	26	N	0	–	–		0				0	
Nov.	27	N	0	–	–		0				0	
Nov.	28	S	48	Gerencial	Desenvolvimento	Externo	4.500	2	2	G	48	5.300
Nov.	29	N	0	–	–		0				0	
Nov.	30	N	0	–	–		0				0	

Indicador: Horas de T&D pelo número de empregados ajustado à jornada integral

O tempo de *treinamento pelo número de empregados ajustado à jornada integral* é uma variação do indicador anterior e que também pode ser utilizado para avaliação do nível de *esforço* empregado no processo de treinamento & desenvolvimento dos Recursos Humanos de uma Organização. Neste caso em particular, o denominador não será o número de empregados, mas sim o número de empregados ajustado ao horário integral.

Fórmula: A fórmula básica também é a da média aritmética simples, onde dividimos o total das horas de treinamento, incluindo todos os funcionários, mesmo os que não participaram de processos formais de treinamento patrocinado pela empresa, pelo número ajustado de empregados na empresa ALFA (ver capítulo que trata dos indicadores demográficos).

Considerando-se que a empresa ALFA possui apenas 30 empregados que trabalham 4 horas, cada um deles, teremos um número de 15 empregados ajustado à jornada integral. Numa situação como essa a marca de 6 horas por empregado, em novembro, sobe para 12 horas de T&D por empregado ajustado ao horário integral de trabalho ou, como diz Jac Fitz-enz, pelo número de FTE's *(full time equivalent)*. Isto é particularmente interessante para Organizações que acumulam parcela expressiva do seu contingente em horário diferente do horário considerado integral (8 horas).

$$\text{Horas de T\&D pelo número ajustado de empregados} = \left(\frac{\text{Total de horas em T\&D}}{\text{N}^{\underline{o}} \text{ ajustado à jornada integral}} \right)$$

Indicador: Índice de empregados em programas de T&D

O indicador *número de horas* em eventos de T&D pode redundar no indicador que mede a proporção dos empregados que participaram de eventos formais de T&D patrocinados pela Organização, calculado na forma de um índice sobre o número total de empregados. Tal indicador pode dar dimensão da parcela dos empregados submetida a programas formais de T&D. Podemos utilizar tal indicador, por exemplo, para refletir a parcela de um setor, seção ou segmento submetida a um determinado evento, podendo tal evento ser técnico ou comportamental. O indicador pode, ainda, ser utilizado para medir o índice de T&D para toda a força de trabalho em um determinado período de tempo[21].

Fórmula: A fórmula, neste caso, é um ajuste da fórmula discutida anteriormente, buscando-se calcular o percentual dos empregados que participaram de eventos de treinamento organizados, conduzidos e patrocinados, integral ou parcialmente, pela Organização.

Aplicada a fórmula a seguir sobre os dados de novembro iremos perceber que a empresa ALFA investiu formalmente em sete empregados, o que representa 23% do total de empregados.

$$\text{Índice de empregados em eventos de T\&D} = \left(\frac{N^{\circ} \text{ de empregados em eventos de T\&D}}{N^{\circ} \text{ de empregados}}\right) \times 100$$

$$\text{Índice de empregados em eventos de T\&D} = \left(\frac{7}{30}\right) \times 100 = 23\%$$

Analisando-se o ano – até o mês de novembro – o índice sobe de 23% para 30%.

$$\text{Índice de empregados em eventos de T\&D (Ano)} = \left(\frac{9}{30}\right) \times 100 = 30\%$$

Segundo Rugenia Pomi[22], *apenas indicadores quantitativos de tempo, custo e quantidade não são suficientes para avaliar a qualidade e o retorno do investimento em treinamento & desenvolvimento diante dos resultados dos negócios.* Tal necessidade demandou, segundo a consultora, o desen-

---

[21] No Congresso Mundial de Remuneração, Benefícios e Ambiente de Trabalho, conduzido pela WorldatWork – antiga Associação Americana de Remuneração – e realizado nos Estados Unidos, em 2002, a Microsoft apresentou um estudo de caso denominado *"total rewards"*, onde uma das demandas dos empregados estava relacionada ao nível de treinamento por empregado. Em função de tais demandas – e da análise sistêmica dos pilares da gestão de RH, a Microsoft aumentou para 42 horas por ano a carga de treinamento por empregado atuante em um determinado segmento da Organização. Neste caso a empresa precisa atingir, para solidificar seu compromisso, 100% dos empregados com, no mínimo, 42 horas por ano. Este percentual é calculado através do índice de T&D.

[22] POMI, Rugenia M. *Manual de Gestão de Pessoas e Equipes: Estratégias & Tendências.* V. I. Livro organizado por Gustavo Boog e Magdalena Boog. Diversos autores. São Paulo. P. 270.

volvimento e a implementação do *Learning Value System* que, além dos indicadores clássicos, utiliza medidas específicas a cada situação de aprendizagem, abordando o ciclo do valor agregado por educação e aprendizagem. Contempla a análise da situação, da intervenção, do impacto, do valor monetário e do retorno financeiro do investimento aplicado.

Os esforços de T&D são avaliados em conjunto com diversos indicadores, entre os quais: Investimento em T&D em relação ao faturamento e às despesas, investimento técnico e operacional *per capita*, investimento em T&D comparado à remuneração, o valor do investimento em T&D e treinamento técnico/operacional.

Pontos de reflexão: Alguns aspectos, no entanto, criam limitações adicionais aos indicadores relacionados ao processo de capacitação, treinamento, desenvolvimento dos Recursos Humanos. Para nossa contínua reflexão, seguem alguns deles:

1) *Ações quotidianas e sem controle corporativo:* A maior parte dos eventos de capacitação, treinamento e desenvolvimento ocorre através de processos informais, de maneira descentralizada, o que impede ou não facilita o registro de dados, corporativamente.

    Alternativa: Estimular o registro dos eventos que contribuam para os contínuos aperfeiçoamento e aprimoramento dos Recursos Humanos da Organização, o que inclui seminários, *workshops*, congressos, cursos, treinamentos introdutórios ou ambientação, ações de conscientização sobre segurança ocupacional, cursos de direção defensiva, palestras sobre qualidade de vida e afins. Em que pese todo esse esforço, tantos outros eventos ficarão de fora, particularmente os relacionados às reuniões de realinhamento, definição de estratégia e lançamento de produtos, tendo em vista a diferença tênue entre trabalho e desenvolvimento.

2) *Treinamento* **on the job:** Muitos desses processos estão relacionados, por exemplo, aos treinamentos chamados de *on the job*, onde o funcionário é treinado em seu local de trabalho e nas funções para as quais foi designado.

    Alternativa: Disponibilizar recursos para que as chefias em geral possam registrar, em sistema de desenvolvimento *amigável*, dados sobre este tipo de evento.

3) **Autodesenvolvimento:** As atividades de autodesenvolvimento, assumidas pelo próprio empregado, usualmente não fazem parte dos indicadores que medem o nível de *treinamento por empregado*, mesmo quando a empresa concede o tempo (ou mesmo as instalações) para que o empregado se desenvolva. Outro ponto que merece destaque está relacionado aos meios de aprendizado e de desenvolvimento, muitos dos quais de difícil contabilização (leitura de livros, revistas, artigos técnicos etc.).

Alternativa: Desenvolver indicador que tente contabilizar esforços de autodesenvolvimento (pelo menos o formal e factível de ser documentado), de modo a que cada empregado seja responsável por manter seus registros atualizados e, desta maneira, permitir que novos indicadores sejam criados.

Indicador: Índice de efetividade do treinamento

Inúmeros eventos são realizados ao longo do ano, em boa parte das Organizações, sem que a maioria desses eventos tenha qualquer indicador que possa medir além do número de participantes, da carga horária e custo envolvidos. Investimos, no geral, muito pouco para conhecer a opinião do público treinado ou das lideranças das áreas envolvidas[23], o nível de aprendizado, de compreensão dos participantes ou mesmo a opinião daquele que conduziu o evento. Quando a maioria dos profissionais é questionada sobre o que teria ocorrido ao longo do ano, em termos de treinamento & desenvolvimento, listam-se, na maioria das vezes, o nome do evento, o número de participantes, a carga horária envolvida e, por vezes, o investimento financeiro (hotel, palestrante, material didático, refeições, traslado e viagens).

Imaginando-se que um evento de T&D é realizado para atendimento de determinadas demandas, precisamos buscar alternativas que nos permitam estabelecer medições além dos indicadores comuns (e importantes). A *efetividade do treinamento* pode, nesse sentido, ser explorada, de modo a que auxilie na compreensão do retorno potencial do investimento em T&D.

---

[23] Também chamada de pesquisa de reação. Nessa pesquisa – normalmente realizada através de um questionário – são formuladas questões envolvendo a adequação do conteúdo ao tema principal do evento, clareza, consistência e conhecimento técnico do palestrante ou professor, qualidade do material fornecido, adequação das instalações, entre outras questões que afetam ou poderiam afetar o conforto do participante e sua disposição para o aprendizado.

Nível de compreensão do tema: Calculado sob duas perspectivas, o nível de efetividade de T&D pode focar a compreensão geral do tema objeto do treinamento. Realizando-se um evento sobre *noções básicas de primeiros socorros*, por exemplo, é minimamente razoável que os participantes sejam submetidos a teste teórico e/ou prático, mesmo que simples, para testar conceitos básicos ou aspectos essenciais do treinamento – *o público envolvido e a criticidade do tema ou do conteúdo* – na formação do profissional. Havendo interesse podemos ainda medir o conhecimento *antes* e *depois* do treinamento, de modo a que se possa compreender o nível de aprendizado, tal como se observa atualmente em relação ao ENAD[24].

	Faixa de acerto	Conceito geral	Grau
Índice de efetividade = do evento	Entre 90% e 100% de acerto	= Excelente	9
	Entre 70% e 80% de acerto	= Bom	7
	Entre 50% e 60% de acerto	= Regular	5
	Abaixo de 50%	= Baixo retorno	0

Indicador: Índice de qualidade do trabalho em equipe

Embora buscando um universo menor e focado no desenvolvimento de equipes, no âmbito de um departamento ou setor, Edgar Shein[25] sugere um sistema de medição para melhorar a compreensão do nível de qualidade das relações entre os membros de equipes de trabalho, a partir de oito aspectos e uma escala que varia de 1 a 10. Os aspectos-chave, segundo Shein, são:

1) Metas e Objetivos.
2) Participação.
3) Sentimentos.
4) Diagnóstico dos Problemas Grupais.
5) Liderança.

---

[24] Alunos que entram em determinados cursos de nível superior são avaliados no momento da entrada e, posteriormente, no momento da saída ou da conclusão do curso. A diferença positiva entre *o que sabiam* e o que *passaram a saber* é creditada ao curso. Quanto maior a alavancagem, melhor para a avaliação do curso.

[25] SHEIN, Edgar H. *Consultoria de Procedimentos: Seu Papel no Desenvolvimento Organizacional*. São Paulo: Edgar Blücher, 1972. P. 46-47.

6) Tomada de Decisões.
7) Confiança Recíproca.
8) Criatividade e Crescimento.

Mesmo não sendo um indicador operacional ou de processo, cabe ser registrado como forma de ampliar as opções das lideranças no processo interno de monitoramento de dados ligados à sua equipe de trabalho.

Metas e Objetivos: A percepção da equipe de trabalho pode variar entre o grau 1, quando as metas são confusas, divergentes, conflitantes e indiferentes, e o grau 10, quando são claras, partilhadas por todos, interesses e envolvimento.

Participação: O grau 1 deve ser usado quando poucos dominam, alguns são passivos e não prestam atenção nos trabalhos da equipe. O grau 10, por outro lado, quando todos participam e todos prestam atenção aos trabalhos que todos estão desenvolvendo.

Sentimentos: O grau 1 se aplica quando os sentimentos dos membros da equipe são inesperados, ignorados ou criticados. O grau 10, por outro lado, deve ser marcado quando os sentimentos são ou podem ser expressados livremente, sem censura ou medo.

Diagnóstico dos Problemas Grupais: O grau 1 aplica-se quando o grupo ou a equipe tende a tratar os sintomas em vez de atacar as causas, passando diretamente às propostas. No outro extremo, o grau 10 se ajusta ao grupo que analisa cada problema antes de propor uma ação. As ações atacam as causas.

Liderança: Grau 1 quando as necessidades de liderança do grupo não coincidem, havendo grande dependência de uma única pessoa ou de um grupo determinado de pessoas. O grau 10 é devido quando as necessidades de liderança surgem e são supridas por diversos membros. O grau 10 é próprio quando todas as pessoas, dependendo do momento, assumem ou podem assumir a liderança.

Tomada de Decisões: Quando decisões são tomadas apenas por uma única parte, não havendo participação dos demais, o grau 1 é adequado. O grau 10 é ou pode ser considerado quando, na percepção do grupo, as divergências são apreciadas e o consenso é buscado e testado.

Confiança Recíproca: Quando não há confiança recíproca, os membros são fechados em si mesmos, ouvem com superficialidade, receiam criticar ou ser criticados, o grau 1 pode ser utilizado. Do outro lado, quando a confiança e o respeito mútuos são percebidos, quando há expressão livre sem medo de represálias, adotar o grau 10 pode ser adequado.

Criatividade e Crescimento: Grau 1 quando há percepção de excesso de rotina, rigidez nos procedimentos e elevada padronização e esteriotipação dos membros da equipe. Na medida em que o grupo seja percebido por buscar novos caminhos, por sua flexibilidade etc., adota-se ou pode ser adotado o grau 10.

Análise individual: A liderança do departamento ou segmento – diretamente ou com o suporte do segmento de RH – pode desenvolver uma dinâmica que estimule opiniões (normalmente secreta) dos membros do time/equipe, podendo ainda, tais opiniões, serem cruzadas com a percepção da própria liderança e/ou do conjunto dos colaboradores.

Análise combinada: Uma análise comparativa permite conhecer, quando existentes, *gaps* (diferenças/variações) de percepção entre a liderança e os colaboradores daquele determinado time ou equipe, conforme exemplo ilustrativo da análise individual e da análise combinada.

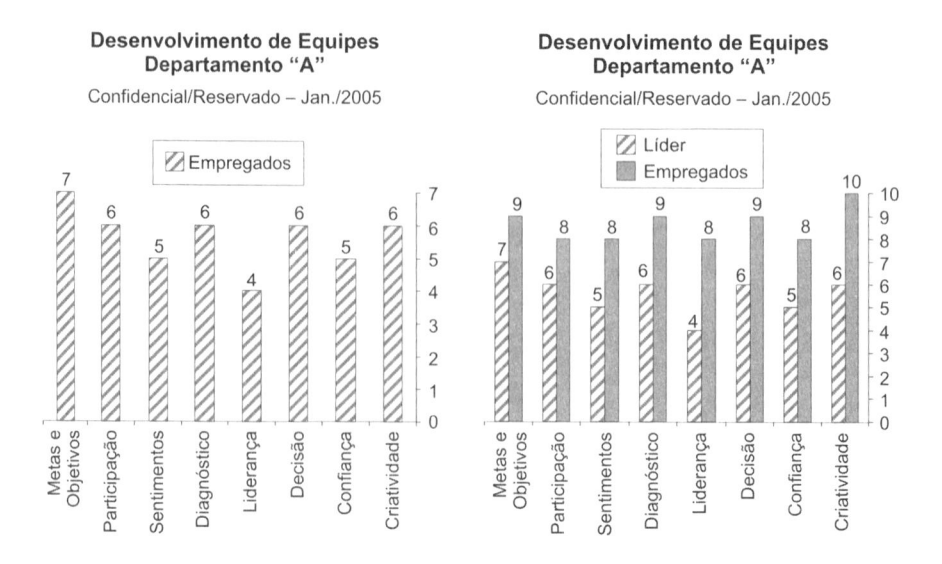

Na mesma direção de Shein, Lencioni[26] também sugere que o trabalho em equipe deve ser medido, mensurado, como forma de explicitar a percepção dos membros de uma equipe, com base nos dados quantitativos e qualitativos colhidos. Sugere Lencioni um sistema focado nos seguintes indicadores:

Resultados: No extremo superior da escala observamos que há uma percepção de que os resultados sob a responsabilidade da equipe são atingidos ou superados dentro das condições definidas. No extremo inferior observamos uma equipe sem foco, provavelmente por problemas ligados a *status* e ego de alguns membros do time.

Responsabilidade coletiva: No extremo superior uma percepção de que os membros da equipe se consideram responsáveis, conjuntamente, pelos resultados e compromissos sob a responsabilidade da mesma. Do outro lado, o sentimento comum de que o time, no geral, evita a responsabilidade.

Comprometimento: No extremo superior da escala há percepção de que os membros da equipe estão comprometidos entre si e desejosos de continuar enfrentando os desafios do quotidiano profissional. Na parte inferior da escala a percepção de que não há comprometimento entre os membros da equipe.

Conflito social: Na parte superior uma percepção de que os conflitos, quando surgem, são analisados, discutidos e resolvidos com a maturidade e o equilíbrio necessários, reconhecendo-se diferentes percepções e crenças. No outro extremo da escala um sentimento de que as pessoas têm medo do conflito ou assumem uma postura de harmonia artificial.

Confiança: Na parte mais alta da escala de avaliação uma percepção de que as pessoas podem, no âmbito da equipe, expressar sentimentos e opiniões, sem receio ou constrangimento. Do outro lado, uma percepção de que não há confiança entre os membros da equipe.

A análise gráfica (conforme Página 152) auxilia na visualização da percepção coletiva, tanto na visão dos subordinados, como numa confrontação de percepções.

---

[26] LENCIONI, Patrick. *Os 5 Desafios das Equipes*. São Paulo: Editora Campus, 2003.

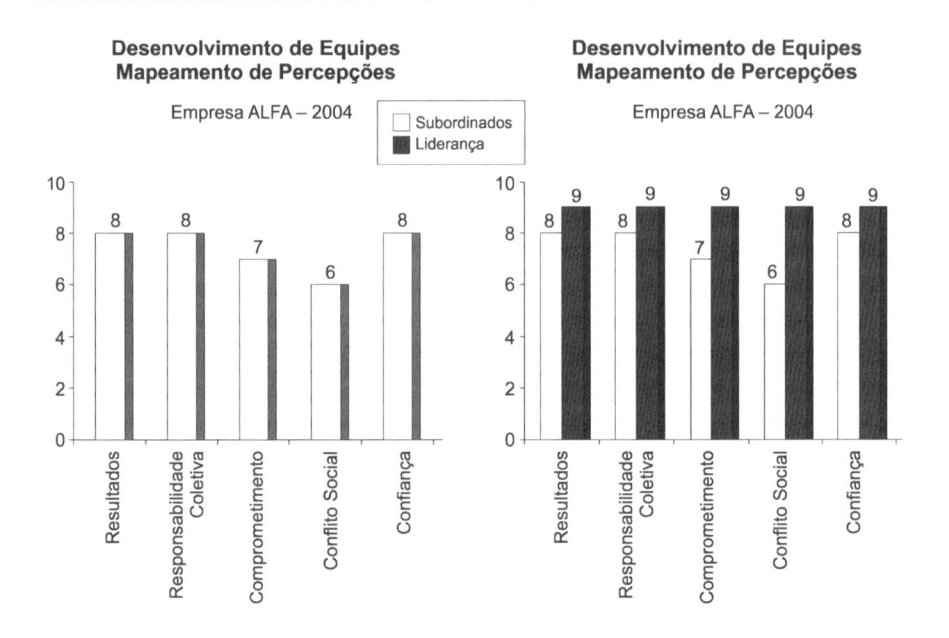

Desenvolvimento de Equipes
Mapeamento de Percepções

Empresa ALFA – 2004

(gráfico de barras: Subordinados / Liderança)
- Resultados: 8 / 8
- Responsabilidade Coletiva: 8 / 8
- Comprometimento: 7 / 7
- Conflito Social: 6 / 6
- Confiança: 8 / 8

Desenvolvimento de Equipes
Mapeamento de Percepções

Empresa ALFA – 2004

(gráfico de barras: Subordinados / Liderança)
- Resultados: 8 / 9
- Responsabilidade Coletiva: 8 / 9
- Comprometimento: 7 / 9
- Conflito Social: 6 / 9
- Confiança: 8 / 9

Indicador: Número médio mensal de empregados-usuários do plano de saúde

Podemos calcular o número de empregados beneficiários de planos ou programas de saúde (normalmente assistência médica e/ou odontológica) no total ou em cada um dos planos oferecidos pela Organização, digamos: básico, intermediário, superior e executivo. O cálculo, quando mensal, pode envolver uma média do número de empregados beneficiários no primeiro e no último dia do mês. Quando anual, o cálculo pode ser feito pelo somatório de empregados usuários, mês a mês, dividido por 12.

$$\text{Número Médio Empregados Plano Saúde} = \frac{\text{Número Empregados Beneficiários no Ano}}{12}$$

$$\text{Número Médio Empregados Plano Saúde} = \frac{1.310}{12} = 109$$

O indicador acima pode ser calculado na variação de número de vidas cobertas pelo plano de saúde, o que demandaria a inclusão dos empregados e beneficiários.

Algumas Organizações, na busca de otimizar investimentos ou custos com assistência à saúde, regular ou eventualmente, geram indicadores da frequência (absoluta ou relativa) média mensal – ou acumulado anual em certos procedimentos – tais como cirurgias, *check-up*, vacinas, atendimento domiciliar ou no ambulatório/consultório médico, tratamentos de varizes, atendimento por acidente de trabalho, cirurgia de miopia, psicoterapia, fonoaudiologia, próteses/órteses, saúde mental, doenças infectocontagiosas, fisioterapia, entre outras. O indicador pode ser adaptado para captar o número de empregados, dependentes, beneficiários ou usuários, de maneira geral, de todos os demais programas, políticas e ações.

Indicador: Número de concessões de aumentos espontâneos

Auxilia na compreensão do número de concessões (aumentos por promoção, por mérito, reclassificação, antecipações de forma geral) realizadas durante o mês e/ou durante o ano.

$$\text{Número de Concessões Mês} = \text{Quantidade de Aumentos Concedidos (Mérito, Antecipações, Promoções, Reclassificações e afins)}$$

$$\frac{\text{Número Médio/Mês de Concessões}}{} = \frac{\text{Quantidade de Aumentos Concedidos}}{\text{Número de Meses}}$$

O indicador pode ainda gerar o cálculo da proporção das concessões sobre o número total de empregados, dando uma ideia do nível de empregados beneficiados por aumentos espontâneos.

$$\text{Proporções dos Empregados com Aumento Espontâneo} = \left(\frac{\text{Número de Empregados com Aumento Espontâneo}}{\text{Número de Empregados}} \right) \times 100$$

Indicador: Crescimento médio dos salários

Auxilia na compreensão do nível de crescimento médio do salário nominal, expurgando-se o efeito de demissões no mês anterior e, admissões, no mês em curso. Este indicador não retrata o crescimento da massa salarial (total pago em salários) ou da folha de pagamento (que considera encargos, proventos e afins), mas simplesmente do salário nominal.

$$\text{Crescimento Médio \% Salários} = \left\{ \left(\frac{\text{Total de Salários Mês 2}}{\text{Total de Salários Mês 1}} \right) - 1 \right\} \times 100$$

Indicador: Crescimento médio dos salários por aumentos compulsórios

Auxilia na compreensão do crescimento médio dos salários proveniente de aumentos fixados através de instrumentos sindicais ou leis. Tal indicador pode ser particularmente útil em orçamentos, análises de impacto salarial e em projeções de médio e longo prazos.

$$\text{Crescimento \% Aumentos Legais} = \left(\frac{\text{Total de Aumentos Legais}}{\text{Total de Salários Mês Anterior}} \right) \times 100$$

Indicador: Crescimento médio dos salários por aumentos espontâneos

Auxilia na compreensão do crescimento médio dos salários proveniente de aumentos decididos pela própria empresa, normalmente vinculados a promoção, mérito e afins.

$$\text{Crescimento \% Aumentos Espontâneos} = \left(\frac{\text{Total de Aumentos Espontâneos}}{\text{Total de Salários Mês Anterior}} \right) \times 100$$

Indicador: Quantidade de reclamações trabalhistas (total, por tipo ou por demanda)

Conforme inicialmente explorado nos indicadores financeiros, há esforços no sentido de se manter indicadores sobre demandas judiciais, tanto as que são provenientes de ex-empregados, quanto aquelas provenientes do trabalho terceirizado. Conhecer a *quantidade* pela vinculação contratual é um passo importante, mas que pode ser aprimorado pelo desdobramento do tipo do contrato (ex-empregado e terceiros) e pela demanda (hora extra, periculosidade etc.). Uma análise comparativa pode demonstrar diferentes comportamentos ao longo do tempo, conforme sugerem os gráficos a seguir, apenas como demonstração (ex-empregados e terceiros).

Ex-empregados

Ano	Valor
Ano 1	~380
Ano 2	~285
Ano 3	~245
Ano 4	~240

Terceiros

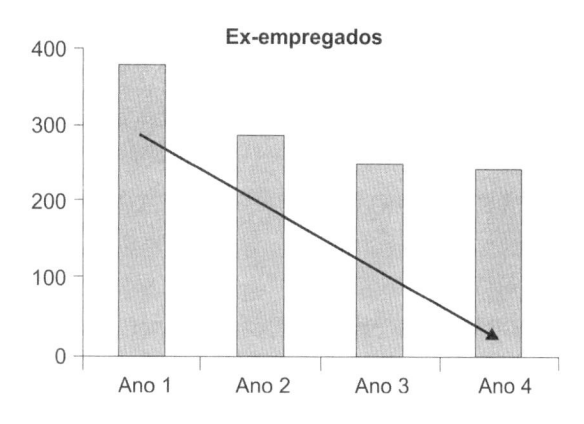

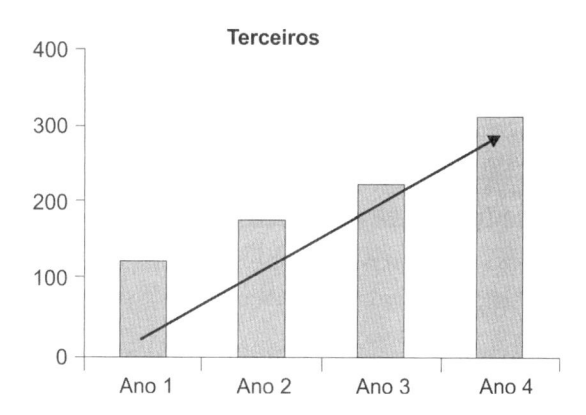

Ano	Valor
Ano 1	~120
Ano 2	~175
Ano 3	~220
Ano 4	~310

Indicador: Tempo médio para homologar uma reclamação trabalhista

Embora a legislação defina um prazo prescricional de 24 meses para interposição de uma reclamação trabalhista, situações especiais podem fazer com que este número gire em torno de um determinado patamar. Pesquisa por mim realizada em diversas Organizações, inclusive com diversos reclamantes e representantes das mesmas, demonstrou razões para que o tempo médio ficasse em torno de 22 meses, o que é muito próximo do prazo final. Entre as razões observadas, há 10 anos, estavam: i) busca de outra empresa para trabalhar, antes de promover uma ação contra o empregador anterior; ii) medo de necessitar de declarações do empregador anterior; iii) alguma expectativa de poder retornar ao empregador anterior; iv) degradação dos dados, informações e documentos no último empregador, o que poderia dificultar a defesa.

A melhoria das condições econômicas, observada nos últimos anos, entre outros aspectos, provavelmente irá contribuir para a redução do tempo médio que um ex-empregado leva para promover uma ação trabalhista.

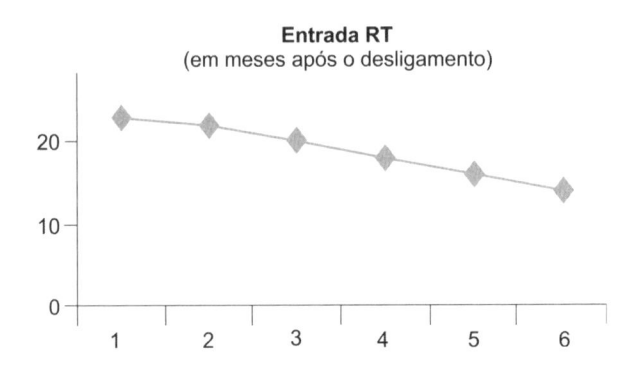

Entrada RT
(em meses após o desligamento)

Indicador: Tempo médio de encerramento das reclamações trabalhistas

Entre os diversos indicadores vinculados ao segmento de relações trabalhistas, particularmente em atividades que envolvem as reclamações nesse campo, temos o tempo médio de encerramento das reclamações. O referido tempo pode ou deve ser desdobrado por tipo de reclamante (ex-empregado ou terceiro). Dependendo do interesse do profissional, o indicador pode ser calculado em faixas de tempo ou em instâncias em que as reclamações se encontram.

O tempo pode refletir a estratégia de negociação ou de condução das reclamações trabalhistas nas diversas instâncias do Judiciário. Controles sobre o tema dão uma dimensão do nível de maturidade do passivo da Organização.

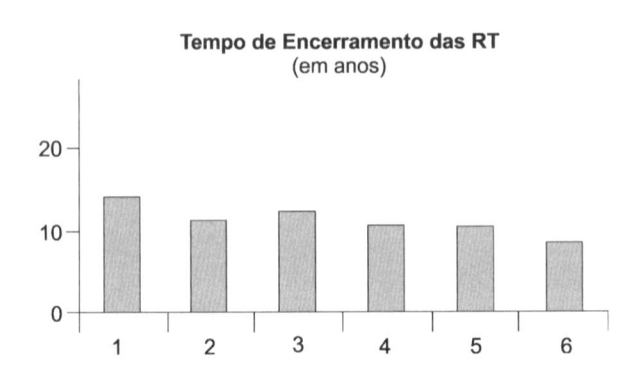

Tempo de Encerramento das RT
(em anos)

Outros Indicadores Operacionais

Vários outros indicadores operacionais são facilmente observados nos diversos processos ligados à gestão de Recursos Humanos. Começam normalmente pela quantidade, passando pelo tempo e pela qualidade, desaguando – de uma forma ou de outra – na satisfação dos clientes. Quando não avaliamos a satisfação dos clientes nos processos de RH, sejam eles provenientes de empregados, de forma geral, ou de lideranças, em particular, é certo que iremos capturar essa percepção, indiretamente, através das pesquisas de clima. Cabe a cada profissional de RH, em seu local de trabalho, desenvolver medidas que permitam compreender seu próprio desempenho, identificando as oportunidades de melhoria. Apenas como exemplos, temos:

Remuneração: Quantidade de aumentos espontâneos individuais, quantidade de aumentos de mérito concedidos, quantidade de promoções realizadas, número de cargos (geral e por plano de cargos), quantidade de reclassificações, crescimento do salário versus crescimento da inflação, quantidade de aumentos compensados, quantidade de empregados contemplados em aumentos espontâneos e legais.

Recrutamento & Seleção: Quantidade de vagas disponibilizadas no quadro de aviso, taxa de preenchimento de vagas com recursos internos, número médio de candidatos por vaga, índice de preenchimento de vagas por fonte de suprimentos – interna ou externa –, quantidade de vagas por fornecedor, percentual do uso do plano de sucessão para preenchimento das vagas e afins.

Folha de Pagamento: Número de registros processados na folha de pagamento, número de pensões pagas através da folha de pagamento, tempo médio de processamento da folha de pagamento, índice de fechamento da folha no prazo e índice de estorno em contabilizações.

Relações Sindicais: Número de processos trabalhistas, número de greves ou paralisações, tempo médio das paralisações, número médio de empregados ou unidades paralisados, quantidade de instrumentos sindicais com cláusulas de interesse da Organização.

Saúde *Número de atendimento nos ambulatórios da Organiza-*
Ocupacional: *ção, número de empregados por tipo de enfermidade ou demanda genérica, número de afastamentos por tipo de demanda, tempo médio de afastamento, relação entre infraestrutura médica e o número de empregados.*

Benefícios: *Número de vidas cobertas pelo seguro de vida em grupo e pelos programas de saúde (assistência médica e assistência odontológica), número de partos, cirurgias, atendimentos ambulatoriais e afins, bem como os custos ou percentual dos custos em cada tipo de procedimento, quantidade de pessoas beneficiadas pelo auxílio-transporte e afins.*

4

Clima Organizacional & Sustentabilidade

Indicadores do Clima Organizacional

Como vimos até aqui, muitos indicadores podem ser utilizados quando o tema é Gestão de Pessoas, cada um deles direcionado para um determinado subsistema, processo de Recursos Humanos ou mesmo para a função RH como um todo. Embora a maioria possa – ou deva – ser monitorada permanentemente, outros indicadores são calculados apenas como forma de entender e agir sobre certos fenômenos. Na medida em que os indicadores ligados ao clima organizacional não são indicadores operacionais ou de processos, no seu sentido restrito, mas reflexo da ação das lideranças e da percepção das pessoas no contexto organizacional, optamos por abordar alguns desses aspectos, dimensões ou indicadores separadamente. Tais indicadores – abordados aqui de maneira mais ampla e menos operativa – estão entre os mais importantes para a gestão de Recursos Humanos.

> *"A área de RH, como todas as áreas de um organismo empresarial, precisa compreender e buscar o entendimento, a antecipação e a superação das necessidades de seus clientes internos, trabalhando alinhada às estratégias dos negócios."*
> **Rugenia Pomi**

Medições ligadas à satisfação dos empregados – e dos demais colaboradores que integram a força de trabalho de uma Organização – auxiliam na compreensão do grau de satisfação e integração do capital humano ou do estado de prontidão desse capital humano em relação à Organização, focando aspectos diferenciados, conforme metodologia utilizada por aquele profissional ou consultoria que conduz tal projeto. O ambiente de trabalho – ou o *clima organizacional*, de forma mais ampla – é repleto de oportunidades de medições, de indicadores, nas mais variadas frentes. Tais indicadores buscam captar a intensidade do sentimento de *pertencer*, de *estar inserido* e de *fazer parte* de determinado ambiente. Há atributos mais ou menos comuns que caracterizam ou auxiliam na identificação de um ambiente de trabalho potencialmente motivador, embora essa seja uma questão a ser explorada em função da cultura organizacional, conforme registrei recentemente[1]:

> O bom ambiente para o trabalho – em que pese sua avaliação subjetiva e baseada em expectativas – é normalmente traduzido[2] como aquele capaz de oferecer relações amigáveis, relativa oferta de benefícios, suporte à educação, aprendizado e treinamento, amplo, diverso e plural – com grande esforço de respeito às diferenças, preocupação com regras relativamente iguais ou equivalentes para a população interna. Por outro lado, culturas de alto desempenho[3] tendem a dar ênfase aos resultados individuais e departamentais; a produzir e estimular métricas ou indicadores para constatação do desempenho; prover ampla comunicação sobre expectativas individuais e coletivas; gerar planos de aceleração do desenvolvimento e de sucessão; ampliar oportunidades de mobilidade interna, horizontal ou verticalmente, além de estimular a disseminação de incentivos financeiros de curtíssimo e de curto prazo. Embora não sejam contraditórios em termos, a ênfase a uma cultura de alto desempenho, com excessivo foco sobre resultados individuais e departamentais, tende a produzir efeitos

---

[1] ASSIS, Marcelino Tadeu de. *Gestão de Programas de Remuneração: Conceitos, Aplicações e Reflexões – Visão Generalista dos Programas de Remuneração.* Rio de Janeiro: Qualitymark Editora, 2011. P. 300-301.

[2] ZINGHEIM, Patrícia e SCHUSTER, Jay. *The New Pay. Linking Employee and Organizational Performance.* United States. Lexington Books, 1992. P. 27-32.

[3] ZINGHEIM, Patrícia e SCHUSTER, Jay. *The New Pay. Linking Employee and Organizational Performance.* United States. Lexington Books, 1992. P. 27-32.

nem sempre favoráveis relacionados ao ambiente de trabalho, tal como salientado por Zingheim e Schuster.

As afirmativas positivas[4], que normalmente são formuladas aos empregados – embora a pesquisa de clima não necessite estar ligada apenas aos empregados – tomam como referência, predominantemente, aspectos genéricos como os que seguem. É importante frisar que a percepção dos empregados não tem – ou pode não ter, necessariamente – relação com os programas, políticas e ações implementados pela Organização, mas sim forte relação com a maneira como tais programas, políticas e ações chegam ou são percebidos, subjetivamente, pelos empregados. O impacto da comunicação interna (*endomarketing*), clara, objetiva e oportuna, é normalmente superior à qualidade intrínseca de programas ou políticas. Estudos apresentados no Congresso Mundial de Remuneração, Benefícios e Ambiente de Trabalho[5] demonstraram, em uma das apresentações, que a satisfação dos empregados com os programas de benefícios, por exemplo, está mais associada à comunicação do que à qualidade do desenho dos programas de benefícios, do nível de custo ou concessão.

Aspectos gerais focados nas afirmativas positivas:

Grau de satisfação com pares: Nível de satisfação no relacionamento com colegas de trabalho de um mesmo nível hierárquico, normalmente atuantes em uma mesma célula ou equipe de trabalho. Normalmente observam aspectos como cortesia na conversa informal, respeito, confiança e afins.

Grau de satisfação com seu(s) superior(es): Nível de satisfação em relação à chefia imediata – *a quem o empregado está subordinado* – ou chefia mediata – *a quem o superior do empregado se subordina*. Normalmente considera aspectos do relacionamento quotidiano do empregado com superiores, envolvendo apoio,

---

[4] Em pesquisas de clima organizacional, censitárias ou por amostragem, são comuns afirmativas positivas ao invés de perguntas. Uma afirmativa considera normalmente o ideal da Organização, não abrindo espaço para situações não desejadas. Nesse caso é mais frequente um item que afirma *"possuo bom relacionamento com meus colegas de trabalho"*, cabendo ao avaliador indicar em que grau concorda com tal afirmativa. A escala usualmente varia entre *"concordo plenamente"* e *"discordo totalmente"*.

[5] Worldatwork. Orlando, Flórida, 2002.

orientação, suporte, estímulo, reconhecimento, capacitação das lideranças, uso de critérios justos e transparentes para promoção e afins. Essa dimensão da pesquisa normalmente é crucial para os resultados globais.

Grau de satisfação com Políticas & Práticas de RH: Mede a satisfação do indivíduo com as diversas políticas da Organização, no geral, e de Gestão de Recursos Humanos, em particular. As afirmativas positivas normalmente avaliam a satisfação do empregado com as políticas (formais ou informais) e/ou práticas de aproveitamento interno, remuneração, benefícios, gestão do desempenho, uso adequado de ferramentas e instrumentos de trabalho, treinamento, capacitação, ações de desenvolvimento e afins.

Grau de satisfação com a Organização: Normalmente reflete a confiança nos gestores da Organização, a satisfação e o orgulho de pertencer ao quadro de empregados daquela empresa ou entidade, o nível de solidez da imagem da Organização e a percepção quanto à qualidade dos produtos e integridade dos serviços prestados, entre outros indicadores e aspectos objetivos e subjetivos.

A pesquisa de clima organizacional, que é a base para geração dos diversos indicadores citados nesta parte do livro, tem normalmente o propósito de:

- identificar a percepção dos empregados com relação à Organização, suas políticas, práticas, produtos e serviços. Num sentido mais amplo, busca entender como é a imagem da Organização para os empregados, embora não exclusivamente;
- permitir o entendimento dos pontos com potencial de melhoria, bem como estimular planos de ação que reduzam os *gaps* entre o que a Organização pretende ser (ideal) e a maneira como está sendo percebida (real);
- estimular o alinhamento de expectativas da Organização e dos empregados. Nem sempre os pontos críticos apontados pelos empregados vão ao encontro dos interesses da Organização. Neste caso a pesquisa – e seus diversos indicadores – abrem espaço para ações de alinhamento, dentro dos níveis de trans-

parência exigidos por empresas que buscam no ambiente de trabalho um diferencial competitivo.

Abordagens

Hay: Para a Hay Group, que também desenvolve projetos de consultoria ligados à gestão do clima organizacional, questões-chave sobre o ambiente de trabalho devem focar indicadores ligados a três dimensões básicas: processos corporativos, estilo gerencial e gestão de pessoas. Deve também focar o resultado da motivação para o trabalho e credibilidade da Organização, todos eles operando como um termômetro para definição de prioridades, análise do retorno de investimentos em ações de Recursos Humanos, entre outros pontos vitais para o processo de gestão de pessoas.

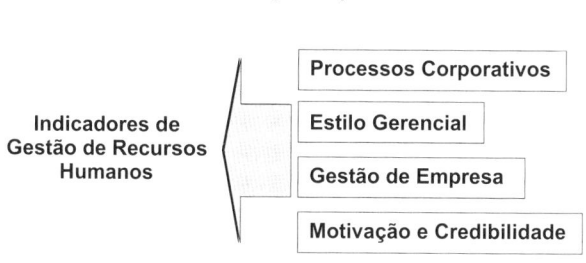

"As Melhores Empresas na Gestão de Pessoas"
Hay Group

Indicadores de Gestão de Recursos Humanos:
- Processos Corporativos
- Estilo Gerencial
- Gestão de Empresa
- Motivação e Credibilidade

As três dimensões básicas são:

Processos Corporativos: Que incluem questões ligadas aos processos de treinamento e desenvolvimento, gestão do desempenho individual, remuneração & benefícios, segurança e condições de trabalho, comunicação, qualidade de vida e princípios e valores.

Estilo Gerencial: Incluindo aspectos ligados ao planejamento das atividades, suporte, orientação, apoio e acompanhamento dos empregados, *feedback* quanto ao desempenho e orientação quanto à carreira, reconhecimento & recompensas e senso de justiça.

Gestão da Empresa: Focando clareza e alinhamento da estratégia e relacionamento externo (com clientes, fornecedores, parceiros comerciais, de forma geral, e com a comunidade na qual a empresa se insere).

Dimensão suplementar:

Motivação & Credibilidade: Traduz – ou busca traduzir – o grau de comprometimento das pessoas com a Organização. Embora avaliado separadamente dos demais aspectos ou dimensões, costuma ser um efeito das três dimensões anteriores.

Dados das "Melhores Empresas em Gestão de Pessoas"[6] auxiliam na compreensão das diversas dimensões pesquisadas e monitoradas.

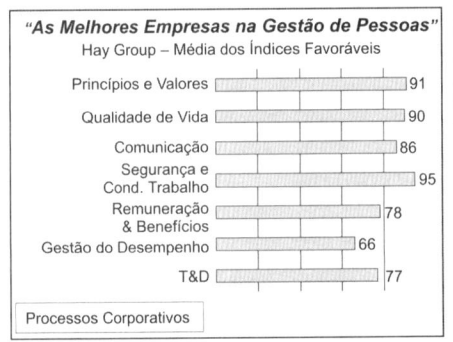

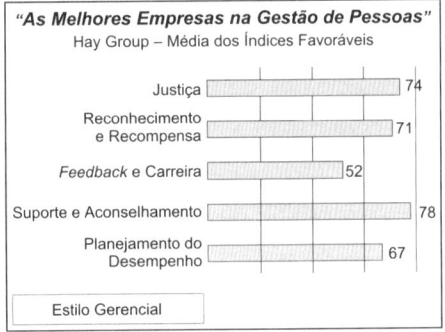

"As Melhores Empresas na Gestão de Pessoas"
Hay Group – Média dos Índices Favoráveis

Princípios e Valores	91
Qualidade de Vida	90
Comunicação	86
Segurança e Cond. Trabalho	95
Remuneração & Benefícios	78
Gestão do Desempenho	66
T&D	77

Processos Corporativos

"As Melhores Empresas na Gestão de Pessoas"
Hay Group – Média dos Índices Favoráveis

Justiça	74
Reconhecimento e Recompensa	71
Feedback e Carreira	52
Suporte e Aconselhamento	78
Planejamento do Desempenho	67

Estilo Gerencial

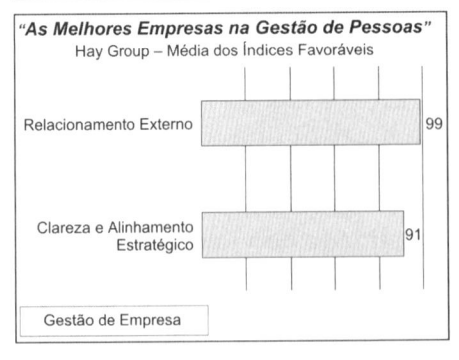

"As Melhores Empresas na Gestão de Pessoas"
Hay Group – Média dos Índices Favoráveis

Relacionamento Externo	99
Clareza e Alinhamento Estratégico	91

Gestão de Empresa

Como vimos anteriormente, as três dimensões pesquisadas (processos corporativos, estilo gerencial e gestão da empresa) buscam refletir as percepções dos empregados, dando a dimensão – de certo modo – do seu conforto emocional em relação à Organização. À medida que o clima não é estático, mas dinâmico, ações permanentes são necessárias, incluindo o monitoramento dos indicadores.

---

[6] Parceria Hay Group e Revista Valor Carreira. Rio de Janeiro, Out./03.

Intelbras: A Intelbras, empresa produtora de equipamentos para a área de telefonia e comunicação, é usuária das abordagens de medições do ambiente de trabalho através da pesquisa de clima organizacional (PCO). Segundo Patrícia Bispo, a pesquisa de clima reorienta o foco de investimento, melhorando o desempenho das equipes de trabalho e identificando os pontos críticos existentes e suas tendências, proporciona às lideranças informações que orientam ações de apoio às equipes, bem como divulga aos colaboradores a filosofia, as políticas e os valores da empresa[7].

No caso da Intelbras, os indicadores ligados ao ambiente de trabalho devem refletir, permanentemente, aspectos como:

Recursos para as atividades: Nível em que os empregados se percebem como possuidores/detentores dos recursos, instrumentos e equipamentos necessários à execução de suas atividades.

Benefícios: Nível em que os empregados estão satisfeitos com a concessão e adequação dos benefícios oferecidos pela Organização. Estes aspectos usualmente consideram a percepção de equilíbrio interno (dentro da empresa) e externo (mercado).

Remuneração: Nível em que os empregados estão satisfeitos com a adequação dos padrões de remuneração direta. A exemplo do citado anteriormente, aspectos ligados à remuneração usualmente consideram o equilíbrio interno (dentro da empresa) e externo (mercado).

Oportunidade de desenvolvimento e de crescimento profissional: Nível em que os empregados percebem como adequadas as oportunidades de desenvolvimento e de crescimento funcional. Nível em que aceitam e estão satisfeitos, por exemplo, com o processo de preenchimento de vagas.

Relação com as lideranças: Nível em que os empregados estão satisfeitos com os diversos níveis de liderança, nos diversos níveis hierárquicos.

---

[7] BISPO, Patrícia. *Clima Organizacional: Uma Preocupação da Intelbras.* Acesso através do site www.rh.com.br. Abr./04. P. 1-8 do estudo divulgado.

Comunicação interna: Nível em que os empregados consideram adequados os veículos de comunicação e o processo interno e formal de disseminação de dados e informações.

Abertura e transparência nos processos: Nível de transparência da Organização na gestão dos processos ligados à gestão empresarial, no geral, e à gestão de Recursos Humanos, em particular. Na medida em que não há gestão de negócios sem gestão de pessoas, este aspecto considera um espectro mais amplo.

Imparcialidade: Nível com que os empregados percebem como imparciais – não discricionárias – as decisões tomadas internamente, tanto no plano individual como no coletivo.

Justiça: Nível com que os empregados percebem como justas as decisões, programas, ações e diretrizes da Organização.

Credibilidade na gestão: Nível de credibilidade dos gestores da Organização na percepção dos empregados.

Qualidade de produtos e serviços da empresa: Nível com que os empregados percebem qualidade nos produtos e serviços da Organização.

Satisfação com os programas participativos: Nível com que os empregados estão satisfeitos com os programas e práticas participativas da Organização.

GPTW Institute: Estudos do Great Place To Work Institute, divulgados através do Guia Exame com as *Melhores Empresas para Trabalhar*, particularmente voltados às Organizações – com foco na melhoria do ambiente de trabalho e na busca do melhor ambiente para trabalhar – também fornecem insumos importantes para o desenvolvimento de medições de pontos-chave da gestão de Recursos Humanos. Segundo abordagem utilizada pelo GPTW Institute, no Brasil, há três aspectos ou dimensões centrais a serem observados:

Confiança: Nível em que os empregados confiam na Organização e em suas lideranças. O aspecto "confiança" reuniria um grupo de indicadores direcionados, de medições, para avaliação de aspectos como *credibilidade, respeito* e *imparcialidade*.

Orgulho: Nível em que os empregados estão satisfeitos por produtos, crenças e imagem da Organização. Orgulho de pertencer a uma determinada Organização;

Camaradagem: Nível em que os empregados reconhecem relações de parceria entre a Organização e seus empregados, entre pares e afins.

Os três aspectos ou dimensões centrais do Great Place To Work Institute são, como vimos, *confiança, orgulho* e *camaradagem*, estando a dimensão *confiança* no topo da pirâmide. Para José Tolovi, diretor do instituto no Brasil, *confiança*, num sentido mais amplo, é o somatório de percepções ligadas ao sentimento de *credibilidade, respeito* e *imparcialidade*.

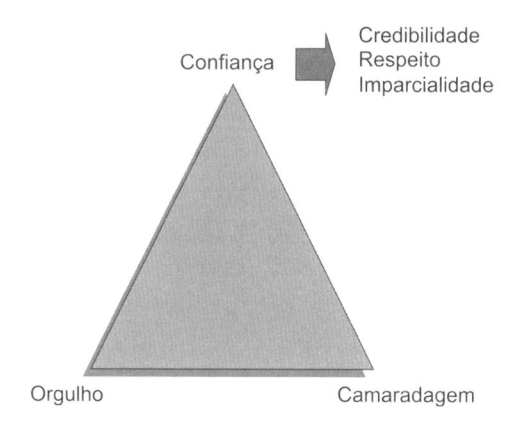

Total Rewards: Estudos de Sandra O'Neal[8], publicados pela primeira vez em 1999, também podem auxiliar na compreensão dos pilares da gestão de RH ou daquilo que é percebido pelos empregados como importante e, neste sentido, capaz de dotar a Organização de uma possibilidade diferenciada de captar e reter empregados que agregam valor aos seus processos. Embora não seja uma abordagem direcionada para avaliação do clima organizacional, Sandra O'Neal insere o Ambiente de Trabalho como um dos quatro pilares que se interagem em uma relação permanente de causa e efeito.

---

[8] O'NEAL, Sandra. *Total Rewards*. United States: ACA Journal, September, 1999.

Cada um dos quatro pilares – ou quadrantes – possui uma importância individual *por reunir aspectos capitais para os empregados*, bem como por sua interação com os demais quadrantes. Dentro desta perspectiva, a Organização precisa assegurar programas e ações consistentes em *remuneração direta* (principalmente com relação à equidade interna e externa), *benefícios* (sociais, supletivos e de integração), *aprendizado e desenvolvimento* e, no sentido amplo, o *ambiente de trabalho*, este último representando a janela através da qual as pessoas enxergam todas as ações da Organização.

Os quatro quadrantes são: *remuneração direta* e *benefícios* – chamados de aspectos transacionais – e *aprendizado & desenvolvimento* e *ambiente de trabalho*, chamados de aspectos relacionais.

Maior Influência Relativa na Captação	Remuneração Direta	Benefícios	Aspectos Transacionais
Maior Influência Relativa na Retenção	Aprendizado & Desenvolvimento	Ambiente de Trabalho	Aspectos Relacionais

Remuneração Direta: Reúne indicadores que permitem assegurar o equilíbrio interno dos programas e ações ligados à remuneração direta, tanto fixa como variável, o alinhamento das práticas da Organização com práticas do mercado no qual a Organização se insere, elementos que permitam o equilíbrio em concessões, bem como elementos formais e informais de reconhecimento.

Benefícios: Indicadores que permitem aferir a adequação dos benefícios sociais, supletivos e de integração às necessidades dos empregados, bem como o alinhamento de tais benefícios ao mercado e às estratégias e interesses da Organização.

Aprendizado & Desenvolvimento: Indicadores que permitem aferir a igualdade de oportunidades internas (promoções ou deslocamentos laterais), o aproveitamento dos recursos da própria Organização, o nível de investimento em qualificação e aprimoramento, com possibilidades de aprendizado pessoal e técnico.

Ambiente de Trabalho: Indicadores que refletem muito do que vimos nesta parte do livro. O ambiente de trabalho não é exatamente o reflexo dos programas, políticas, práticas e ações da Organização, mas sim a maneira como tudo isto é percebido. Em certo sentido o importante não é como a Organização é percebida pelos acionistas ou gestores maiores, mas sim como ela é percebida pelos empregados, por seus clientes, pelos fornecedores, pela comunidade em geral, pelos *stakeholders* como dizem atualmente.

A maior parte das Organizações não pode perder de vista que os empregados são – ou deveriam ser – vistos como seus principais clientes, não somente pela capacidade ou interesse pela compra dos produtos ou serviços, mas pela capacidade de influir, positiva ou negativamente, na percepção e decisão de terceiros. Poucas coisas destroem tão fortemente a imagem de uma Organização – por vezes até no curto prazo – como a percepção negativa de seus empregados.

Sustentabilidade, Responsabilidade Social e Balanço Social

O termo *sustentabilidade,* que sintetiza uma visão conjunta das preocupações ambientais, sociais e econômicas, se consolida cada dia mais nas Organizações, sendo um desafio adicional aos que lidam com a gestão dos recursos humanos. Com o referido termo surgem novos indicadores e, dentro desse contexto de mudança, novos direcionadores para avaliação e produção de *métricas*[9].

Um indicador econômico tradicional é o da *renda média,* seja dos empregados, de uma comunidade ou de um país. No contexto da *sustentabilidade,* no entanto, o *número de horas trabalhadas em relação à média necessária para suprimento das necessidades básicas* ajusta-se melhor aos desafios de transformação de longo prazo. Um indicador social tradicional, nessa mesma perspectiva, destaca a posição do país em um *ranking,* com pontuações provenientes de provões realizados pelo MEC, no caso do Brasil. Na visão sustentável, no entanto, há que se medir a *disponibilidade de indivíduos treinados e disponibilizados para atendimento da própria comunidade.* Do mesmo modo, um indicador ambien-

---

[9] SATO, Ana Carla Kawazoe. *Índices de Sustentabilidade.* FEA/Unicamp. Disponível na Internet em 30/07/2011.

tal clássico está direcionado para medir o *nível médio de poluição*. Uma visão sustentável procura medir a *capacidade de o ecossistema processar e assimilar poluentes*.

Dentro do conceito de *sustentabilidade*, dois outros temas vêm merecendo destaque nos últimos anos, embora sejam relativamente antigos. São eles, *balanço social* e *responsabilidade social*, na ordem do dia para centenas de Organizações em todo o mundo. Entidades como Ibase, Abrinc, Adce, Instituto Ethos, Gife, Fides, Institute of Social and Ethical Accountability, Social Accountability International, PNBE e tantas outras vêm promovendo a discussão do papel social das Organizações e da necessidade de estas Organizações participarem mais ativamente da construção de uma sociedade mais harmônica, menos desigual ou com mais igualdade de oportunidades. Por outro lado, ações que auxiliam na promoção da educação, saúde, cultura e bem-estar social podem contribuir para a redução dos encargos sociais diretos e indiretos, bem como – e talvez principalmente – para ampliação da base de consumo de uma comunidade, com reflexos em postos de trabalho, segurança, geração de renda, desenvolvimento e dinamismo da economia local. São temas que aparecem em nosso livro pela necessidade de oferecermos ao leitor uma visão ampla dos *indicadores* imersos neste ambiente, normalmente sob a responsabilidade de gestores de Recursos Humanos.

> "Nos países desenvolvidos, e agora também no Brasil, cada vez mais ganha vigor e atualidade a discussão sobre o papel das empresas como agentes sociais no processo de desenvolvimento. Torna-se fundamental que as empresas assumam não só o papel de produtoras de bens e serviços mas também o de responsável pelo bem-estar de seus colaboradores."
>
> **João Sucupira**

Responsabilidade Social

Responsabilidade social é um conceito relativamente amplo, no qual estão inseridos diversos *indicadores*. Para o Instituto Ethos, um dos centros de excelência no tema, uma empresa socialmente responsável deve observar sete aspectos gerais, alguns dos quais desdobrados em dimensões ou aspectos específicos.

Aspectos ou dimensões gerais:

Valores, Transparência & Governança: *Valores e princípios éticos formam a base da cultura de uma Empresa, orientando sua conduta e fundamentando sua missão social. A noção de responsabilidade social empresarial decorre da compreensão de que a ação das empresas deve, necessariamente, buscar trazer benefícios para a sociedade, propiciar a realização profissional dos empregados, promover benefícios para os parceiros e para o meio ambiente, trazendo retorno para os investidores. A adoção de uma postura clara e transparente, no que diz respeito aos objetivos e compromissos éticos da empresa, fortalece a legitimidade social de suas atividades, refletindo positivamente no conjunto de suas relações.*

Público Interno: *A empresa socialmente responsável não se limita a respeitar os direitos dos trabalhadores, consolidados na legislação trabalhista e nos padrões da OIT (...) ainda que esse seja um pressuposto indispensável. A empresa deve ir além e investir no desenvolvimento pessoal e profissional de seus empregados, bem como na melhoria das condições de trabalho e no estreitamento de suas relações com os empregados. Também deve estar atenta para o respeito às culturas locais, revelado por um relacionamento ético e responsável com as minorias e instituições que representam seus interesses.*

> *"Há muito fala-se em responsabilidade social da empresa. E, de fato, pode-se observar que muitas empresas têm levado a sério suas relações com a comunidade, com o meio ambiente e com seu próprio corpo de funcionários. Até porque, nos últimos anos, essas relações se tornaram uma questão de estratégia financeira e de sobrevivência empresarial."*
> **Ciro Torres**

Meio Ambiente: *A empresa relaciona-se com o meio ambiente causando impactos de diferentes tipos e intensidade. Uma empresa ambientalmente responsável deve gerenciar suas atividades de maneira a identificar estes impactos, buscando minimizar aqueles que são negativos e amplificar os positivos. Deve, portanto, agir para a manutenção e melhoria das condições ambientais, minimizando ações próprias potencialmente agressivas ao meio ambiente e disseminando para outras empresas as práticas e conhecimentos adquiridos neste sentido.*

Fornecedores: *A empresa socialmente responsável envolve-se com seus fornecedores e parceiros, cumprindo os contratos estabelecidos e trabalhando pelo aprimoramento de suas relações de parceria. Cabe à empresa transmitir os valores de seu código de conduta a todos os participantes de sua cadeia de fornecedores, tomando-o como orientador em casos de conflito de interesse. A empresa deve conscientizar-se de seu papel no fortalecimento da cadeia de fornecedores, atuando no desenvolvimento dos elos mais fracos e na valorização da livre concorrência.*

> *"A prática da elaboração, análise e divulgação do Balanço Social será cada vez mais adotada por um número maior de organizações interessadas em demonstrar para os seus clientes, acionistas e para a sociedade em geral que além das suas metas de lucratividade e rentabilidade, existe uma preocupação com a responsabilidade social da Organização e com os impactos da sua atuação no ambiente físico e social ao seu redor."*
> **Osmar Vieira Filho**

Consumidores e Clientes: *A responsabilidade social em relação aos clientes e consumidores exige da empresa o investimento permanente no desenvolvimento de produtos e serviços confiáveis, que minimizem os riscos de danos à saúde dos usuários e das pessoas em geral. A publicidade de produtos e serviços deve garantir seu uso adequado. Informações detalhadas devem estar incluídas nas embalagens e deve ser assegurado o suporte para o cliente antes, durante e após o consumo. A empresa deve alinhar-se aos interesses dos clientes e buscar satisfazer suas necessidades.*

Comunidade: *A comunidade em que a empresa está inserida fornece-lhe infraestrutura e o capital social representado por seus empregados e parceiros, contribuindo decisivamente para a viabilização de seus negócios. O investimento pela empresa em ações que tragam benefícios para a comunidade é uma contrapartida justa, além de reverter em ganhos para o ambiente interno e na percepção que os clientes têm da própria empresa. O respeito aos costumes e às culturas locais e o empenho na educação e na disseminação de valores sociais devem fazer parte de uma política de envolvimento comunitário da empresa, resultado da compreensão de seu papel de agente de melhorias sociais.*

Governo e Sociedade: *A empresa deve relacionar-se de forma ética e responsável com os poderes públicos, cumprindo as leis e mantendo* *interações dinâmicas com seus representantes, visando a constante melhoria das condições sociais e políticas do País. O comportamento ético pressupõe que as relações entre a empresa e governos sejam transparentes para a sociedade, acionistas, empregados, clientes, fornecedores e distribuidores. Cabe à empresa manter uma atuação política coerente com seus princípios éticos e que evidencie seu alinhamento com os interesses da sociedade.*

O conceito de *empresa cidadã* ou *socialmente responsável* vem ganhando espaço, tanto entre as Organizações e seus clientes-consumidores-usuários, como na relação entre as Organizações e o poder público. A Câmara Municipal de Uberlândia, por exemplo, através do Decreto Legislativo 118/99, artigo 1º, instituiu o título de *Desempenho Comunitário e Empresarial* buscando reconhecer e homenagear empresas que se destacaram na promoção e execução de projetos e programas sociais nas áreas de *saúde, educação, meio ambiente, cultura* e *participação comunitária*. O Banco Itaú, outro exemplo, prevendo o destaque das ações (comercializadas na Bolsa de Valores) de empresas socialmente responsáveis, lançou um Fundo de Excelência Social (FIES) composto por ações de empresas classificadas como responsáveis socialmente, fundo este que também estará apoiando projetos sociais.

Balanço Social

Balanço social é uma ferramenta importante dentro do contexto da gestão empresarial, na medida em que auxilia Organizações a darem visibilidade aos investimentos que vêm promovendo no campo da *responsabilidade social*. O balanço social divulgado recentemente pela Petrobras[10] – em jornal de grande circulação – está inserido neste contexto e contribui para que a sociedade em geral, os investidores, clientes e empregados, de uma forma ou de outra, possam ter acesso aos dados que refletem políticas e práticas de gestão empresarial, no geral, e de recursos humanos, em particular.

"O Balanço Social não pode ser uma peça de marketing, mas uma demonstração responsável de investimentos sociais realizados pelas empresas."
Herbert de Souza (Betinho)

---
[10] Jornal do Brasil. Rio de Janeiro, 29/12/03.

Indicadores de natureza social e ambiental integram, a partir de 1º de janeiro de 2006, os instrumentos que permitem demonstrar à sociedade a participação e a responsabilidade social das Organizações[11], fortalecendo a ideia de *sustentabilidade*, discutida anteriormente. No que envolve o processo de gestão de RH, diversos *indicadores* passam a constar no referido balanço, conforme modelo utilizado pelo Ibase (Instituto Brasileiro de Análises Sociais e Econômicas).

Modelo Utilizado pelo Ibase

1 – Base de Cálculo
- Receita líquida (RL)
- Resultado operacional (RO)
- Folha de pagamento bruta (FPB)

2 – Indicadores Sociais Internos
- Alimentação
- Encargos sociais compulsórios
- Previdência privada
- Saúde
- Segurança e medicina no trabalho
- Educação
- Cultura
- Capacitação e desenvolvimento profissional
- Creches ou auxílio-creche
- Participação nos lucros ou resultados
- Outros

3 – Indicadores Sociais Externos
- Educação
- Cultura
- Saúde e saneamento
- Esporte
- Combate à fome e segurança alimentar
- Outros
- Tributos (excluídos encargos sociais)

---

[11] Resolução do Conselho Federal de Contabilidade. CFC nº 1.003, de 19/08/2004. Publicado no DOU de 06/09/2004. Normas Brasileiras de Contabilidade NBC 15 – Informações de natureza social e ambiental. Estabelece *procedimentos para evidenciação de informações de natureza social e ambiental, com o objetivo de demonstrar à sociedade, a participação e a responsabilidade social da entidade*. Entendem-se por informações de natureza social e ambiental: a) a geração e a distribuição de riquezas; b) os recursos humanos; c) a interação da entidade com o ambiente externo; d) a interação com o meio ambiente.

4 – Indicadores Ambientais	{ Investimentos relacionados com a produção/operação da empresa Investimentos em programas e/ou projetos externos Quanto ao estabelecimento de "metas anuais" para minimizar resíduos
5 – Indicadores do Corpo Funcional	{ Nº de empregados(as) ao final do período Nº de admissões durante o período Nº de empregados(as) terceirizados(as) Nº de estagiários(as) Nº de empregados(as) acima de 45 anos Nº de mulheres que trabalham na empresa Percentual de cargos de chefia ocupados por mulheres Nº de negros(as) que trabalham na empresa Percentual de cargos de chefia ocupados por negros(as) Nº de portadores(as) de deficiência ou necessidades especiais
6 – Informações Relevantes Quanto ao Exercício da Cidadania Empresarial	{ Relação entre a maior e a menor remuneração na empresa Número total de acidentes de trabalho Desenvolvimento de projetos sociais Padrões de segurança e salubridade Liberdade sindical Previdência privada (Abrangência) A participação dos lucros ou resultados contempla: Seleção de fornecedores (Critério) Participação dos empregados Número total de reclamações e críticas Percentual de reclamações e críticas atendidas Valor adicionado total a distribuir (em mil R$): Distribuição do Valor Adicionado (DVA):

Modelo de *Balanço Social* do Ibase, gerado a partir do preenchimento de planilhas de entrada de dados disponibilizadas pelo *site* da entidade.

Balanço Consolidado (Dados numéricos aleatórios):

1 – Base de Cálculo		2004 Valor (Mil reais)
Receita líquida (RL)		1.200.000
Resultado operacional (RO)		320.000
Folha de pagamento bruta (FPB)		420.000

2 – Indicadores Sociais Internos	Valor (mil)	% sobre FPB	% sobre RL
Alimentação	19.000	5%	2%
Encargos sociais compulsórios	36.000	9%	3%
Previdência privada	12.000	3%	1%
Saúde	10.000	2%	1%
Segurança e medicina no trabalho	4.000	1%	0%
Educação	1.200	0%	0%
Cultura	800	0%	0%
Capacitação e desenvolvimento profissional	3.400	1%	0%
Creches ou auxílio-creche	200	0%	0%
Participação nos lucros ou resultados	11.000	3%	1%
Outros	5.000	1%	0%
Total – Indicadores sociais internos	102.600	24%	9%

3 – Indicadores Sociais Externos	Valor (mil)	% sobre RO	% sobre RL
Educação	1.200	0%	0%
Cultura	800	0%	0%
Saúde e saneamento	200	0%	0%
Esporte	100	0%	0%
Combate à fome e segurança alimentar	80	0%	0%
Outros	2.000	1%	0%
Total das contribuições para a sociedade	4.380	1%	0%
Tributos (excluídos encargos sociais)	1.000	0%	0%
Total – Indicadores sociais externos	5.380	2%	0%

4 – Indicadores Ambientais	Valor (mil)	% sobre RO	% sobre RL
Investimentos relacionados com a produção/operação da empresa	100.000	31%	8%
Investimentos em programas e/ou projetos externos	30.000	9%	3%
Total dos investimentos em meio ambiente	130.000	41%	11%

Quanto ao estabelecimento de "metas anuais" para minimizar resíduos e
( ) não possui metas
( ) cumpre de 0 a 50%
( ) cumpre de 51 a 75%
( ) cumpre de 76 a 100%

5 – Indicadores do Corpo Funcional	
Nº de empregados(as) ao final do período	340
Nº de admissões durante o período	40
Nº de empregados(as) terceirizados(as)	80
Nº de estagiários(as)	12
Nº de empregados(as) acima de 45 anos	220
Nº de mulheres que trabalham na empresa	140
Percentual de cargos de chefia ocupados por mulheres	35,00%
Nº de negros(as) que trabalham na empresa	210
% de cargos de chefia ocupados por negros(as)	45,00%
Nº de portadores(as) de deficiência ou necessidades especiais	29

Balanço Consolidado[12] (Dados complementares):

6 – Informações Relevantes Quanto ao Exercício da Cidadania Empresarial	2004		
Relação entre a maior e a menor remuneração na empresa	25		
Número total de acidentes de trabalho	0		
Os projetos sociais e ambientais desenvolvidos pela empresa foram definidos por:	( ) direção	( ) direção e gerências	( ) todos(as) os(as) empregados(as)
Os padrões de segurança e salubridade no ambiente de trabalho foram definidos por:	( ) direção e gerências	( ) todos(as) os(as) empregados(as)	( ) todos(as) + Cipa
Quanto à liberdade sindical, ao direito de negociação coletiva e à representação interna dos(as) trabalhadores(as), a empresa:	( ) não se envolve	( ) segue as normas da OIT	( ) incentiva e segue a OIT
A previdência privada contempla:	( ) direção	( ) direção e gerências	( ) todos(as) os(as) empregados(as)
A participação dos lucros ou resultados contempla:	( ) direção	( ) direção e gerências	( ) todos(as) os(as) empregados(as)
Na seleção dos fornecedores, os mesmos padrões éticos e de responsabilidade social e ambiental adotados pela empresa:	( ) não são considerados	( ) são sugeridos	( ) são exigidos
Quanto à participação de empregados(as) em programas de trabalho voluntário, a empresa:	( ) não se envolve	( ) apoia	( ) organiza e incentiva
Número total de reclamações e críticas de consumidores(as):	na empresa _____	no Procon _____	na Justiça _____
Percentual de reclamações e críticas atendidas ou solucionadas:	na empresa _____%	no Procon _____%	na Justiça _____%
Valor adicionado total a distribuir (em mil R$) Distribuição do Valor Adicionado (DVA):	Em 2004: __% governo __% terceiros	__% colaboradores(as) __% retido	__% acionistas

Balanço Social: Dados registrados aleatoriamente, permitindo a consolidação dos dados das páginas anteriores.

1 – Base de Cálculo	2004 Valor (Mil reais)
Receita líquida (RL)	1.200.000
Resultado operacional (RO)	320.000
Folha de pagamento bruta (FPB)	420.000

---

[12] Mais informações: www.balancosocial.org.br.

Receita líquida: Receita bruta excluída dos impostos, contribuições, devoluções, abatimentos e descontos comerciais. **Resultado operacional:** Este se encontra entre o Lucro Bruto e o LAIR (Lucro Antes do Imposto de Renda), ou seja, antes das receitas e despesas não operacionais. **Folha de pagamento bruta:** valor total de pagamento.

2 – Indicadores Sociais Internos	2004 Valor (Mil reais)
Alimentação	19.000
Encargos sociais compulsórios	36.000
Previdência privada	12.000
Saúde	10.000
Segurança e medicina no trabalho	4.000
Educação	1.200
Cultura	800
Capacitação e desenvolvimento profissional	3.400
Creches ou auxílio-creche	200
Participação nos lucros ou resultados	11.000
Outros	5.000
Total – Indicadores sociais internos	**102.600**

Alimentação: Gastos com restaurante, vale-refeição, lanches, cestas básicas e outros relacionados à alimentação dos(as) empregados(as). **Previdência privada:** Planos especiais de aposentadoria, fundações previdenciárias, complementações de benefícios a aposentados(as) e seus dependentes. **Saúde:** Plano de saúde, assistência médica, programas de medicina preventiva, programas de qualidade de vida e outros gastos com saúde, inclusive dos(as) aposentados(as). **Educação:** Gastos com ensino regular em todos os níveis, reembolso de educação, bolsas, assinaturas de revistas, gastos com biblioteca (excluído pessoal) e outros gastos com educação. **Cultura:** Gastos com eventos e manifestações artísticas e culturais (música, teatro, cinema, literatura e outras artes). **Capacitação e desenvolvimento profissional:** Recursos investidos em treinamentos, cursos, estágios (excluído os salários) e gastos voltados especificamente para capacitação relacionada com a atividade desenvolvida por empregados(as). **Creche ou auxílio-creche:** Creche no local ou auxílio-creche a empregados(as). **Participação nos lucros ou resultados:** Participações que não caracterizem complemento de salários. **Outros bene-**

fícios: Seguros (parcela paga pela empresa), empréstimos (só o custo), gastos com atividades recreativas, transportes, moradia e outros benefícios oferecidos a empregados(as) podem ser aqui enumerados.

Total das contribuições para a sociedade: Somatório dos investimentos na comunidade que aparecem discriminados. Os itens na tabela aparecem como indicação de setores importantes onde a empresa deve investir (como habitação, creche, lazer e diversão, por exemplo). Porém podem aparecer aqui somente os investimentos focais que a empresa realiza regularmente. **Tributos (excluídos encargos sociais):** Impostos, contribuições e taxas federais, estaduais e municipais.

3 – Indicadores Sociais Externos	2004 Valor (Mil reais)
Educação	1.200
Cultura	800
Saúde e saneamento	200
Esporte	100
Combate à fome e segurança alimentar	80
Outros	2.000
Total das contribuições para a sociedade	4.380
Tributos (excluídos encargos sociais)	1.000
Total – Indicadores sociais externos	5.380
4 – Indicadores Ambientais	**2004 Valor (Mil reais)**
Investimentos relacionados com a produção/operação da empresa	100.000
Investimentos em programas e/ou projetos externos	30.000
Total dos investimentos em meio ambiente	130.000
Quanto ao estabelecimento de "metas anuais" para minimizar resíduos, o consumo em geral na produção/operação e aumentar a eficácia na utilização de recursos naturais	( ) não possui metas ( ) cumpre de 0 a 50% ( ) cumpre de 51 a 75% ( ) cumpre de 76 a 100%

Investimentos: Investimentos relacionados com a produção/operação da empresa: investimentos, monitoramento da qualidade dos resíduos/efluentes, despoluição, gastos com a introdução de métodos não-poluentes, auditorias ambientais, programas de educação ambiental para os(as) funcionários(as) e outros gastos com o objetivo de incrementar e buscar o melhoramento contínuo da qualidade ambiental na produção/operação da empresa. Investimentos em programas/projetos externos: despoluição, *conservação de recursos ambientais, campanhas ecológicas e educação socioambiental para a comunidade externa e para a sociedade em geral.*

Metas: *Quanto ao estabelecimento de "metas anuais" para minimizar resíduos, o consumo em geral na produção/operação e aumentar a eficácia na utilização de recursos naturais. Metas anuais: resultado médio percentual alcançado pela empresa no cumprimento de metas ambientais estabelecidas pela própria corporação, por organizações da sociedade civil e/ou por parâmetros internacionais como o Global Reporting Initiative (GRI).*

5 – Indicadores do Corpo Funcional	2004
Nº de empregados(as) ao final do período	340
Nº de admissões durante o período	40
Nº de empregados(as) terceirizados(as)	80
Nº de estagiários(as)	12
Nº de empregados(as) acima de 45 anos	220
Nº de mulheres que trabalham na empresa	140
Percentual de cargos de chefia ocupados por mulheres	35,00%
Nº de negros(as) que trabalham na empresa	210
Percentual de cargos de chefia ocupados por negros(as)	45,00%
Nº de portadores(as) de deficiência ou necessidades especiais	29

Nº de negros(as) que trabalham na empresa: Considerar como trabalhadores(as) negros(as) o somatório de indivíduos classificados/autodeclarados como de pele preta e parda, conforme o declarado na RAIS.

Os *balanços sociais*, como vimos, consolidam ou tentam consolidar indicadores relativos às práticas das Organizações, tanto nas relações com empregados, como nas relações com clientes, fornecedores, governos e comunidade. O empenho em disseminar indicadores de gestão de Recursos Humanos – proposta deste livro – por certo irá incentivar que mais e mais Organizações consolidem e compartilhem seus dados, dentro e fora dos limites da própria Organização.

O Conselho Empresarial Brasileiro para o Desenvolvimento Sustentável, criado para disseminar padrões de comportamento empresarial que permitam o avanço do País no campo social, apresenta, anualmente, relatórios que registram *indicadores* capazes de demonstrar o investimento de dezenas de Organizações em questões sociais, dentro e fora dos seus limites. Entre tais indicadores, direta ou indiretamente ligados à gestão de Recursos Humanos, temos:

- Número de empregados em trabalho voluntário.
- Número de entidades assistidas.
- Número de pessoas beneficiadas.
- Investimentos em projetos sociais.
- Número de crianças assistidas em projetos sociais.
- Número de empregados que abandonaram o hábito de fumar.
- Redução do número de acidentes de trabalho.
- Dias perdidos em afastamentos por acidente de trabalho.
- Investimentos em segurança, saúde e meio ambiente.
- Número de empregados do sexo feminino.
- Número de dependentes dos empregados.
- Número de mulheres em posição de comando/liderança.
- Salário médio dos empregados técnicos e operacionais.
- Salário médio dos que ocupam posições de comando.
- Contribuição para previdência privada.
- Contribuição para planos de saúde.
- Contribuição para programas de alimentação.
- Participação nos lucros ou resultados.
- Número de sugestões dos empregados (aprovadas e não aprovadas).
- Número de times de qualidade.
- Valor pago por reconhecimento.
- Valor pago por projetos de qualidade.

- Número de postos de trabalho gerados, direta e indiretamente.
- Número de empregados portadores de necessidades especiais.
- Número de falecimentos.

Características de um Balanço Social

Segundo Osmar Vieira Filho[13] é importante que um balanço social, qualquer que seja o modelo utilizado, observe alguns aspectos essenciais que vão além dos *indicadores*, das métricas necessárias. Segundo Vieira, estão entre tais aspectos:

Simplicidade: *Considerando que o documento deve ser acessível aos empregados, dirigentes, acionistas e ao público em geral, a sua formatação, tanto no aspecto de aplicação quanto no de apresentação, deve ser simples, fácil de interpretar, exigindo, quando muito, uma sumária explicação.*

Confiabilidade: *O principal patrimônio de uma organização é a sua Credibilidade. Desta forma as informações prestadas devem ser confiáveis e seguras, ainda que se admita certa dose de subjetividade inerente a alguns itens. A precisão dos indicadores numéricos não é tão importante, mas a veracidade deve ser comprovada.*

Comparabilidade: *Um dos objetivos do documento é permitir avaliar a evolução do desempenho socioambiental da organização ao longo do tempo, bem como possibilitar comparações com outras instituições. Assim, na medida do possível, deve ser adotada uma estrutura de apresentação dos resultados que seja padrão e única, contendo indicadores cujos conceitos sejam de entendimento universal.*

Flexibilidade: *Sem deixar de atender ao critério de Comparabilidade, é obvio que também não se pode deixar de levar em consideração as condições específicas de cada empresa e do ambiente em que atua. Assim, deve ser dado um espaço para que determinados aspectos sejam informados ou relatados na forma que melhor expresse os resultados obtidos, quantitativa ou qualitativamente.*

---

[13] FILHO, Osmar Vieira. *Uma Metodologia para Elaboração do Balanço Social da Eletronorte.* Projeto Fundação Dom Cabral, 1999.

Quantificação: *A regra geral proposta é que, sempre que possível, os benefícios e indicadores de desempenho devam ser quantificados em termos numéricos absolutos (unidades métricas) e percentuais. Sempre que possível e adequado, estes benefícios devem também ser convertidos em unidades monetárias.*

Benefícios Líquidos: *Considerando que um dos objetivos do Balanço Social é demonstrar se os benefícios proporcionados pela atuação da organização são superiores aos seus custos para a sociedade, é importante que sejam informados e deduzidos os eventuais benefícios e incentivos auferidos pela empresa retirados da sociedade. Objetiva-se informar o benefício social líquido proporcionado pelo funcionamento da empresa.*

Distribuição dos Benefícios: *Além da quantificação dos benefícios líquidos totais proporcionados pela empresa é de todo interesse a demonstração de como aqueles benefícios são distribuídos entre os beneficiados (empregados, terceiros, governo, comunidade e outros).*

5

Estudos Complementares e os Desafios para a Gestão de RH

Estudos Complementares

Espero que o livro tenha, no mínimo, estimulado uma reflexão sobre medições em geral, particularmente em processos envolvendo gestão de Pessoas. Ambientes de negócios normalmente competitivos exigem que dados sejam transformados em informações e usados proativamente na otimização de recursos, sejam eles materiais, humanos, financeiros, físicos ou tecnológicos. O livro certamente abrirá uma nova porta para que outros tantos sejam escritos em prol do aperfeiçoamento permanente de *indicadores*, conceitos, equações, demonstrações e análises. O livro irá, por certo, estimular outros estudos e com foco mais estratégico. Por essa razão gostaria de deixar para o leitor algumas reflexões que podem ampliar o valor agregados dos *indicadores*.

> *"Receber avaliações críticas oportunas, construtivas e imparciais ajuda os profissionais de RH a fixar e atingir metas."*
> **Dave Ulrich**

Balanced Scorecard

Um maior aprofundamento sobre *balanced scorecard*, proposto por Robert Kaplan e David Norton, por exemplo, será de extrema valia para um maior alinhamento entre missão, visão, objetivos estratégicos e indicadores de desempenho, inserindo-se, em maior grau, a função relativa à gestão do capital humano no contexto organizacional. O *balanced scorecard* sugere, entre outras coisas, a avaliação do desempenho de uma Organização a partir de 23 a 25 indicadores[1] focados em quatro perspectivas diferentes:

Financeira: Na qual estão inseridos indicadores de resultado, tais como lucro (operacional, financeiro, EVA etc.), ganhos por ação (EPS), faturamento/receita, entre outros. São indicadores de efeito e não de causa, uma vez que tais indicadores são fortemente afetados pelos indicadores envolvendo as perspectivas clientes e inovação (aprendizado e desenvolvimento).

Clientes: Na qual estão inseridos aspectos como satisfação dos clientes externos, nível de fidelização dos clientes, índice de rotatividade da carteira de clientes e afins.

Processos: Na qual estão inseridos os indicadores de gestão que demonstram a eficiência do processo de produção, vendas, distribuição, logística, engenharia, desenvolvimento de produtos e afins.

Aprendizado e crescimento (ou inovação): Na qual estão inseridos indicadores relacionados – em um sentido mais amplo – ao estado de prontidão dos empregados, podendo envolver a satisfação dos empregados nos mais variados aspectos (ver indicadores de Clima Organizacional), nível de formação ou qualificação e afins.

A ideia de balanceamento de indicadores ou de indicadores balanceados (*balanced*) está reforçada no fato de que indicadores devem focar quatro aspectos-chave.

---

[1] NORTON, David P. *Beware: The Unbalanced Scorecard. Balanced Scorecard: Insight, Experience & Ideas for Stragety-Focused Organizations.* USA: Harvard Business Review, 2000.

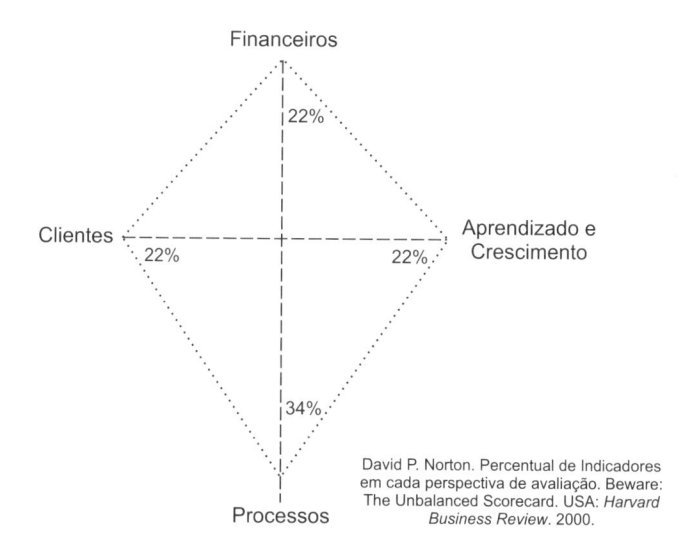

David P. Norton. Percentual de Indicadores em cada perspectiva de avaliação. Beware: The Unbalanced Scorecard. USA: *Harvard Business Review*. 2000.

Kaplan e Norton² vêm também ampliando medições e discussões sobre a prontidão estratégica dos ativos intangíveis, como forma de tentar responder questões do tipo:

- Quanto vale a cultura de uma empresa que permite a seu pessoal compreender a missão, a visão e os valores centrais da organização e neles acreditar?
- Qual a vantagem competitiva de investir num sistema de gestão do conhecimento ou num novo banco de dados dos clientes?
- O que é mais importante: reforçar as habilidades de todo mundo ou apenas de indivíduos em postos cruciais?

"O novo DNA de RH requer um conhecimento mais amplo, particularmente de finanças, negócios e tecnologia da informação. O novo DNA determina uma forte capacidade de assumir riscos e um certo fanatismo por indicadores de performance."

John Sullivan
San Francisco State University

---

[2] KAPLAN, S. Robert e NORTON, David P. *Medindo a Prontidão Estratégica de Ativos Intangíveis*. Harvard Business Review. Fevereiro/2004. P. 38-49.

Os estudos envolvendo o *balanced scorecard* vêm levando os autores a aperfeiçoarem a perspectiva "aprendizado e desenvolvimento" – também chamada de inovação – inserindo três categorias de *ativos intangíveis e essenciais para a implementação de qualquer estratégia*. São elas:

Capital humano: Habilidades, competências individuais, talento, conhecimento técnico e de relacionamento dos empregados.

Capital informacional: Bancos de dados, sistemas de informação, de redes, infraestrutura tecnológica, conectividade e integração.

Capital organizacional: Cultura, liderança, alinhamento dos empregados às metas estratégicas, bem como à capacidade deles em compartilhar conhecimentos.

Balanced Scorecard (BSC) de Jac Fitz-enz

Jac Fitz-enz[3], que esteve em 2004 no Rio de Janeiro para o 10º Congresso Mundial de Recursos Humanos, sugere – em referência a Kaplan e Norton – que indicadores de gestão de Recursos Humanos sejam projetados a partir de quatro processos-chave para a gestão do capital humano. Tais processos-chave normalmente envolvem *incorporação, manutenção, retenção* e *desenvolvimento*, cada um deles desdobrado em cinco perspectivas: *custo, tempo, quantidade, qualidade* e *satisfação dos clientes*.

Aspectos-Chave	Custo	Tempo	Quantidade	Qualidade	Satisfação
Incorporação: Nesta categoria estão os indicadores que refletem o processo de aquisição de RH, em suas mais variadas fases (recrutamento, seleção, testes, exames admissionais e afins).					
Manutenção: Nesta categoria estão os indicadores que refletem os processos para manutenção dos empregados, tais como folha de pagamento, concessão de benefícios (legais e espontâneos) e afins.					

---

[3] FITZ-ENZ, Jac. *O Retorno do Investimento em Capital Humano: Medindo o Valor Econômico do Desempenho dos Funcionários*. São Paulo: Makron Books, 2001. P. 99.

Aspectos-Chave	Custo	Tempo	Quantidade	Qualidade	Satisfação
Retenção: Nesta categoria estão os indicadores que refletem os processos que buscam a retenção dos empregados. Investimento para retenção deve ser analisado fora do contexto da manutenção.					
Desenvolvimento: Nesta categoria estão os indicadores que refletem ações, práticas, políticas e programas voltados ao aperfeiçoamento contínuo da força de trabalho.					

Uma maior profundidade na abordagem proposta por Jac Fitz-enz pode, também, auxiliar o leitor na organização e sistematização dos *indicadores*, buscando dotar os gestores de cada segmento de RH ou da Organização como um todo de dados essenciais para entendimento dos pilares do processo de gestão de Pessoas, dentro de uma perspectiva balanceada de indicadores.

É importante registrar, no entanto, que cada um dos quatro processos-chave (incorporação, desenvolvimento, manutenção e retenção) deve ser aberto em cinco perspectivas (custo, quantidade, tempo, qualidade e satisfação do cliente), preferencialmente para cada um dos subsistemas ou processos ligados à gestão de Recursos Humanos, seja ele de recrutamento e seleção, treinamento & desenvolvimento, gestão do desempenho, saúde ocupacional, remuneração, benefícios ou designação internacional. Os comentários a seguir refletem exemplos citados na palestra proferida por Jac Fitz-enz durante o 10º Congresso Mundial de Recursos Humanos, realizado no Rio de Janeiro (RJ) em 2004.

Processo: *Incorporação*

Custo: Quanto custa atrair, captar, selecionar, testar, avaliar, tomar providências legais e incorporar novos empregados ao quadro efetivo de empregados? Quanto custa preencher uma vaga no plano *executivo*, nos mais variados níveis, ou *operacional*? Quanto custa cada exame médico admissional para unidades administrativas e operacionais, separadamente?

Tempo: Quanto tempo leva cada uma dessas atividades? Quanto tempo a Organização leva, entre a abertura da vaga e a admissão, considerando-se todas as fases do processo de atração e fixação dos novos empregados? Quanto tempo está envolvido ou se gasta em posições do plano *executivo*, por exemplo? E do plano *operacional*?

Quantidade: Quantas admissões, testes, exames e entrevistas foram realizados? Quantos currículos foram recebidos, analisados ou armazenados? Quantos candidatos para cada vaga? Caso o uso dos recursos internos seja relevante para a Organização, que parcela das vagas foi reposta ou preenchida com empregados da própria empresa? Que parcela das vagas observou o plano de sucessão previamente definido?

Qualidade: Como medir a qualidade do processo de *incorporação*? Pelos desligamentos dentro do prazo de experiência? Dentro do prazo de seis meses? Pela observância do tempo para preenchimento de cada vaga? Pelo tempo médio despendido? Considerando-se a avaliação do desempenho dos recém-empossados nas referidas posições, dentro de um determinado período de tempo?

Satisfação: Qual o grau de satisfação dos clientes internos com o processo de preenchimento das vagas? Quais os atributos/aspectos mais fortes, na perspectiva dos clientes? Quais os que possuem maior potencial de melhoria, na mesma perspectiva? Qual a satisfação, por exemplo, dos empregados em geral, relativamente ao processo utilizado pela empresa para preencher vagas?

Processo: *Manutenção*

Custo: Quanto custa cada um dos processos ligados à manutenção dos empregados, tais como folha de pagamento, processamento, crédito bancário, contabilização e recolhimento? Qual o investimento em benefícios com assistência médica, assistência odontológica e seguro de vida em grupo? Quanto custa um exame médico periódico? Qual o custo com segurança do trabalho?

Tempo: Quanto tempo leva cada uma dessas atividades ou processos, incluindo emissão do contracheque, processamento da folha, disponibilização do vale-alimentação ou refeição, troca de beneficiário ou dependente, reembolso de despesas médicas etc.? Qual o tempo médio de atendimento/*feedback* ao empregado[4]?

Quantidade: Quantos usuários, beneficiários ou dependentes a Organização tem, por exemplo, em cada programa de benefícios? Quantas vidas estão cobertas no plano de saúde? Quantos sinistros ocorreram no seguro de vida em grupo? Quantos reembolsos foram solicitados? Quantas inclusões, alterações ou exclusões foram pedidas? Quantos exames periódicos foram realizados?

Qualidade: Como medir a qualidade dos processos envolvendo manutenção? Pela correção e agilidade na reposição de carteiras de assistência à saúde? Pela resposta aos empregados em um prazo máximo de 48 horas? Pela substituição de um dependente dentro de um determinado limite de tempo? Pela disponibilidade do contracheque, via sistema, até três dias antes do crédito?

Satisfação: Qual o grau de satisfação dos clientes internos, sejam eles empregados em geral ou lideranças? Como os processos vinculados à manutenção dos empregados são normalmente percebidos?

Processo: *Retenção*

Custo: Quanto a Organização vem gastando ou investindo na retenção dos empregados? Qual o nível de participação dos empregados nos lucros ou resultados? Qual o valor *per capita*? Qual o gasto com programas formais de recompensa & reconhecimento? Qual o gasto ou investimento com promoções, aumentos de mérito, gratificações, premiações e afins?

Tempo: Qual o tempo médio de preenchimento de vagas a partir do uso de recursos humanos da própria empresa? Qual o tempo gasto para análise e processamento de uma promoção ou de um aumento de mérito? Qual o tempo médio de permanência de um empregado na Organização? Qual o tempo médio dos empregados em posições de liderança?

---

[4] As empresas com "Centrais para Atendimento" dos empregados possuem uma série de indicadores ligados à quantidade, qualidade ou satisfação dos clientes.

Quantidade: Quantas pessoas receberam premiações, gratificações, aumentos por promoção, mérito, antecipações, participação nos lucros ou resultados, bônus, comissões e afins? Quantas pessoas foram promovidas ou recomendadas para homenagens, internamente? Quantas concessões foram aprovadas, em média, por empregado?

Qualidade: Como medir a qualidade do processo de "retenção"? Pelo *turnover* geral ou desdobrado por plano de cargos? Pelo número de desligamentos voluntários? Pela quantidade de pedidos de demissão envolvendo empregados de alto potencial, de alta performance ou ocupantes de funções críticas?

Satisfação: Qual o grau de satisfação dos clientes internos, sejam eles empregados em geral ou lideranças? Como os processos vinculados à retenção dos empregados são normalmente percebidos através das pesquisas de clima organizacional?

Processo: *Desenvolvimento*

Custo: Qual o custo ou investimento médio *per capita* em programas de desenvolvimento dos recursos humanos? Qual o custo ou investimento *per capita* para formação e desenvolvimento das lideranças? Qual o custo médio *per capita* em eventos técnicos, atualização de conhecimentos, implantação de novos sistemas e afins? Quanto está sendo investido para formação de novas lideranças?

Tempo: Qual o tempo médio/ano em ações de treinamento & desenvolvimento dos empregados? Qual o tempo médio *per capita*/ano diretamente focado em programas de desenvolvimento? Qual o tempo médio *per capita*/ano diretamente focado em programas de desenvolvimento?

Quantidade: Quantos empregados passaram, em média/ano, por processos formais de treinamento técnico? Quantos empregados passaram, em média, por programas de formação e desenvolvimento de lideranças?

Qualidade: Como medir a qualidade do processo de *desenvolvimento* dos recursos humanos? Pela quantidade de empregados treinados? Pelo número ou percentual de lideranças submetidas a programas de capacitação continuada? Pelo número de empregados certificados em determinadas metodologias? Quais os níveis de competência da Organização, considerando-se a média das competências dos empregados?

Satisfação: Qual o grau de satisfação dos clientes internos com o processo de desenvolvimento de RH? Qual o nível de satisfação dos empregados com tais atividades, programas e ações?

Além dos macroprocessos citados, cabe registrar que uma nova dimensão deve ser inserida, de modo a refletir medições relativas aos *desligamentos* dos empregados.

Aspectos-Chave	Custo	Tempo	Quantidade	Qualidade	Satisfação
Incorporação: Nesta categoria estão os indicadores que refletem o processo de aquisição de RH, em suas mais variadas fases (recrutamento, seleção, testes, exames admissionais e afins).					
Manutenção: Nesta categoria estão os indicadores que refletem os processos para manutenção dos empregados, tais como folha de pagamento, concessão de benefícios (legais e espontâneos) e afins.					
Retenção: Nesta categoria estão os indicadores que refletem os processos que buscam a retenção dos empregados. Investimento para retenção deve ser analisado fora do contexto da manutenção.					
Desenvolvimento: Nesta categoria estão os indicadores que refletem ações, práticas, políticas e programas voltados ao aperfeiçoamento contínuo da força de trabalho.					
Desligamento: Nesta categoria estão os indicadores que refletem ações e práticas, políticas relativas ao desligamento voluntário e involuntário de empregados.					

Indicadores de Desempenho em RH de Adilson Gomes

Estudos do consultor e professor Adilson Gomes, relativos à organização dos indicadores de desempenho em RH, sugerem que o segmento de Recursos Humanos entenda e explicite sua missão, visão, clientes, produtos e serviços, globalmente e para cada um dos macroprocessos (*captação, desenvolvimento, manutenção* e *qualidade de vida*).

Aspecto	Questão-chave
Missão do segmento de Recursos Humanos na Organização, bem como de cada um dos subsistemas (R&S, T&D etc.):	Qual o propósito do referido segmento? Por que razão existe? Qual a missão de cada um dos subsistemas de RH?
Visão do segmento de Recursos Humanos na Organização, bem como de cada um dos subsistemas de RH:	Como o referido segmento (e cada subsistema) pretende ser reconhecido no longo prazo? Que atributos de qualidade serão marcantes? Qualidade? Tempo de resposta? Custo? Suporte ao cliente?
Clientes de RH, em geral, e de cada um dos subsistemas de RH:	Quais são os clientes e quais são os atributos de qualidade desses clientes?
Produtos, Processos, Serviços de cada um dos subsistemas de RH:	Quais são os produtos, processos e serviços (*outputs*) esperados pelos clientes?

Gomes sugere, a partir daí:

Indicadores operacionais: Indicadores que permitam medir eficiência de um dado processo-chave. Indicadores de eficiência medem predominantemente o consumo de recursos humanos, materiais, físicos, financeiros e tecnológicos.

Indicadores de qualidade: Indicadores que permitam medir o envolvimento e o comprometimento dos empregados, o nível de educação, qualificação, treinamento, motivação e satisfação das pessoas.

Indicadores estratégicos de RH: Indicadores que avaliam atividades, produtos e serviços de RH como se o segmento de RH fosse uma empresa prestadora de serviços. Indicadores estratégicos, na perspectiva de Gomes, podem medir o nível de satisfação dos clientes para cada atividade ou processo ligado à gestão de Recursos Humanos.

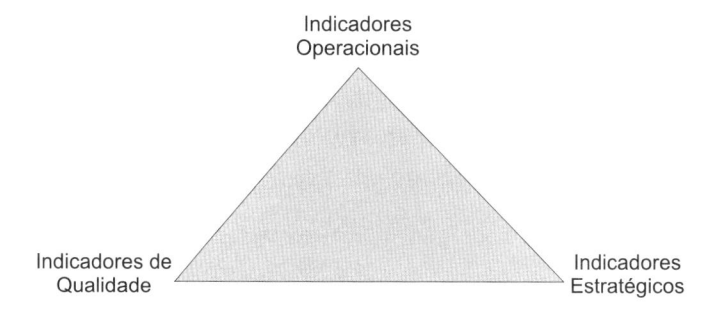

```
              Indicadores
              Operacionais
                  /\
                 /  \
                /    \
               /      \
              /        \
Indicadores de         Indicadores
Qualidade              Estratégicos
```

Adaptado de Adilson Gomes. Gestão de Indicadores de Desempenho para RH.
Evento realizado pelo INDE em 2002.

Indicadores de Gestão de RH do Instituto Sextante Brasil (ex-Instituto Saratoga)

Um dos maiores institutos de pesquisa ligados à produção, análise e acompanhamento de indicadores de gestão do capital humano, o Sextante Brasil, sugere que os indicadores de gestão do capital humano sejam agrupados em dez grandes áreas, buscando focar[5]:

1) *Eficácia organizacional:* grupo de indicadores que auxiliam na avaliação do valor agregado pelo capital humano às Organizações, tomando-se por base custos, receita, despesas e retorno.

2) *Estrutura de RH:* grupo de indicadores voltados à avaliação de despesas diretas, estrutura, serviços, número de usuários, níveis e categorias de seus profissionais e afins.

3) *Remuneração:* grupo de indicadores voltados à avaliação das estratégias e dos sistemas de recompensa e de reconhecimento utilizados pelas Organizações.

4) *Benefícios:* grupo de indicadores que auxiliam, em conjunto com o anterior, na compreensão da remuneração total.

5) *Absenteísmo e rotatividade:* grupo de indicadores capazes de auxiliar na compreensão do nível de abstenção ao trabalho e flutuação (rotatividade) dos empregados.

---

[5] BOOG, Gustavo e BOOG, Magdalena (org). *Manual de Gestão de Pessoas e Equipes: Estratégias & Tendências*. V. I. São Paulo: Gente, 2001. Artigo: "Indicadores de Desempenho em Gestão do Capital Humano", escrito por Rugenia Maria Pomi.

6) *Recrutamento & seleção:* grupo de indicadores que auxiliam na compreensão do nível de aproveitamento interno, admissão de novos empregados, custo com admissões, tempo de preenchimento de vagas e afins.

7) *Educação e aprendizagem:* grupo de indicadores que auxiliam na compreensão dos esforços na capacitação do capital humano.

8) *Saúde ocupacional:* grupo de indicadores que auxiliam na identificação dos esforços realizados em segurança do trabalho e saúde ocupacional.

9) *Relações trabalhistas:* grupo de indicadores capazes de auxiliar na compreensão das demandas trabalhistas (diretas e de terceiros), custos das reclamações, paralisações por greve e afins.

10) *Perfil da força de trabalho:* grupo de indicadores capazes de auxiliar na compreensão do perfil da força de trabalho, incluindo aspectos ligados à formação, faixa etária e afins.

Indicadores de Gestão de Recursos Humanos: Visão Geral do Processo

> *"...a participação dos trabalhadores... requer urgentemente um sistema de medições e de indicadores que permitam negociações francas e objetivas entre elas (as organizações) e seus funcionários. O que se percebe é a completa ausência de indicadores (...) em muitas empresas ou a utilização desordenada de vários indicadores."*
>
> **Idalberto Chiavenato**

No mundo real, como vimos, *indicadores* devem estar integrados à missão, visão e objetivos-chave de cada um dos processos ou subsistemas de Recursos Humanos. Independentemente da abordagem ou metodologia a ser utilizada, é importante frisar que todo indicador precisa possuir uma definição clara quanto aos seguintes aspectos:

Objetivo: O que pretende tal indicador medir? O que ele se propõe a demonstrar? Que leitura ele pretende que se tenha? Implicitamente precisamos assegurar que o objetivo do referido indicador tenha relação direta ou indireta com a razão de ser de cada segmento de RH – ou objetivo de determinados processos – devendo focar aspectos-chave ou estratégicos.

Periodicidade: Com que periodicidade o referido indicador é ou pode ser calculado? No sentido restrito, para que período de tempo o indicador está direcionado? Implicitamente devemos entender o custo e o tempo para obtenção, processamento, análise e compartilhamento dos dados.

Fonte dos dados: De onde vêm ou virão os dados que estão ou estarão compondo o referido indicador? Há apenas uma fonte dos dados ou diversas fontes são necessárias? Há processamento manual ou somente operações informatizadas? Implicitamente devemos entender que quanto maior o número de fontes e de entradas manuais, maior o risco de erros e omissões.

Ponto de medição: Quais são os pontos de medição do indicador? Refletem todos os empregados? Refletem todos os empregados de uma determinada unidade ou fábrica? Refletem apenas um setor ou departamento? Implicitamente devemos ter em mente que quanto mais amplo o indicador mais ele se afasta do microuniverso de cada empregado, setor, departamento ou unidade.

Fórmula de cálculo: Que fórmula está ou deverá ser executada para cálculo do referido indicador? Implicitamente devemos ter em mente que fórmulas simples são mais fáceis de ser explicadas e, neste sentido, de ser entendidas ou utilizadas.

Limitadores: Quais são as limitações naturais do referido indicador? O que ele não busca medir? Que condição ou aspecto não está sendo contemplado pelo indicador, ainda que pareça estar? Que alerta se torna necessário ao leitor? Implicitamente devemos deixar claro, sempre, que todo indicador mostra alguma coisa, mas é potencialmente capaz de cegar a visão para outras questões.

Definindo Indicadores

Na busca dos melhores indicadores para avaliação dos níveis de eficiência e de eficácia dos processos e subprocessos de Recursos Humanos, é de extrema importância o entendimento de que processos, de uma maneira geral, obedecem a uma cadeia definida de *clientes* (os que se beneficiam com os produtos ou serviços de RH) e *fornecedores* (os que geram insumos para a execução do processo ou subprocesso), entradas *(input)* e saídas *(output)*.

Ciclo do Processo

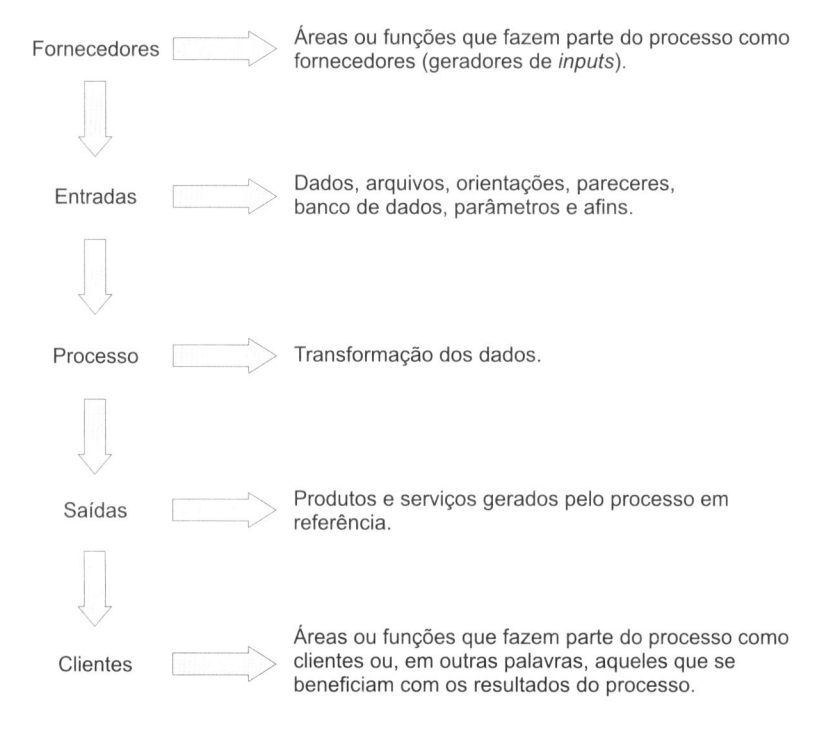

Fornecedores → Áreas ou funções que fazem parte do processo como fornecedores (geradores de *inputs*).

⇩

Entradas → Dados, arquivos, orientações, pareceres, banco de dados, parâmetros e afins.

⇩

Processo → Transformação dos dados.

⇩

Saídas → Produtos e serviços gerados pelo processo em referência.

⇩

Clientes → Áreas ou funções que fazem parte do processo como clientes ou, em outras palavras, aqueles que se beneficiam com os resultados do processo.

Cada processo no campo da gestão de Recursos Humanos – seja ele o de *preenchimento de vagas, treinamento, desenvolvimento, avaliação de desempenho, folha de pagamento, remuneração, benefícios, relações trabalhistas, serviço social* ou *administração de pessoal* – possui clientes, entradas (ou *inputs*), processamento (com a aplicação de diretrizes, normas e procedimentos), saídas (ou *outputs*) e os clientes (normalmente os empregados, terceirizados, lideranças da Organização). Entender essa cadeia auxilia na identificação dos atributos de qualidade dos clientes, bem como nos melhores indicadores para mensuração da eficiência do processo em seus mais variados aspectos.

Exemplo Simplificado

Processo:
Preenchimento de Vagas
Objetivo: Assegurar o suprimento de recursos humanos, efetivos e temporários, com talentos da própria empresa ou do mercado, dentro das melhores práticas em termos de qualidade, tempo, custo e satisfação dos clientes internos.

Clientes:	Saída:
Lideranças	Vaga preenchida
	Permanência na Organização
	Adequação à vaga

Entradas:	Fornecedores:
Faixas Salariais	Remuneração
Pacote de Benefícios	Benefícios
Contrato de Trabalho	Administração de Pessoal
Avaliação de Desempenho	Gestão do Desempenho
Treinamento Introdutório	Treinamento

Aspecto:	Exemplo de Indicadores:
Quantidade	Número de admissões (vagas preenchidas), número de candidatos/vaga, % de vagas preenchidas com recursos internos, % de vagas preenchidas/fonte.
Custo	Custo de preenchimento de vagas/plano de cargo.
Tempo	Tempo médio de preenchimento de vagas.
Qualidade	Índice de retenção no prazo de experiência (ou no prazo de 6 meses); grau de desempenho no prazo de experiência.
Satisfação	Grau/nível de satisfação do cliente após a conclusão do processo ou, genericamente, ao final de um determinado período no atendimento a diversos clientes.

Balanço dos Indicadores de RH

Após definidos os *indicadores* que servirão de base para o direcionamento dos esforços e recursos internos, cabe aos gestores de RH analisar os dados, ao longo de certo período, de forma integrada e tomando-se como referência determinados parâmetros (alvos). O exemplo a seguir – baseado em dados e em movimentos estratégicos hipotéticos[6] – auxilia na compreensão da referida visão integrada, serve de base para estudo das causas, definição de prioridades e elaboração dos planos de ação nas diversas áreas ou processos de Recursos Humanos.

Os alvos – ou metas para os diversos indicadores – podem ser definidos a partir daquilo que a Organização entende como possível e necessário, nos curto, médio e longo prazos, ainda que desafiador. *Benchmarkings* são, neste contexto, elementos fundamentais na medida em que estimulam uma análise da realidade interna, dos dados da concorrência ou do segmento, o entendimento do mercado em geral, bem como as melhores práticas de mercado[7] em cada um dos aspectos observados.

Uma vez entendido o estágio atual da Organização, em cada indicador, e o alvo definido para o ano em curso, para o próximo ano e para os dois ou três anos subsequentes, os profissionais de RH podem, em um colegiado, definir ou recomendar ações – nos seus diversos segmentos – que possam contribuir para o alcance ou superação das metas definidas. Claro está que muitas ações precisam do envolvimento de profissionais dos demais segmentos e atividades, tais como produção, fabricação, vendas, assistência técnica etc., de modo a assegurar um plano estratégico mais fortalecido na direção dos alvos propostos e acordados.

---

[6] Inspirado em Pomi, Rugênia. *Indicadores de Desempenho em Gestão do Capital Humano*. In: Manual de Gestão de Pessoas e Equipes. BOOG, Gustavo e BOOG, Magdalena. Editora Gente. V. 1. C. 15. P. 274

[7] Idem. P. 262.

Estudos Complementares e os Desafios para a Gestão de RH

Exemplo: Amostra de Indicadores

Indicadores	Dados Atuais Ano X	Benchmark Hipotético	Objetivo Anos Y e Z	Movimento Ano Y
Lucro por empregado	R$ 5.000	R$ 12.800	R$ 12.800	+ 156%
Faturamento por empregado	R$ 50.000	R$ 70.000	R$ 68.800	+ 38%
Despesas totais/empregado	R$ 45.000	R$ 57.200	R$ 56.000	+ 24%
Retorno por empregado (R$ 1,00)	R$ 2,26	R$ 3,41	R$ 3,84	+ 70%
Retorno por RH (R$ 1,00)	R$ 1,85	R$ 2,89	R$ 2,91	+ 57%
Turnover global	30,3%	3,5%	3,0%	– 90%
Turnover por substituição	25,0%	ND	2,0%	– 92%
Absenteísmo total	15,5%	2,3%	0,5%	– 97%
Satisfação dos empregados	42,0%	70,0%	70,0%	+ 67%
Índice de entrada (% admissão)	38,0%	2,0%	2,0%	– 95%
Custo médio de admissão	R$ 2.300	R$ 1.200	R$ 1.200	– 48%
Amplitude de comando	1 : 3	1 : 7	1 : 6	+ 100%
Suporte de RH	1 : 80	1 : 140	1 : 150	+ 88%
Percentual Despesas RH/Despesas totais	5,5%	3,0%	3,0%	– 45%
Salário médio/empregado	R$ 1.200	R$ 1.400	R$ 1.400	+ 17%
Remuneração média/empregado	R$ 2.100	R$ 3.100	R$ 2.500	+ 19%
Benefícios/empregado	R$ 1.800	R$ 2.200	R$ 2.000	+ 11%
Percentual Remuneração variável	4,0%	18,0%	16,0%	+ 300%
Treinamento técnico/empregado	R$ 35	R$ 120	R$ 70	+ 100%
Desenvolvimento/empregado	R$ 20	R$ 160	R$ 90	+ 350%
Percentual HE sobre salários	20%	6%	5%	– 75%
Número acidentes de trabalho	28	2	0	– 100%
Percentual acidentes com afastamento	80,0%	10,0%	0,0%	– 100%
Permanência média na empresa (anos)	2,5	8,0	10,0	+ 300%

Exemplo: Questões para Reflexão

Indicadores	Dados Atuais Ano 2005	Benchmark Hipotético	Objetivo Ano Subsequente	Movimento 2006-08
Lucro por empregado	R$ 5.000	R$ 12.800	R$ 12.800	+ 156%
Faturamento por empregado	R$ 50.000	R$ 70.000	R$ 68.800	+ 38%
Despesas totais/empregado	R$ 45.000	R$ 57.200	R$ 56.000	+ 24%
Retorno por empregado (R$ 1,00)	R$ 2,26	R$ 3,41	R$ 3,84	+ 70%
Retorno por RH (R$ 1,00)	R$ 1,85	R$ 2,89	R$ 2,91	+ 57%

Lucro: Considerando-se que o lucro, genericamente, é a relação positiva entre receita (entrada) e despesa (saída), como aumentar a receita e reduzir as despesas? Que investimento deve ser antecipado ou postergado?

Receita: Como é composta a receita? Quantos clientes? Quais as suas principais características? Quantos segmentos de mercado são atendidos pela Organização? Qual o perfil do *contas a receber*? Quais são os obstáculos ou barreiras para que a empresa amplie seu faturamento/receita? Quais são as vantagens competitivas da Organização, em cada um dos segmentos?

Despesas: Como os custos, despesas e gastos são compostos? Qual a possibilidade de compressão de cada um deles? Quais as alternativas de redução dos gastos e despesas, considerando-se a natureza de cada uma delas (fixa e variável)? Automatização? Qual o perfil do *contas a pagar*? Revisão do processo? Implementação de novas tecnologias?

Mercado e Estratégia: Qual a fatia (% de participação) que a empresa representa em cada um desses mercados, sob os prismas do faturamento, produtos, capacidade etc.? Qual a estratégia a ser utilizada para, nos curto, médio e longo prazos solidificar a posição da Organização? Que ações podem ou devem ser tomadas para que se possa potencializar cada uma dessas vantagens competitivas? Após entendimento da direção estratégica da Organização, que ações podem ou devem ser tomadas em cada um dos subsistemas de Recursos Humanos?

Exemplo de Ações a Explorar, a Partir de um Diagnóstico

Perspectiva *Processos*: Redefinir os papéis e responsabilidades de cada um dos subsistemas de Recursos Humanos? Integrar processos desintegrados? Eliminar atividades ou funções que não agregam valor aos negócios da Organização? Terceirizar funções e atividades cuja demanda ou perfil justifique a terceirização? Explicitar a cadeia cliente-fornecedor, bem como os produtos finais de cada subsistema (recrutamento, seleção, treinamento, desenvolvimento, avaliação do desempenho, remuneração, benefícios, administração de pessoal etc.)? Identificar e tornar visíveis os indicadores operacionais ou de qualidade de cada um deles? Mudar o perfil dos cargos da força de vendas ou de outras posições de áreas essenciais? Identificar funções críticas para os negócios da Organização e definir estrutura de compensação mais agressiva? Rever o processo de recrutamento e seleção? Otimizar os investimentos no processo seletivo? Buscar novas fontes de recrutamento? Formar cadastro para as posições estratégicas? Captar recursos mais alinhados com os novos valores da Organização? Desenvolver ou rever o programa de sucessão? Entender os aspectos quantitativos e qualitativos da pesquisa de clima organizacional? Alinhar expectativas da Organização e dos empregados? Ampliar o espaço para aproveitamento dos empregados da própria Organização? Implementar entrevista de desligamento? Municiar os demais segmentos de dados para alimentar novos planos de ação? Rever o processo de avaliação do desempenho? Que indicador será afetado positivamente por tal investimento? Desenvolver pesquisa de remuneração e, eventualmente, rever o posicionamento dos salários da força de vendas e das demais funções estratégicas? Rever o *mix* de remuneração? Rever programas de recompensa e de reconhecimento que reforcem o engajamento dos empregados? Ampliar o *target* (%) de remuneração variável, conforme sugerido no *benchmarking*?

Perspectiva *Estrutura*: Redesenhar a estrutura de Recursos Humanos? Redimensionar o quantitativo de cada subsistema, de modo a que possam priorizar o que deve ser priorizado? Recomendar uma revisão no modelo de operação da Organização? Horizontalizar a estrutura de atendimento aos clientes?

Perspectiva *Tecnologia*: Automatizar processos ligados à gestão de Recursos Humanos? Implementar sistemas, programas, aplicativos de processamento e controle mais efetivos? Implantar acessos diretos pelos empregados, de modo a agilizar consultas? Dotar as lideranças de dados e informações que permitam acelerar tomadas de decisões ou desenvolvimento de estudos? Integrar banco de dados ou aplicativos para otimizar respostas aos clientes?

Perspectiva *Cultura & Pessoas*: Explicitar valores, crenças da Organização? Divulgar a estratégia corporativa e estimular reuniões para desdobramento da estratégia em planos de ação? Divulgar as metas negociadas com as funções essenciais da Organização? Criar, ampliar, alterar ou reforçar a comunicação dos programas de remuneração variável? Entender, explicitar e agir sobre os *gaps* culturais? Ampliar programas de desenvolvimento?

Indicadores de Gestão: O Desafio para RH

Em que pese o fato de indicadores serem vitais quando da avaliação de qualquer processo ou serviço, comenta Dave Ulrich[8] que *os profissionais de RH muitas vezes são os piores inimigos de si mesmos quando se trata de administração do desempenho*. Salienta Ulrich que *embora* (os profissionais de RH) *concebam e defendam o processo de administração do desempenho de sua empresa, geralmente não conseguem aplicá-lo a seu próprio departamento*.

Para Ulrich, os profissionais de Recursos Humanos são usualmente *percebidos* como bons teóricos da gestão do desempenho individual, bons oradores quando o tema é gestão do desempenho de equipes, embora nem sempre sejam muito efetivos quando o tema envolve medições em seu próprio trabalho, processo ou produto.

Para Kieffer[9], diretor da Mercer Human Capital, nos Estados Unidos, *a gestão de Recursos Humanos sempre foi uma disciplina reconhecidamente soft; uma mescla de mitos, teorias da moda e analogias que não funcionam igualmente nas diferentes situações*.

---

[8] ULRICH, Dave. *Os Campeões de Recursos Humanos: Inovando para Obter os Melhores Resultados*. Tradução de Cid Knipel. São Paulo: Futura, 1998.
[9] KIEFFER, Dave. *HSM Management*, jul./ago./04.

> *"...os indicadores são, em geral, instrumentos limitados porque refletem aspectos parciais da realidade (a qual é muito mais complexa e incomensurável)..."*
>
> **Maria Adelice da Silva Luz**

Para Adilson Gomes, consultor e professor do INDE, *RH é uma das áreas mais refratárias à implementação de sistemas de indicadores de desempenho, particularmente em atividades e processos relativos às funções clássicas de gestão e desenvolvimento de pessoas*. Para Gomes, os profissionais que atuam nos processos ligados à gestão de Recursos Humanos evitam, de forma geral, indicadores ligados às suas respectivas atividades.

> *"Os profissionais de RH muitas vezes são os piores inimigos de si mesmos quando se trata de administração do desempenho. Embora concebam e defendam o processo de administração do desempenho de sua empresa, geralmente não conseguem aplicá-lo a seu próprio departamento."*
>
> **Dave Ulrich**

Eventos[10] por mim conduzidos sobre *indicadores de gestão de Recursos Humanos*, os contatos gerados para discussão do tema, bem como a experiência pessoal em diversas Organizações e atividades, permitem explorar algumas hipóteses para que a *atitude refratária* citada por Adilson Gomes – e reforçada por outros autores – possa ser mais bem entendida ou explicada. São elas:

Falta de sensibilidade para o tema: O profissional de RH não considera que indicadores são importantes para a efetiva gestão de Recursos Humanos. Pode considerar que há poucas referências ou experiências sobre o assunto, o que reforçaria sua pouca sensibilidade. Pode, em alguns casos, entender que apenas indicadores financeiros (de custo) são importantes ou necessários internamente.

Falta de utilidade: Embora possa até ser importante para o profissional, não o é para a alta direção, para seus dirigentes, clientes ou para a gerência de Recursos Humanos. Não há, neste caso, sentimento de utilidade para os indicadores, podendo até

---

[10] SENAC – Rio de Janeiro, sob o patrocínio do Grupisa/Prontodente, e UNESA, sob a coordenação de Norma Brandão, do núcleo de Pós-Graduação em Recursos Humanos da Universidade Estácio de Sá.

mesmo o trabalho de monitoramento representar um custo adicional e sem valor agregado.

Falta de tempo ou de recursos humanos: A prioridade na execução de atividades, por vezes excessivamente operacional, não permite a coleta, tabulação, demonstração, acompanhamento e análise de dados, nem mesmo quando tais dados permitem entender a eficácia de certas ações, programas ou políticas. Não há tempo ou pessoas que possam se encarregar de tais trabalhos.

Falta de recursos de informática: Embora possa considerar importante usar indicadores, o profissional entende não possuir recursos (banco de dados, aplicativos, sistemas informatizados, planilhas etc.) que permitam armazenar, de forma organizada e inteligente, dados e informações, viabilizando, deste modo, a produção e o monitoramento de indicadores.

Falta de conhecimento: Neste caso há (ou pode haver) interesse e a percepção de que indicadores agregam valor. Não há, segundo alguns, conhecimento técnico para desenvolver indicadores que sejam úteis para dinamizar ações e práticas de Recursos Humanos. Peter Drucker vai um pouco mais longe ao afirmar[11] que muitos profissionais de Recursos Humanos se orgulham da *ignorância em contabilidade básica ou de métodos quantitativos*, sendo tal orgulho um *tiro no próprio pé*. Segundo Drucker *é necessário corrigir maus hábitos e tudo aquilo que se faz ou se deixa de fazer e que inibe a eficiência e o desempenho.*

Falta de consistência dos dados: Há um grupo de profissionais que entende que a função Recursos Humanos é, na realidade, desenvolvida pelas lideranças da empresa, razão pela qual os indicadores não seriam reflexo das ações dos profissionais de RH, isoladamente, mais de um conjunto amplo de agentes. Para o referido grupo de profissionais, se indicadores não refletem o desempenho efetivo do "departamento" de RH (nas funções de recrutamento, seleção, treinamento, desenvolvimento, avaliação de desempenho etc.), não são eficientes ou eficazes para avaliar atividades ou processos ligados à gestão de Pessoas.

---

[11] DRUCKER, Peter. *Gerenciando a Si Mesmo. Harvard Business Review.* Fevereiro/2004. V. 38. Nº 1. Jan./05. P. 90.

A Transição Irreversível: Mudança do DNA em Recursos Humanos

Artigo publicado por John Sullivan[12], professor da San Francisco State University, está entre os que podem contribuir para um repensar de questões ligadas à gestão de Pessoas no contexto organizacional, particularmente nos pontos que afetam indicadores de performance ou de desempenho. Um dos 14 pontos citados por Sullivan, em artigo que sugere mudanças profundas no profissional de RH, diz respeito à necessidade de se *mostrar o retorno do investimento das ações e programas ligados à gestão do capital humano.*

Sullivan afirma que a área de RH *será uma área mais pressionada a apresentar retorno do investimento (ROI) em seus programas.* Segundo ele *o melhor líder de RH será aquele focado em indicadores financeiros e defensor do conceito de orçamento base zero, que assume que você não agrega valor até que prove o contrário.* Para o pesquisador há uma transformação em curso envolvendo os profissionais que atuam nas funções de recrutamento, seleção, treinamento, desenvolvimento, avaliação do desempenho, remuneração e benefícios, gestão do ambiente e administração de pessoal. Boa parte da transformação diz respeito ao uso de indicadores para gestão dos diversos processos de RH, incluindo a identificação do investimento e -- sempre que possível -- do retorno do investimento.

Isto reforça a ideia de que estamos vivendo uma era de transição de um modelo mais *empírico-abstrato-conceitual* para um outro pautado por dados/indicadores, conforme afirma Antonio Carlos Gil[13]. Segundo o autor, a área de RH vem passando por um processo de transformação tal que é necessário -- ou imprescindível -- apresentar resultados objetivos, produtos tangíveis, mentalidade de prestador de serviços, relação de custo-benefício de suas ações, indicadores e metas. Tal transição fez Jac Fitz-enz afirmar, em conferência realizada no Riocentro (Rio de Janeiro, 2004), que a área de Recursos Humanos precisa urgentemente usar *"a linguagem dos negócios"*, com todos os "R$, %, --, pp, + e # necessários".

---

[12] SULLIVAN, John. *Changing the DNA of RH. The Next Fronteir -- Technology and Total Rewards.* Co-publish by international association for Human Resources Information Management. September, 2001.

[13] GIL, Antônio Carlos. *Gestão de Pessoas: Enfoque nos Papéis Profissionais.* São Paulo: Atlas, 2001.

Indicadores: Uma Mudança Lenta, Gradual e Contínua

Conversando sobre o uso de indicadores de gestão, com pessoas dos mais variados segmentos e atividades, vejo em muitos casos o desejo de se fazer uma transição entre o nada e o tudo; entre a ausência de medidas e um estado de pleno uso de métricas com os mais variados formatos e objetivos. Não é incomum que algumas dessas pessoas desqualifiquem determinados indicadores apenas pelo fato de eles não serem os *melhores*, os mais apurados ou os considerados tecnicamente ideais. No mundo real o bom pode ser inimigo do ótimo; o ideal, o inimigo do possível.

Relações complexas entre duas ou mais variáveis ou a busca de uma relação distante de causa – potencial entrada – e efeito – potencial saída podem criar um ambiente em que os indicadores, ao invés de apoiarem diagnósticos e planos de ação, tornam-se um fim em si mesmos. Indicadores intuitivos, de fácil compreensão, tendem a ser mais efetivos do que indicadores que guardam relações complexas, diversos componentes com os mais variados pesos ou representatividade.

A relação custo-benefício é outro aspecto essencial para se debruçar ante a necessidade de se desenvolver medições, indicadores. O custo de obtenção dos dados e o tempo para produção das métricas, principalmente em relação a um período do passado, podem ser incompatíveis com os ganhos que este ou aquele indicador pode trazer no futuro. Na maioria das vezes é melhor um indicador que ainda não captura todas as variáveis necessárias, mas que fornece um norte ou horizonte, de forma fácil e economicamente viável, do que a ausência de medições; de indicadores. Uma estimativa ou inferência, sustentada por análises transversais, certamente será mais útil à gestão do que a ausência de medições; quer seja pela dificuldade, pelo custo ou pelo tempo. Uma pesquisa de clima organizacional por amostragem por certo não captura o conjunto das percepções dos empregados ou colaboradores. É melhor, no entanto, produzir indicadores que retratem percepções parciais do que não dispor de qualquer dado. Análises qualitativas são essenciais, mesmo considerando-se que alguns empregados irão, no caso das pesquisas de clima, registrar aspectos que não correspondem às suas reais impressões, sejam elas favoráveis ou não à Organização. É importante o cálculo de *turnover* para compreensão da rotatividade, como visto anteriormente, ainda que alguém possa dizer que algumas saídas espontâneas foram efetivadas pela empresa ou mesmo que alguns empregados desligados estariam em fase de solicitar seus desligamentos, espontaneamente. A análise do absenteísmo – outro exemplo – pode ser essencial em alguns ambientes, mesmo reconhecendo-se que tais índices não irão capturar a presença ou pontualidade de empregados isentos de tais controles. Indicadores calculados apenas uma ou duas vezes por ano, em que pese a dificuldade para reação ou reversão do quadro – se for o caso – são melhores do que a ausência de métricas; de indicadores.

Medir custa dinheiro e consome tempo. Por conta disso é necessário que tais medições gerem benefícios que justifiquem o investimento e o tempo despendido. Esse equilíbrio é apenas mais um dos desafios do dia a dia das Organizações.

Indicadores: Usando para Melhorar

Comentei ao longo do livro sobre os *indicadores* que permitem compreender diversos aspectos da gestão dos Recursos Humanos de uma Organização, sob a perspectiva quantitativa ou qualitativa. Em outra oportunidade usei uma história sobre *latas de sardinha* para demonstrar a influência do *uso* ou *consumo* na melhoria da qualidade dos processos e, por conseguinte, na melhoria dos indicadores, métricas e medições produzidos. Processos, produtos ou serviços são criados para atender um determinado público, qualquer que seja o processo, produto ou serviço. Indicadores, nesse contexto, capturam ou podem capturar variáveis que auxiliam, entre outras coisas, na compreensão da qualidade do que produzimos, sejam *sardinhas*, conexões, sistemas, educação ou gestão de pessoas.

Quando um diretor solicita um serviço, uma informação ou um suporte de RH, por exemplo, seguindo o processo definido internamente pela CSC (Central de Serviços Compartilhados) para atendimento físico ou remoto, por certo estará contribuindo – ainda que indiretamente – para a melhoria do processo. Quando o faz através do relacionamento pessoal que possui, fora do referido fluxo, é provável que seja atendido com maior brevidade, embora deixe de contribuir com o processo que estará sendo seguido pelos demais gestores. Quando um profissional de TI (área de Tecnologia da Informação) ao invés de buscar ajuda informal de um colega da própria área, segue o trâmite necessário para *abertura de chamado*, por certo estará compreendendo melhor as percepções dos demais clientes internos e, desta forma, contribuindo para a melhoria dos serviços prestados por ele próprio. Somente compreenderá o que é *tempo de resposta, instabilidade do sistema* e *dificuldade de conexão* se – e somente se – experimentar os serviços nas mesmas condições de seus usuários.

Gerentes da área de telefonia poderão contribuir para os serviços da empresa se, ao invés de buscarem soluções para seus problemas, internamente, ligarem para o 0800 da companhia ou para a assistência técnica indicada nos manuais. O contato direto ao *Call Center* de sua própria empresa, embora provavelmente mais estressante e demorado, terá um efeito pedagógico essencial para o amadurecimento e melhoria dos serviços.

Gerentes que atuam na área de RH, nesse mesmo contexto, contribuem para a melhoria dos processos de RH quando se utilizam – como qualquer outro gestor – das políticas, normas e procedimentos para contratação, desligamento, promoção, aumentos salariais, concessão de treinamentos e afins. Agregam menos valor, no entanto, quando se utilizam de acesso privilegiado para a obtenção de informações ou de determinados serviços internos. Somente experimentando prazos, regras e critérios o profissional de RH terá uma compreensão mais efetiva de sua contribuição e, mais adiante, dos indicadores relativos aos processos de gestão de pessoas.

A baixa qualidade dos mais variados processos, como os indicadores por vezes demonstram, está diretamente associada ao *uso* e *consumo* por parte daqueles que são usuários desses processos. A qualidade dos produtos e serviços que oferecemos – no ambiente público ou privado – é dependente da nossa necessidade e do nosso *uso* enquanto consumidores. É por essa razão que tendo a gostar dos restaurantes em que os garçons comem da mesma comida ou, pelo menos, experimentam pratos provenientes da mesma cozinha. Do mesmo modo, aprecio ser usuário de indicadores, de métricas e de mensurações que são também usadas por aqueles que me fornecem.

Finalmente

Participei em 2011 de uma entrevista na rádio WEB, do Conselho Regional de Administração, 7ª Região (RJ), conduzida pela comissão de Recursos Humanos, da qual faço parte. *Métricas em RH* era o tema central do evento e, nesse ambiente, passamos rapidamente a discutir os aspectos-chave das medições, tema demandado por diversos profissionais, em diversas partes do País. O *custo* apareceu claramente como o aspecto mais importante das Organizações, principalmente em função da relevância dos gastos, despesas ou investimentos com pessoas em relação à receita líquida de boa parte das empresas. O *custo* pode – conforme abordamos ao longo do livro – estar associado a quase todos os subsistemas da gestão de pessoas, tanto em relação aos pagamentos, fixos e variáveis, como em relação aos benefícios concedidos e treinamentos viabilizados, interna e externamente.

A *quantidade* foi outro aspecto importante nas discussões, uma vez que pode representar um direcionador para *custos, despesas, gastos* ou *investimentos*. A quantidade permeia entradas – admissões, saídas – desligamentos, concessões de aumentos, promoções, pessoas por posições executivas, profissionais, técnicas e operacionais, pessoas treinadas e movimentadas internamente, entre tantas outras situações que sobrecarregam boa parte das estruturas de Recursos Humanos.

O *tempo* foi apresentado como o terceiro aspecto mais importante na composição das métricas em RH, com aplicação em alguns processos dos vários subsistemas. O tempo é vital em RH, principalmente em empresas que integram mercados dinâmicos. O quarto aspecto discutido foi a *qualidade*, que auxilia na composição do painel de métricas, conforme observado fortemente em nosso evento. *Qualidade* aqui é uma variável quantitativa e baseada na observação de processos. *Índices de rotatividade ou de absenteísmo, índices de saída, percentual de empregados que moveram ações trabalhistas*, entre tantos outros, podem ser usados como forma de determinar – quantitativamente – a qualidade de alguns processos internos, embora nem sempre seja possível uma relação direta entre causa e efeito.

Finalizamos nosso debate com a *satisfação do cliente*, normalmente cantada em prosa e verso e capaz de representar um direcionador essencial na elaboração do painel de indicadores para avaliação de processos mais amplos. Pesquisas de clima, nesse contexto, podem auxiliar na identificação da satisfação dos empregados, normalmente usuários dos subsistemas e processos voltados à gestão de gente nas Organizações. Questionários direcionados para determinados serviços também podem auxiliar na compreensão da satisfação dos clientes internos – empregados em geral e gestores, em particular. Quase tudo que é desenvolvido pelos subsistemas de RH pode ser percebido pelas pessoas, internamente. Quase todos os *outputs* são serviços ou produtos para gestores nos mais variados níveis.

Os aspectos envolvendo *custo, quantidade, qualidade, tempo* e *satisfação dos clientes* podem, nesse contexto, auxiliar os gestores no desenvolvimento e no monitoramento de métricas em RH, em cada uma das dimensões. Esses aspectos produzem uma influência dinâmica, cuja compreensão pode auxiliar no processo de gestão, processo esse cujos desafios vão muito além deste livro. Como vimos até aqui, há muito o que se fazer, discutir, experimentar e escrever sobre medições, sendo este livro apenas uma contribuição aos que pretendem investir ou vêm investindo na geração e análise de dados sobre o capital humano.

Referências Bibliográficas

ASSIS, Marcelino Tadeu de. *Remuneração: Integrando Sistemáticas de Recompensa & Reconhecimento*. Rio de Janeiro: Papel Virtual. 2002.

_____. *Gestão de Programas de Remuneração: Conceitos, Aplicações e Reflexões – Visão Generalista dos Programas de Remuneração*. Rio de Janeiro: Qualitymark Editora, 2011.

BOOG, Gustavo e BOOG, Magdalena (orgs.). *Manual de Gestão de Pessoas e Equipes: Estratégias & Tendências*. V. I. São Paulo: Gente, 2001.

CHAMPY, James. Reengineering Management. *The Journal of Strategy and Reengineering*. USA: CSC. V. 6, n. 1. Spring 1994. P. 4-15.

CHIAVENATO, Idalberto. *Como Transformar RH (de um centro de despesa em um centro de lucro)*. São Paulo: Makron Books, 2000.

_____. *Gerenciando Pessoas: O Passo Decisivo para a Administração Participativa*. São Paulo: Makron Books, 1992, 1994.

CONWAY, Quality. *Caçadores de Desperdício*. Rio de Janeiro: Qualitymark Editora, 1998 (Conway Quality Inc., com tradução de Luiz Liske).

FITZ-ENZ, Jac. *O Retorno do Investimento em Capital Humano: Medindo o Valor Econômico do Desempenho dos Funcionários*. São Paulo: Makron Books, 2001.

_____. *How to Measure Human Resource Management*. USA: McGraw-Hill. 2ª ed. 1994.

_____. *Benchmarking Staff Performance*. United States: Jossey Bass. 2ª edição. 1994.

GARDNER, Howard. *Mentes que Mudam*. São Paulo: Artmed. Trad. Maria Adriana Veronese: 2004.

GIL, Antônio Carlos. *Gestão de Pessoas: Enfoque nos Papéis Profissionais*. São Paulo: Atlas, 2001.

LENCIONI, Patrick. *Os 5 Desafios das Equipes*. São Paulo: Editora Campus, 2003.

PRITCHETT, Price. *Resistance: Moving The Barriers to Change*. USA: P&A Inc. 1996.

SHEIN, Edgar H. *Consultoria de Procedimentos: Seu Papel no Desenvolvimento Organizacional*. São Paulo: Edgar Blücher, 1972, p. 46-47.

SPIEGEL, Murray R. *Estatística*. São Paulo: McGraw-Hill. Coleção Schaum; 1972. Tradução de Pedro Cosentino.

STOFFEL, Ignácio. *Administração do Desempenho. Metodologia Gerencial de Excelência*. Rio de Janeiro: Qualitymark Editora: ABRH Nacional, 2000. P. 49.

ULRICH, Dave. *Os Campeões de Recursos Humanos: Inovando para Obter os Melhores Resultados*. Tradução de Cid Knipel. São Paulo: Futura, 1998.

Artigos e Apostilas

BISPO, Patrícia. Clima Organizacional: Uma Preocupação da Intelbras. Brasil. *RH.COM.BR*. Abril/2004.

BOLLES, Gary A. A Necessidade de um Venture Scorecard. *Balanced Scorecard Report. Reflexões, Ideias e Experiências para Organizações Orientadas para Estratégia*. V. 6. N. 2. Março e Abril/03. P. 12 – 14.

DRUCKER, Peter. Gerenciando a Si Mesmo. *Harvard Business Review*. V. 38. N. 1. Jan./05. P. 89-97.

GATTAS, Fº José. Evolução Histórica para o Ensino do Sistema de Numeração Decimal. I *Anais do Seminário Nacional de História da Matemática*. PE: Atual Editora. 1998. P. 197-211.

GIBSON, Paul C. Reducing Absenteeism Costs Through Effective Work/Life Programs. United States: ACA Journal – Perspectives in Compensation and Benefits, 1999. V. 8. N. 2.

GUIMARÃES, Jarbas Cerávolo. Oitenta e Seis Scorecards em 15 Meses: A Solução Tecnológica de 4 Frentes da Petrobras. *Balanced Scorecard Report. Reflexões, Ideias e Experiências para Organizações Orientadas para Estratégia*. V. 6, N. 4. Julho e Agosto/04. P. 12 – 14.

GOMES, Adilson. Gestão de Indicadores de Desempenho para RH: Como Avaliar as Ações de RH e sua Contribuição para os Resultados da Organização. São Paulo: IDEMP, 1999.

KELLY, John (entrevista). Os Desafios do Alinhamento Estratégico: O CEO da Crown Castle Expõe Suas Perspectivas. *Balanced Scorecard Report. Reflexões, Ideias e Experiências para Organizações Orientadas para Estratégia*. V. 6, N. 4. Julho e Agosto/04. P. 10 – 11.

KAPLAN, S. Robert e NORTON, P. David. Putting the Balanced Scorecard to Work. USA. *Harvard Business Review*. 2000.

_____. e Norton, David P. Funções Estratégicas. *Balanced Scorecard Report. Reflexões, Ideias e Experiências para Organizações Orientadas para Estratégia.* V. 5, N. 6 Nov. e Dez./03. P. 1 – 5.

_____. e Norton, David P. Capital Organizacional: Liderança, Alinhamento e Trabalho em Equipe. *Balanced Scorecard Report. Reflexões, Ideias e Experiências para Organizações Orientadas para Estratégia.* V. 6, N. 2. Março e Abril/03. P. 1 – 5.

_____. e Norton, David P. Capital Organizacional: Promovendo a Agenda de Mudança que Respalda a Execução da Estratégia. *Balanced Scorecard Report. Reflexões, Ideias e Experiências para Organizações Orientadas para Estratégia.* V. 6, N. 1. Janeiro e Fevereiro/04. P. 1 – 9.

LUZ, Maria Adelice da Silva. Veredas. *Revista Científica de Turismo.* Ano 1. N. 1. P. 109-112.

NORTON, David P. Beware: The Unbalanced Scorecard. USA: *Harvard Business Review.* 2000.

_____. David P. Melhores Práticas no Gerenciamento da Execução da Estratégia. *Balanced Scorecard Report. Reflexões, Ideias e Experiências para Organizações Orientadas para Estratégia.* V. 6, N. 4. Julho e Agosto/04. P. 1 – 9.

_____. Medindo a Prontidão Estratégica de Ativos Intangíveis. Brasil: *Harvard Business Review.* Fevereiro/2004. P. 38-49.

NIRMUL, Antosh G. Considerações sobre o Desdobramento dos Indicadores do BSC. *Balanced Scorecard Report. Reflexões, Ideias e Experiências para Organizações Orientadas para Estratégia.* V. 5, N. 5. Setembro e Outubro de 2003. P. 16-19.

PADILLA, Ivan. Você Pode Ser um Superdotado. *Revista Época.* 13/12/2004. N. 343. P. 130-131.

PATEMAN, Andrew J. Cinco Passos para Desenvolver seus Indicadores de BSC. *Balanced Scorecard Report. Reflexões, Ideias e Experiências para Organizações Orientadas para Estratégia.* V. 6, N. 2. Março e Abril/03. P. 15 – 16.

SULLIVAN, John. Changing the DNA of RH. *The Next Fronteir – Technology and Total Rewards.* Co-publish by International Association for Human Resources Information Management. September, 2001.

SULL, N. Donald e HOULDER, Dominic. Seus Compromissos Casam com suas Convicções? *Harvard Business Review.* V. 83, N. 1. Jan./05. P. 72-80.

VAZ, José Carlos, Avaliando a Gestão: *BNDES.* Publicado originalmente como DICAS nº 24 em 1994.

CEBDS Brazilian Business Council For Sustainable Development. 2003. V. 2

Bibliografia sobre Balanço Social

CAJAZEIRA, Jorge Emanuel Reis, *ISO 14001 – Manual de Implantação.* Rio de Janeiro, Qualitymark Editora, 1998. 117 p.

CARNEIRO, Guido Antônio da Silva. *Balanço Social: Histórico, Evolução e Análise de Algumas Experiências Selecionadas*. Dissertação de Mestrado, FGV-SP, Eaesp, 1994.

CARVALHO, Luiz Nelson Guedes de e SANTOS, Ariovaldo dos. Balanço social: um indicador de excelência. In *Revista Exame*, set./1997.

DRUCKER, Peter. *O Novo Papel do Management: o Preço do Sucesso*. In: O futuro da empresa. São Paulo: Melhoramentos, 1977.

DUARTE, Gleuso Damasceno e DIAS, José Maria. *Responsabilidade Social: A Empresa Hoje*. Rio de Janeiro: Ed. Livros Técnicos e Científicos, 1986.

GONÇALVES, Ernesto Lima. Um novo instrumento de gestão empresarial: o balanço social da empresa. In *Revista de Administração*, IA-USP, n. 14, p. 73-83, 1979.

LUCA, Márcia Martins de. *Demostração do Valor Adicionado*. Ed. Atlas, 1998.

SANTOS, Ariovaldo dos e CARVALHO, L. Nelson. Balanço social, um indicador de excelência. In *Revista Exame*, 10 set. 1997.

SUCUPIRA, João A."Ética nas empresas e balanço social". *Revista Democracia Viva*, nº 6, agosto/99. Ed. Segmento/Ibase, 1999.

_____. "A responsabilidade social das empresas" (1999). Boletim Orçamento & Democracia – *Debatendo Políticas Públicas*, Ano 5, nº 9, Ibase, Junho de 1999.

TEIXEIRA, Nelson Gomes (org). *A Ética no Mundo da Empresa*. São Paulo: Ed. Pioneira, 1991. 118 p. (Coleção Novos Umbrais).

TOMEI, Patrícia. Responsabilidade Social das Empresas. In: RAE – *Revista de Administração de Empresas*, 1984.

WERHAHN, Peter H. O Empresário: a sua função econômica e responsabilidade sócio-política. Papers, nº 23. São Paulo: Konrad Adenauer Stiftung, 1995. 61 p.

Sobre o Autor

Marcelino Tadeu de Assis é graduado em Administração de Empresas, pós-graduado "lato sensu" em Administração e Gerência Empresarial e mestrando em Administração e Desenvolvimento Empresarial. Possui cursos de especialização e extensão profissional no Brasil, Estados Unidos e México. Conta com 31 anos de experiência profissional, sendo 26 anos em RH, 2 anos em Administração Geral e 3 nas áreas de Controladoria (Contabilidade e Contas a Pagar) e Marketing (Comunicação de Marketing e Eventos), em empresas de médio e grande portes. Integrou o Centro de Estratégia e Planejamento da White Martins Gases Industriais, bem como as diretorias de Administração e de Recursos Humanos de Organizações como Ewosa Indústria, Losango Crédito, Financiamento e Investimentos, Poesy Indústria Têxtil e SulAmérica Seguros. Atua como professor da Universidade Estácio de Sá (UNESA), da Universidade Gama Filho (UGF), da Universidade Federal de Juiz de Fora UFJF), da Facdesco e da Univercidade, tendo desenvolvido também atividades acadêmicas na Universidade Federal do Rio de Janeiro (UFRJ), União das Faculdades de Alagoas (UNIFAL), IBRAE/Fundação Getúlio Vargas, FEFIS, Fundação MUDES, FSJ, PUC, FABES, UCB, UCAM/Instituto Trevisan. Atuou como membro da banca de concursos públicos do CepUERJ – Centro de Estudos e Pesquisas da Universidade Estadual do Rio de Janeiro. Membro da Worldatwork (antiga *American Compensation Association* – EUA) de 1997 a 2004, do

Grupo Executivo de Salários (GES) e do Grupisa – RJ; certificado pela *InsideOut Advantage* (Coaching, EUA) e pela *Six Sigma Academy* (EUA). Autor de livros associados à gestão de Recursos Humanos. Desenvolveu trabalhos nos Estados Unidos e na Venezuela. Publicou artigos técnicos no Jornal do Brasil, Revista Decidir e Boletim de Administração de Negócios (ADN – COAD). Proferiu palestras em diversos eventos abertos e fechados. Desenvolveu trabalhos de consultoria e de suporte a consultores de RH em diversas Organizações; membro da Comissão Especial de Recursos Humanos do Conselho Regional de Administração (CRA-RJ).

Email: marcelinoassis@ig.com.br

Chefiar, Simples Assim!...
Mário Donadio

Formato: 16 x 23 cm

Total de páginas: 240

Este livro foi especialmente escrito para os líderes, sejam eles gerentes, supervisores, encarregados ou coordenadores. Para todos aqueles que estão na linha de frente das operações e sem os quais a empresa não funciona; que sempre cobrados para bater metas, devem desenvolver seus colaboradores com potencial e capacitar aqueles com formação técnica insuficiente, desmotivados ou cheios de reclamações.

Chefiar, Simples Assim!... resulta da experiência de décadas do autor em consultoria e treinamento para níveis gerenciais e altos escalões de centenas de empresas. Relata, portanto, diversos casos coletados pelo lado de dentro de unidades operacionais e sempre ligados à realidade cotidiana do líder. Todas as soluções dadas são viáveis, longe de serem distantes do universo de seus leitores, além de imediatamente aplicáveis em qualquer setor da empresa.

Escrito em estilo leve e cientificamente preciso, além de ilustrado de uma forma bem humorada, fundamenta cada capítulo com pesquisas e teorias, e integra o que há de mais atual nos clássicos de administração com as mais diversas descobertas sobre técnicas avançadas de lideranças de pessoas.

Em suas páginas, o leitor poderá descobrir o passo a passo do desenvolvimento de valores, da mudança de práticas, sobre a diferença entre ser chefe e ser líder, a importância dos valores e como eles definirão quem deve ser contratado ou não, dentre muitos outros tópicos. Torna-se, portanto, imprescindível para aqueles que ocupam essas posições ou que almejam ocupá-las um dia.

QUALITYMARK EDITORA

Entre em sintonia com o mundo

Quality Phone:
0800-0263311
ligação gratuita

Qualitymark Editora
Rua Teixeira Júnior, 441 - São Cristóvão
20921-405 - Rio de Janeiro - RJ
Tel.: (21) 3295-9800
Fax: (21) 3295-9824
www.qualitymark.com.br
e-mail: quality@qualitymark.com.br

Dados Técnicos:

• Formato:	16 x 23 cm
• Mancha:	12 x 19 cm
• Fonte:	Palatino Linotype
• Corpo:	11
• Entrelinha:	13
• Total de Páginas:	240
• 2ª Edição:	2012
• 1ª Reimpressão:	2014